[英]马克·莱维斯利（Mark Levesley）彭妮·约翰逊（Penny Johnson）
伊恩·布兰德（Iain Brand）苏珊·卡西（Susan Kearsey）著　郑芳宇 译

浪花朵朵

青少年实用科学书 初级

探索科学

EXPLORING SCIENCE

Pearson
北京联合出版公司
Beijing United Publishing Co.,Ltd.

目录

如何使用这本书

7 | a 能量和转化

A

在主题乐园中，很多事情在发生。发生的每一件事情都以不同的方式涉及**能量**。例如，人的身体需要能量来维持生命和进行活动。主题公园里的游乐设施需要能量来运转。所需能量被储存在食物和燃料（比如汽油）中。

1 观察图 A 中的游乐设施。哪个需要的能量最多？哪个需要的能量最少？为什么？

2 a | 写出图 A 和图 B 中正在发生的五件需要能量的事情。
b | 能量是如何提供给这些正在发生的事情的？

3 a | 写出你昨天做的五件需要能量的事情。
b | 这些事情中，做哪件事情需要的能量最多？做哪件事情需要的能量最少？为什么？

B | 食物储存能量。

135

每个单元都有**开篇页**。该页通过将现实生活与这一单元的内容和已经学过的相关内容相联系，介绍该单元要学到的内容。

7 | c 燃料

燃料来自哪里？

燃料是一种蕴含大量容易传递的化学能或核能的物质。大部分燃料通过燃烧释放它们储存的能量，能量以热的方式传递给周围的事物。燃料燃烧不生成能量，只传递能量。**核燃料**，比如**铀**，通过一种不同的方式释放能量。

电厂使用的燃料中的能量以电的方式传递到家庭、学校、工厂和办公室。电是电厂生产出来的。

1 a | 什么是燃料？ b | 说出三种燃料。

2 写出人类需要利用燃料来做的三件事。

A | 灯光的能量以电的方式从电厂传输过来。

事实

1 kg 核燃料储存的能量大约是 1 kg 煤储存的能量的 3 500 000 倍。

化石燃料

B | 煤的形成过程

化石燃料由数百万年前的**生物**遗骸形成。**煤**由数百万年前的植物形成。植物因死后被埋入泥土中而未造成其腐烂。一层层的泥土压在植物残骸上，这些挤压以及来自地球内部的地热将泥土变成了岩石，也将植物遗骸变成了煤。

C | 快餐车使用的是储存在罐装液化气中的化学品里的能量。这种气体由石油制成。

石油和**天然气**是由数百万年前生活在海里的微小动植物形成的。它们死后沉入海底，被埋在泥或沙子里。一层层的泥和砂沉下来压住它们，将它们变成原油和天然气。汽油和柴油这些燃料都以石油为原料。

142

学完一页后，你应该能回答这页顶端的问题啦。

事实板块含有可供你思考的有趣的事实。

每一页的**关键词**都加粗印刷。你可以在**词汇表**（第 199—205 页）中查找它们的含义。

煤、石油和天然气都是**不可再生**燃料，因为它们的再生速度赶不上人类的使用速度。它们需要数百万年才能形成，因此人类最终将耗尽这些燃料。

> **3** 观察图 D。
> a | 哪种化石燃料将首先被耗尽？
> b | 为什么图中的图柱没有明确的末端？
>
> **4** a | 写出煤和石油形成过程中的两个相似点。
> b | 写出一个不同点。

D | 科学家不确定各种不可再生燃料还可用多久。这取决于人类的使用速度以及是否能发现更多的资源。

其他燃料

生物燃料由植物或动物粪便制成。它们是**可再生**燃料，因为人类可以种植更多植物来生产更多的燃料。

E | 农作物也可用来制造生物燃料。一些生物燃料来源于废弃的食用油，其最初也来自植物。

F | 在一些国家，动物粪便晒干后被用作固体燃料。动物、植物废弃物也可以被用来生成甲烷，甲烷是天然气中的主要物质。

气体，例如**氢气**，也可以作为燃料。当前，大部分的氢气是由天然气制成的，科学家正在探寻用水便宜地生产氢气的方法。

G | 这辆车有一台电动机。车里的燃料电池利用氢和空气中的氧反应来发电。

> **5** 你的一个朋友说“电是一种燃料”。为什么他说的不对？
>
> **6** 今天仍有化石燃料在地球上缓慢形成，但为什么化石燃料仍被称为不可再生燃料？

我能……
- 说出什么是化石燃料以及它们是如何形成的；
- 解释为什么化石燃料是不可再生的；
- 说出几种可再生燃料。

143

问题可能出现在每页的任意位置，你可以一边阅读一边回答问题。

如果查找信息有困难，你可以使用第 207—208 页的**索引**。

我能……板块帮助你回顾学过的知识。仔细阅读每一条表述，想想自己是否都做到了。

科学地工作和**读写与交流**页给你提供机会来学习科学技术和科学的思考方法，并给你机会思考科学家是如何有效地彼此交流或与外界交流的。

每一单元以**单元结尾页**结束。在该页，你可以运用学到的知识思考现实生活中的问题。

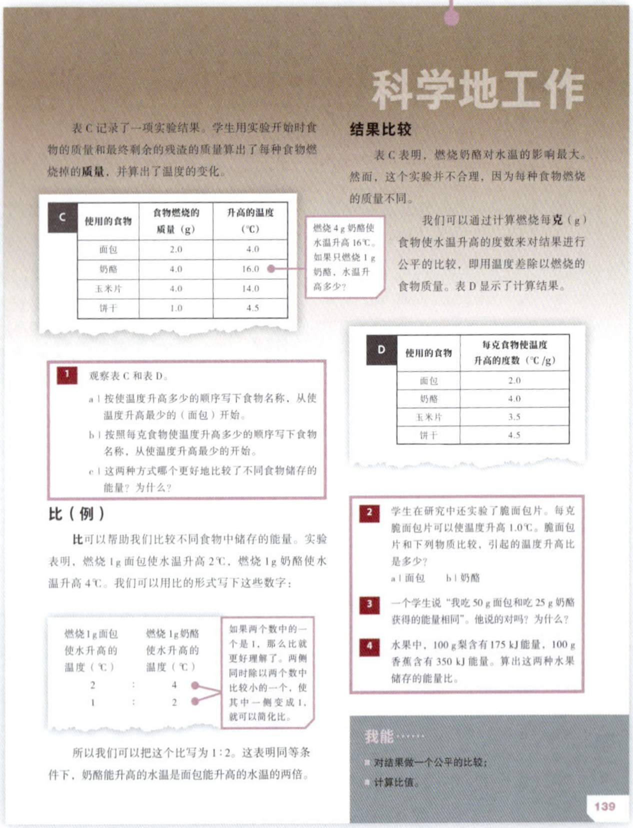

科学地工作

表 C 记录了一项实验结果。学生用实验开始时食物的质量和最终剩余的残渣的质量算出了每种食物燃烧掉的**质量**，并算出了温度的变化。

C

使用的食物	食物燃烧的质量（g）	升高的温度（℃）
面包	2.0	4.0
奶酪	4.0	16.0
玉米片	4.0	14.0
饼干	1.0	4.5

燃烧 4 g 奶酪使水温升高 16℃。如果只燃烧 1 g 奶酪，水温升高多少？

结果比较

表 C 表明，燃烧奶酪对水温的影响最大。然而，这个实验并不合理，因为每种食物燃烧的质量不同。

我们可以通过计算燃烧每**克**（g）食物使水温升高的度数来对结果进行公平的比较，即用温度差除以燃烧的食物质量。表 D 显示了计算结果。

D

使用的食物	每克食物使温度升高的度数（℃/g）
面包	2.0
奶酪	4.0
玉米片	3.5
饼干	4.5

> **1** 观察表 C 和表 D。
> a | 按使温度升高多少的顺序写下食物名称，从使温度升高最少的（面包）开始。
> b | 按照每克食物使温度升高多少的顺序写下食物名称，从使温度升高最少的开始。
> c | 这两种方式哪个更好地比较了不同食物储存的能量？为什么？

比（例）

比可以帮助我们比较不同食物中储存的能量。实验表明，燃烧 1 g 面包使水温升高 2℃，燃烧 1 g 奶酪使水温升高 4℃。我们可以用比的形式写下这些数字：

燃烧 1 g 面包使水升高的温度（℃）		燃烧 1 g 奶酪使水升高的温度（℃）
2	:	4
1	:	2

如果两个数中的一个是 1，那么比就更好理解了。两侧同时除以两个数中比较小的一个，使其中一侧变成 1，就可以简化比。

所以我们可以把这个比写为 1:2。这表明同等条件下，奶酪能升高的水温是面包能升高的水温的两倍。

> **2** 学生在研究中还实验了脆面包片。每克脆面包片可以使温度升高 1.0℃。脆面包片和下列物质比较，引起的温度升高比是多少？
> a | 面包　b | 奶酪
>
> **3** 一个学生说“我吃 50 g 面包和吃 25 g 奶酪获得的能量相同”。他说的对吗？为什么？
>
> **4** 水果中，100 g 梨含有 175 kJ 能量，100 g 香蕉含有 350 kJ 能量。算出这两种水果储存的能量比。

我能……
- 对结果做一个公平的比较；
- 计算比值。

139

7Ie 做出改变

如何节约化石燃料？

我们生活中需要很多能量——用于取暖、交通运输和发电等。路上奔跑的车辆使用的燃料几乎都来源于石油，超过 75% 的电通过燃烧化石燃料产生。

我们应该减少使用化石燃料，这一方面是因为它们是不可再生资源，另一方面是因为燃烧化石燃料会污染**环境**。但是我们要如何改变呢？

A　B　C　D

> **1** 观察图 A。描述图中的能量储存方式和能量转化方式。
>
> **2** 观察图 B。这个人采用的方式是否正确？
> a | 正确　b | 错误
>
> **3** 为什么你认为我们国家使用的电大都产生自不可再生资源？说出尽量多的理由。
>
> **4** a | 解释我们为什么应该少用化石燃料。
> b | 观察图 C。说出图中的人可以做出改变的五种方式。
>
> **5** 水壶用电。画出水壶烧水时能量储存和转化的流程图，从太阳开始。假设电来自以下两地。
> a | 燃煤电厂　b | 水力发电站

说出你的观点

谁应该为减少使用化石燃料负责——个人、企业还是政府？

150

如果你们学校使用家庭作业在线服务系统 ActiveLearn，你可以利用它帮助你学习课本中的内容。

如何使用 ActiveLearn

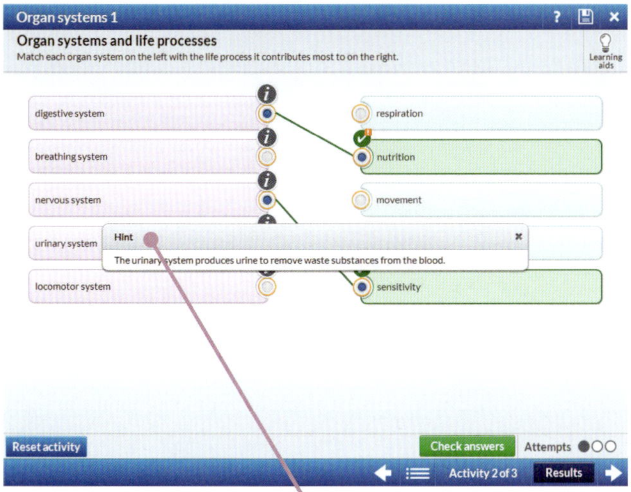

通过点击 i 按钮，你可以获得“提示”，以帮助完成作业。“提示”会提供更多信息，引导你做出选择。

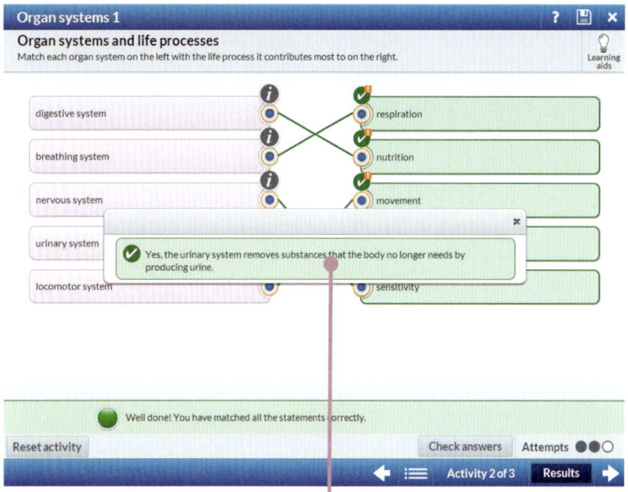

做完一道题目时，答案正确会变成绿色。点击✔按钮查看你提交的答案的反馈。

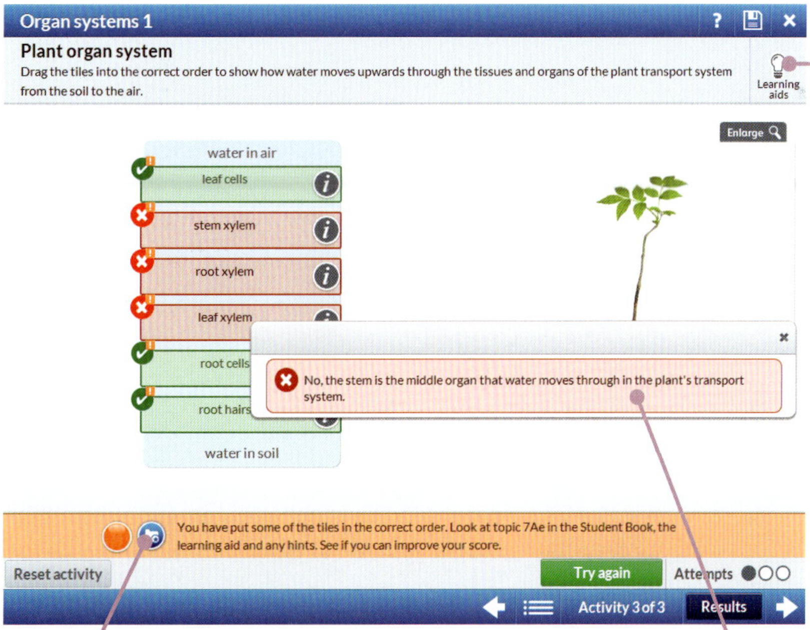

点击这个按钮，你就可以使用教具了。

在学习程度反馈栏，你可以得到更多的帮助。系统鼓励阅读和复习，提供在线教具和书籍。

选择错误时显示红色。点击✖按钮，可以查看错在哪里。再次回答问题时，系统会提供更多的指导帮助你得到正确答案。

7Aa 过去和现在的医生

几千年来，人们觉得不舒服的时候，就会去看医生。有些检查方法一直沿用至今。例如，3000 年前古埃及的医生就知道如果一个人的**心脏**跳动异于平时，那这个人可能是生病了。

今天，医生仍然要检查心脏跳动的情况。他们还会检查体温、血液和尿液来判断你的身体是否存在异常。这些异常被称为**症状**。不同的问题导致不同的症状。感冒的症状包括咽喉痛和流鼻涕。

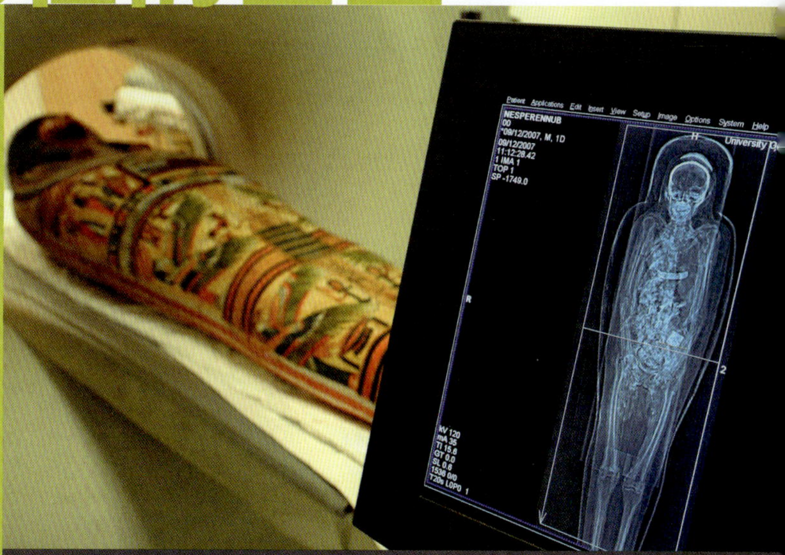

A | 现代设备可以观察到人体内的器官。科学家用这些设备研究了埃及木乃伊，然后他们发现很多木乃伊都有心脏问题。

B | 3000 年前的埃及，一名医生正在给病人看病。

医生要看病人的症状是否与某种已知疾病的症状相符。如果相符，这些症状就是病人患有该种疾病的**证据**。

幸运的是，今天的**药物**不会再包括动物粪便——它是古埃及药物最重要的组成成分。

1 a | 一个病人高烧、头痛、鼻塞。本页哪个加粗的词可以概括这位病人的种种异常状态？
b | 想一想，这个病人得了什么病。

2 医生告诉病人他得了痤疮。想一想，医生是基于哪些症状得出的这种判断。

3 a | 下面哪个词最适合用来描述心脏？
A | 器官　B | 细胞
C | 组织　D | 系统
b | 说出心脏的一种功能。

7Aa 生命过程

所有生物都具有的行为有哪些？

古埃及人有他们对抗死亡的方法，包括使用洋葱和啤酒，这听起来非常不可思议。重要人物死亡之后，其尸体会被制成木乃伊，以防止尸体腐烂。因为古埃及人认为，生物体中含有一种被称为“*ka*”的“生命力”，“*ka*”必须有存在的地方。

现在，我们对活着有不同的定义。我们会看某物做了什么。如果某物存在以下**生命过程**，那它就是**生物**或者叫有机体。

- 运动
- 繁殖
- 感知事物
- 生长
- 呼吸
- 排泄
- 摄取营养

A | 埃及法老图坦卡蒙的坟墓发现于1922年，坟墓里满是食物、饮用水以及维持“生命力”所需的物品。

1 模仿下表绘制表格，并将下列事物填入表格。

水仙花　汽车　煤
机器人　椅子　蛇
奶牛　金鱼　老鼠
章鱼　岩石　太阳

生物	非生物

2 **助记符**是一个能够帮助人们记忆整个清单的单字或词组。助记符通常由清单里所有项目的首个字（或字母）组成。想一想：生命过程可以用什么助记符来记忆？

运动

生物能够从一个地方**运动**到另一个地方或者生物的一部分能够移动。

B | 北极罂粟可以部分移动，白天罂粟的花朵随着太阳转动。

3 说出大多数动物运动和植物运动的不同。

繁殖

生物能够制造出更多与自己相似的后代，这被称为**繁殖**。

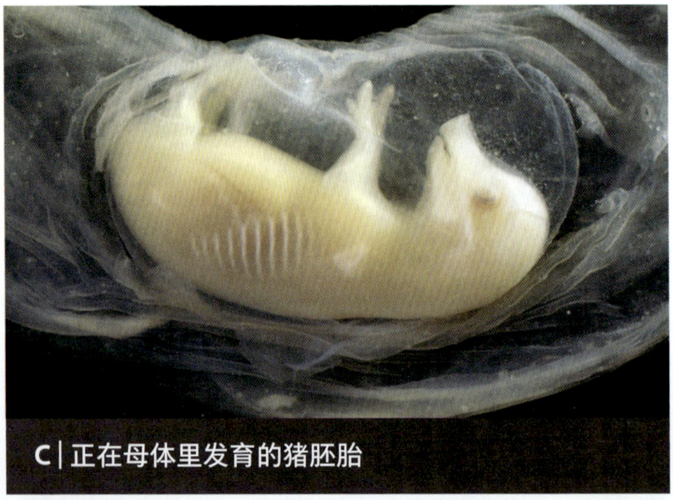

C | 正在母体里发育的猪胚胎

4 说出一种植物具有而动物不具有的繁殖方式。

感知事物

生物能够**感觉**到周围的事物并对其做出反应。

D | 这种敏感的植物在感知到有东西触碰自己时，就会卷起叶片。

呼吸

生物体通过**呼吸作用**释放能量以满足身体所需。

F | 像许多生物体一样，人类也需要氧气和食物完成呼吸作用。

摄取营养

生物需要各种各样的物质完成其生命过程，这被称为需要**营养**。

H | 动物需要进食，而植物自己制造食物。然而，虽然植物能够自己制造食物，但它们仍然需要从土壤中吸收一些物质，以帮助自己更好地生长。

生长

生物体的大小会增长，这被称为**生长**。

E | 蓝鲸是地球上目前已知仍然存活的体积最大的生物。成年蓝鲸体长可达 30 m，体重可达 170 t。

排泄

生物会产生废弃物，它们排出这些废弃物的过程被称为**排泄**。

G | 废弃物包括液体（尿）。

5 说出两个你感觉到周围事物并对其做出反应的例子。

6 说出树木生长和人类生长的一个不同点。

7 说出鱼和人类获得氧气的一个不同点。

8 a | 汽车在哪一方面像生物？
b | 为什么汽车不是生物？

我能……

- 记住并描述生命过程；
- 解释生物和非生物的不同。

7Ab 写作惯例

为什么科学家写作时要遵循惯例？

如果人体中的某些生命过程发生了变化，那么人就可能生病。医生观察病人的症状，并将其作为证据对病人得了什么病做出**结论**。这个结论叫作**诊断**。

医生经常会开一些药来治病。他们写下对药的要求，患者去药房取药。医生写下的这些要求，被叫作**处方**。

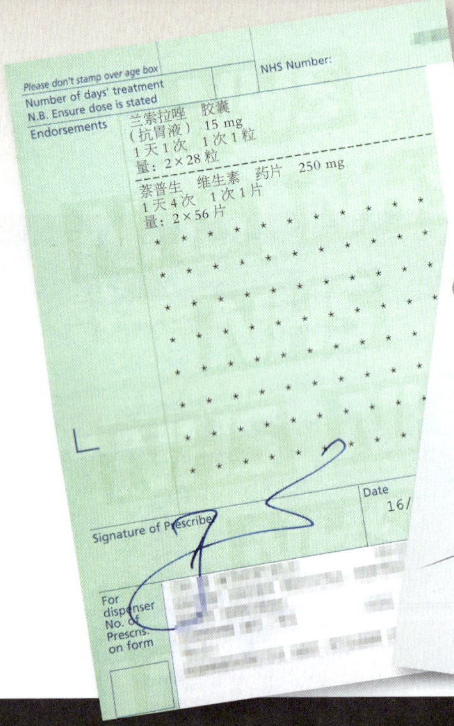

B | 英国医院的医生开出的处方
mg = 毫克
1000 毫克 = 1 克（g）

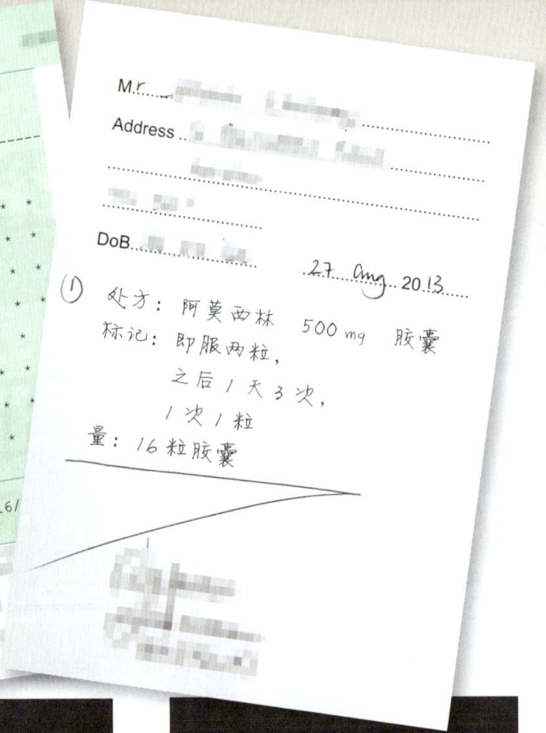

C | 一个私人医生开的处方

A | 几千年前，医生已经会把解决问题的操作指南写下来。这个古埃及雕刻记录了医生用来治疗患者的仪器和药品。有些仪器看起来很熟悉。

1 观察图 B。

a | 处方里药的名称是什么？

b | 病人可以从药房分别取多少粒（片）每种药物？

2 a | 图 B 和图 C 里的处方有什么相似之处？

b | 为什么这些内容很有用？

3 医生要求病人服用青霉素 V 钾片，每天 4 次，每次 1 片，服用 5 天。每片药的剂量是 125 mg。请开一个处方。

读写与交流

医生或科学家以特定的格式呈现信息，这被称为**惯例**。这些惯例便于人们查找、理解和比较信息。惯例包括以下几部分：

- 信息的呈现顺序；
- 使用符号的类型（一些简略写法）；
- 使用图表的类型。

写处方也是有惯例的。处方内容以固定的顺序呈现，药品剂量使用固定的单位符号。

在你完成实验，要撰写实验报告时，也需要遵循惯例。科学家撰写报告同样要遵循这些惯例。依照惯例，报告通常分成以下几个部分。

D | 研究报告的主要部分

生长的水芹种子

目的

水芹种子是活的吗？

引言

生物都是生长的。水芹种子能够发芽、长成植株，因此水芹种子是活的。预测：如果把水芹种子煮了，它们就不会生长了。

方法

实验准备：水芹种子、烧杯、水、两个盘子、洗碗布。

A | 放 50 粒种子到沸水中，杀死种子。

B | 两个盘子里分别放上潮湿的洗碗布，将煮过的 50 粒种子放在一块洗碗布上，将没煮过的 50 粒种子放在另一块洗碗布上。

C | 将两个盘子放在窗台上。

结果

所有没煮过的种子都发芽了。煮过的种子有 3 粒发芽。

结论

如果把种子煮了，它们会被杀死而不再生长。没有煮的种子都能够生长，所以它们是活的。这与预测一致。

评估

将煮种子的时间延长，尽量将它们全部杀死。

目的是你要发现什么。它可以是一个问题，也可以是以“我的目的是……”或“我希望证明……”开头的说明句子。

解释你的想法以及你为什么有这个想法。也可以做一个**预测：**你觉得可能会发生什么。

列出使用的**装置**（设备）。写出实验**方法**（要做什么）的一系列步骤。

记录**结果**（测量的数据或者观察到的现象）。实验结果是你的证据。

在**结论**中解释实验结果代表什么。

在**评估**中陈述如何改进实验以得到更有利的证据。

4 a | 图 B 的处方中使用了什么单位符号？

b | 这个单位符号代表什么？

5 写下图 B 处方里的第一种药，并标明其遵循的书写惯例。

6 为什么科学家都按照相同的格式写报告？

我能……

- 说出什么是惯例；
- 解释为什么要遵循惯例；
- 说出研究报告的写作惯例。

7Ab 器官

器官有哪些作用？

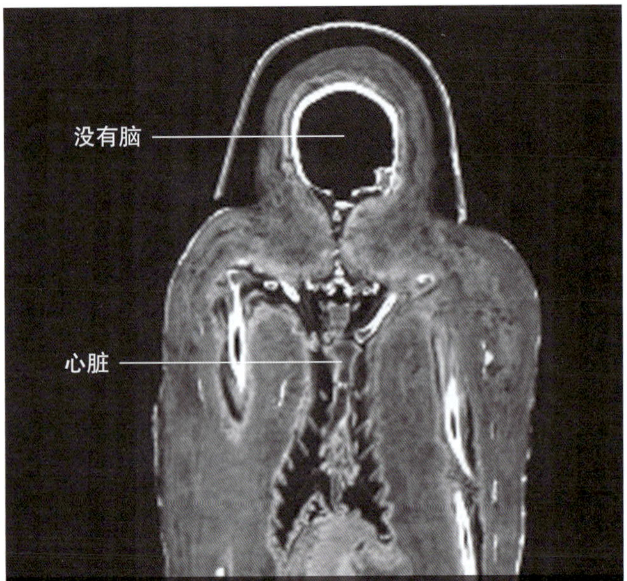

A | 木乃伊的扫描图

在古埃及，心脏被认为是人体最重要的部分。在制作木乃伊时，只有心脏被留在人体中，其他器官均被移除。古埃及人认为在人死后的旅程中，胃、肠、肺和肝脏还是有用的，因此它们被装在一个罐子里。他们认为**脑**是不重要的，所以脑被扔掉了。

人体器官

心脏、胃、肠、肺和肝都是**器官**。每一个器官都有重要的**作用**（工作）。现在我们知道，脑也是一种器官，并且对控制身体有重要作用。

人体最大的器官是外部的**皮肤**。皮肤可以保护身体，并感知外界事物。

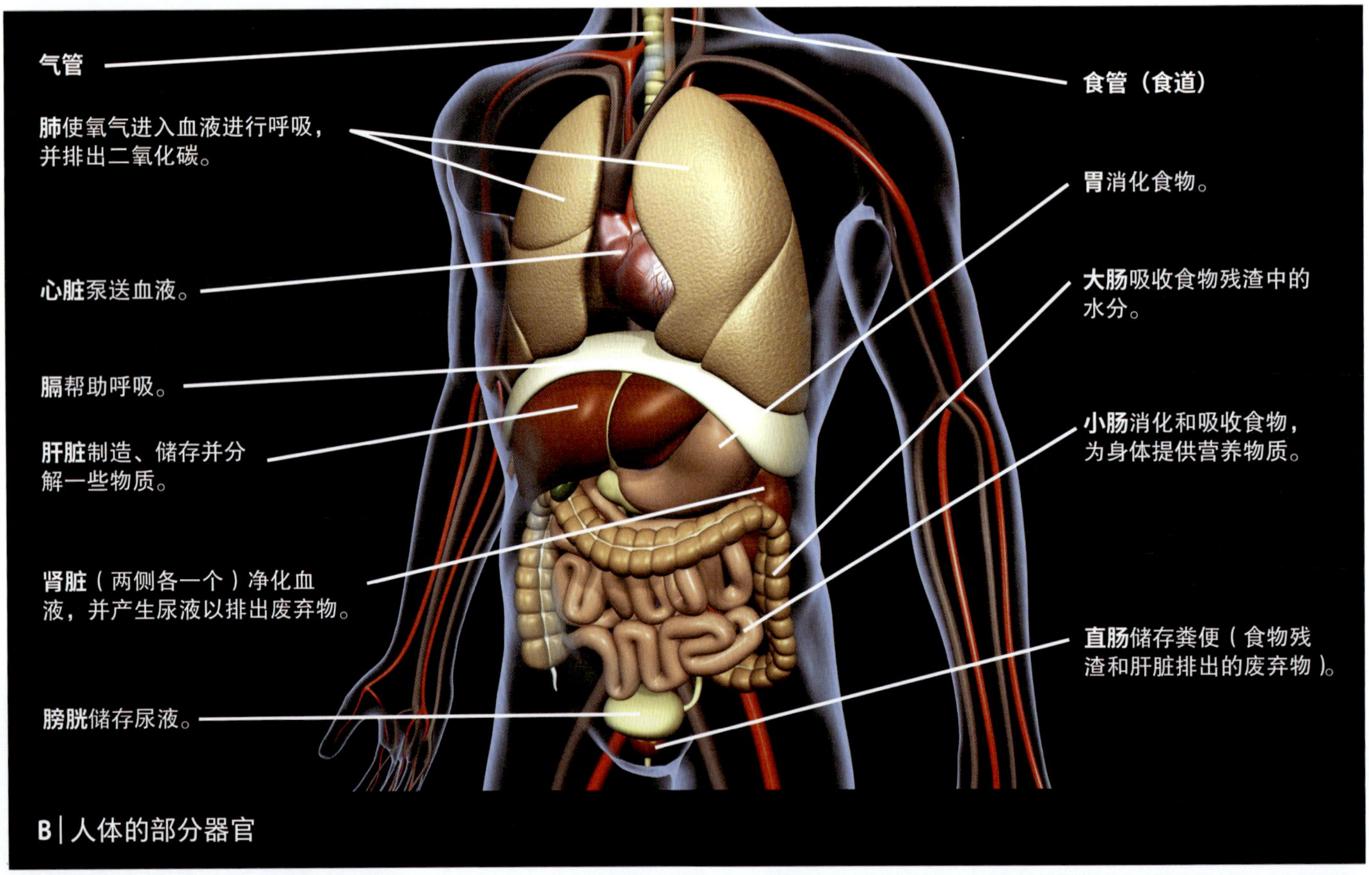

B | 人体的部分器官

1 列表说出人体内五种不同器官的作用。

2 哪种器官在充满空气时会变大？

3 列举出为身体获取营养的器官。

4 列举排出废物的器官。

5 列举出两个储存液体废弃物或者固体废弃物的器官。

植物器官

图 D 显示了植物的一些主要器官。

D | 多数植物的器官

植物利用**光合作用**这一过程制造它们自身所需的食物。光合作用发生于阳光照射下的叶子中。光合作用需要水和空气中的**二氧化碳**。有些植物有**存储器官**，用来储存它们自己制造的养料。我们吃的马铃薯和胡萝卜的块茎就是存储器官。

6 植物的哪个器官是主要的营养器官？

7 a | 哪一过程生产的养料被植物的存储器官储存？
b | 为什么得不到足够光照的马铃薯植株就不结马铃薯？

8 人类的哪个器官和植物的某个器官最相似？请解释。

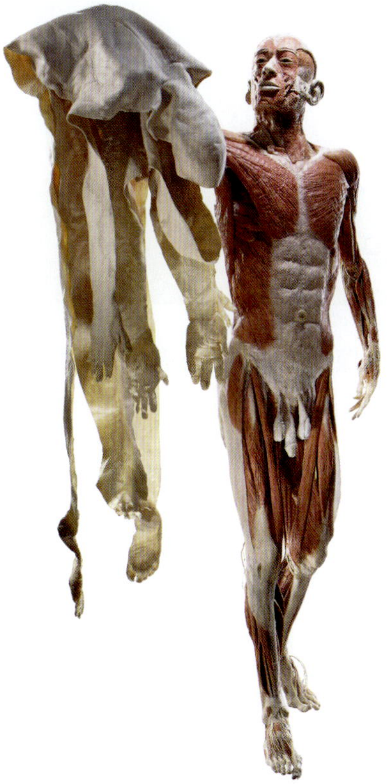

C | 今天我们仍然保存尸体，但不再是以制造木乃伊的方式。这个身体是通过塑化技术保存的。他正举着自己的皮肤。尸体标本被用于科学研究、展示以及培训新医生。

事实

E

叶是用来收集太阳光的植物器官。生活在阳光不充裕地区的植物通常有很大的叶子。王莲的叶直径可达 3 m。

我能……

- 辨别植物和动物的重要器官以及确认它们所在的位置；
- 说出植物和动物重要器官的作用；
- 描述光合作用的过程。

7Ac 组织

为什么组织很重要?

许多侦探小说里都会有一位病理学家，这位病理学家检查尸体查找证据，帮助锁定凶手。病理学家的存在有很长的历史；尸检也早在古埃及、古希腊和古罗马时代就开始了。

病理学家是经过完整培训的医生。他们检查尸体的表面和内部，观察器官的变化。心脏是他们着重检查的器官之一。

A | 公元前 44 年，尤利乌斯 · 凯撒被暗杀。安提斯提乌斯医生为其做了尸检，之后他完成了世界上第一份知名的病理报告。

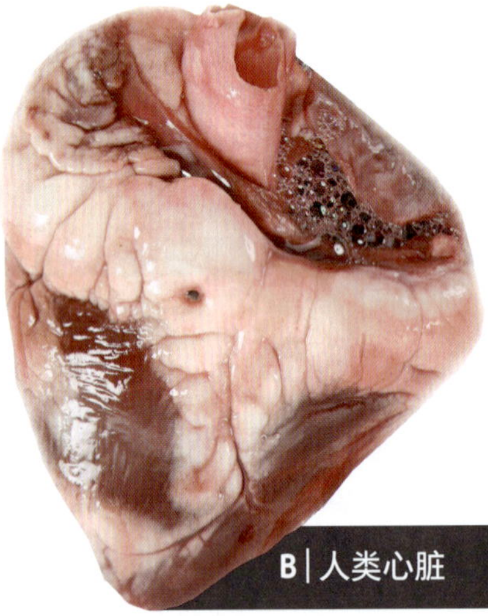

B | 人类心脏

1 安提斯提乌斯的报告显示，凯撒被刺了 23 刀，分别刺在脸部、腹股沟和上背部，但是致命的只有一刀。这一刀刺在了哪里？为什么？

2 观察图 B，说说心脏看起来像什么。

病理学家会仔细地检查心脏，因为心脏是最重要的器官之一，心脏的损伤经常会导致死亡。心脏的作用是泵送血液在体内循环。血液携带氧气和营养物质（来自食物）供身体各部分使用。

从图 B 可见，心脏由不同的部分组成，白色的部分是脂肪，略红的部分是肌肉，这些部分都被称为**组织**。所有器官都由不同的组织构成。

器官中的每种组织都有其特定的功能。例如，心脏**肌肉组织**是能够活动的部分，负责泵送血液；**脂肪组织**的作用是保护心脏。

事实

C | 蓝鲸心脏模型

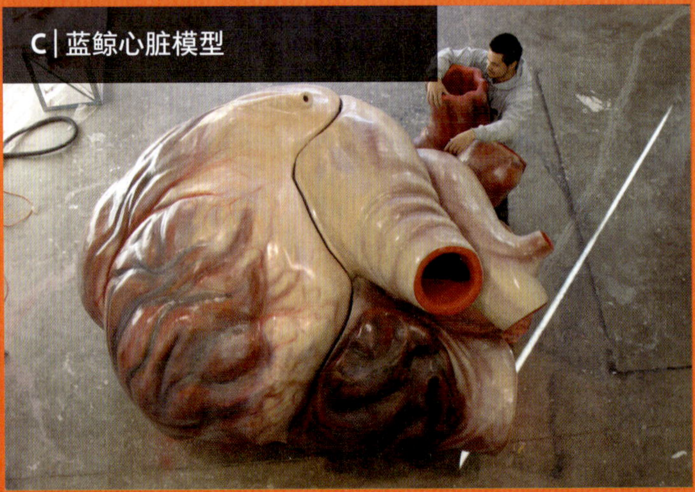

哺乳动物心脏脂肪的质量约占心脏总质量的 20%。成年人类的心脏脂肪大约有 60 g。成年蓝鲸的心脏脂肪大约有 120 kg；蓝鲸的心脏可重达 600 kg！

D

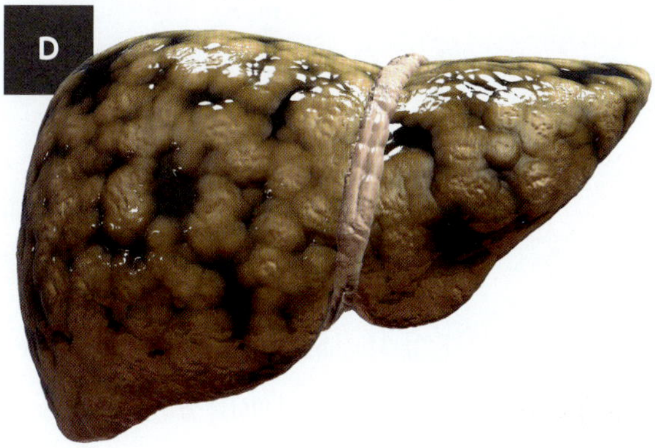

3 a | 说出心脏含有的两种组织的名称。
b | 这两种组织各有什么作用？

4 一位病理学家认为图 D 的肝脏来自一位脂肪肝患者。将其与第 12 页图 B 中的健康肝脏进行对比，想一想，病理学家的判断依据是什么。

5 肠蠕动推动食物前进。想一想，肠可能含有什么组织。

植物组织

植物也有器官，植物的器官也是由组织构成的。如图 E 所示，植物的根外部有根毛。这是**根毛组织**。它帮助根迅速地从土壤里吸收水分。

如果切开一个植物器官，你能看到更多的组织。如图 F 所示，胡萝卜包含不同的组织。位于胡萝卜中部的组织被称为**木质部组织**，负责输送水分。在胡萝卜中，木质部组织从根部向上，穿过胡萝卜将水输送到植株的其他部分。

F | 胡萝卜内包含不同的组织。

E | 萝卜的根毛组织

G | 胡萝卜植株

6 a | 胡萝卜是什么类型的器官？
b | 胡萝卜中含有几种组织？请解释。

7 a | 说出萝卜根中可能含有的两种组织。
b | 每种组织有什么作用？

8 说出一种植物器官，它位于地面以上且含有木质部组织。

9 根毛组织服务于哪一生命过程？

我能……

- 识别并记忆人体器官和植物器官的组织；
- 说出器官中不同组织的作用。

7Ac 显微镜

光学显微镜如何检验样品（标本）?

为了找出器官的病变，医生会做检查。这些检查包括从器官上取下一小片组织（活体组织检查），然后在光学显微镜下观察。显微镜放大物体成像，使被观察物看起来更大。下面介绍显微镜的使用方法。

使用方法

A | 将最小的**物镜**（最低**放大倍数**）对准载物台上的通光孔。调节**粗准焦螺旋**使物镜和载物台的距离尽量小。

B | 把所要观察的**载玻片**放在**载物台**上，用压片夹夹住。载玻片上是**样品**（需要观察的物品）。然后调节光源，使光通过通光孔。

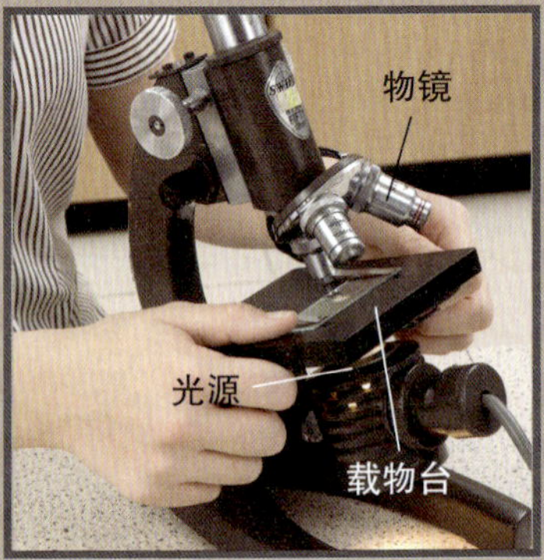

C | 通过**目镜**观察，同时慢慢转动粗准焦螺旋，直到看清物像为止。

D | 为了能看到更清晰的**图像**，将更高倍数的物镜对准样品。

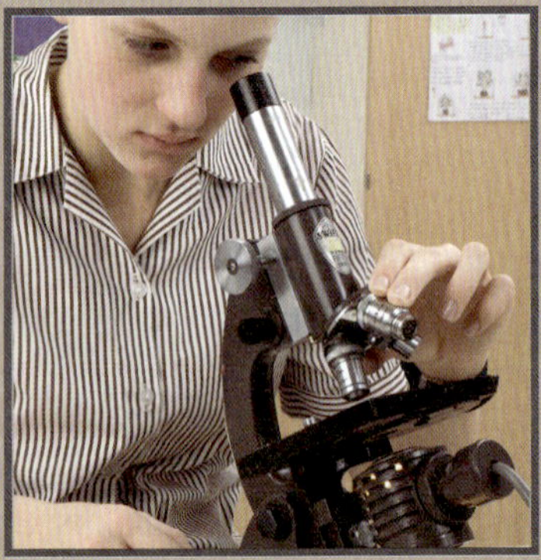

E | 调节**细准焦螺旋**使图像聚焦。调整好物镜与载玻片的距离后，就不要再调整粗准焦螺旋了，否则可能会破坏载玻片或损伤物镜。如果看不清样品，那么再调回较低倍数的物镜。

不要将显微镜对准太阳，这可能会永久性伤害视力。

1 光学显微镜有几种镜头?

2 写下你自己的关于以下内容的一些规则。

a | 安全使用显微镜

b | 保养显微镜

3 显微镜的哪一部分使图像变得更加清晰?

4 什么是样品?

科学地工作

光学显微镜中所有的镜片都起到放大作用。镜片的放大倍数被标注在镜头边上（例如：×10）。为了算出目镜和物镜总的放大倍数，我们使用如下公式：

总放大倍数 = 目镜放大倍数 × 物镜放大倍数

5 一台显微镜同时使用“×10”的目镜和“×15”的物镜，则总放大倍数是多少？

制备样品

为了使光能通过样品，显微镜载玻片上的样品需要很薄。我们还需要把一个薄的玻璃制**盖玻片**盖在样品上，这可以使样品平整，同时可以固定样品并防止样品变干。下面介绍制备洋葱组织载玻片的方法。

实验方法

A｜取一片载玻片，在中心滴一滴水。水中可以含有**染色剂**，以使样品显示得更清晰。

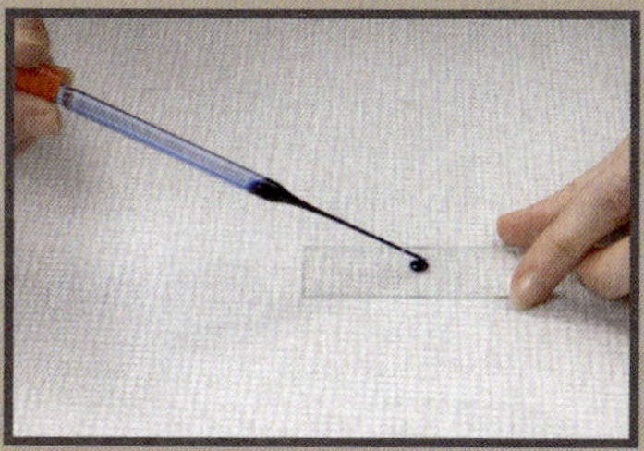

B｜用镊子剥掉一片洋葱的内膜。

C｜将剥下的洋葱内膜放在载玻片的水滴上。

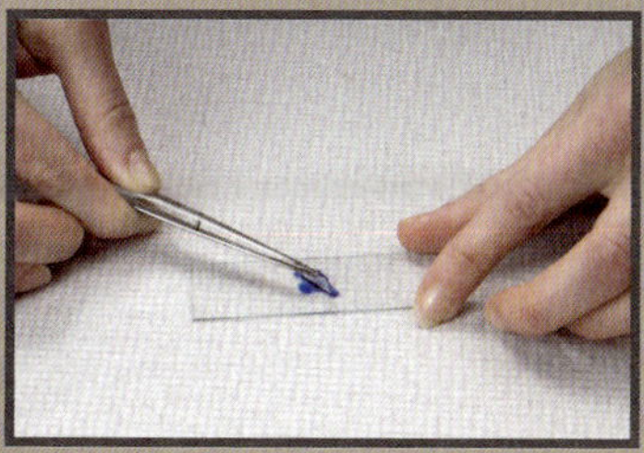

D｜用镊子将盖玻片盖在样品上，要慢慢地、小心地盖，避免盖玻片下留有气泡。

6 为什么样品要薄？

7 为什么要使用盖玻片？

8 分别说出两种能用光学显微镜观察的动物组织和植物组织名称。

9 做一份详细观察大黄茎组织的研究计划。

10 杰克组装了一台显微镜，但是通过目镜，他看到的总是黑乎乎的一片。可能是哪里出了问题？尽可能多地列出你能想到的原因。

! 用上述方法制备样品时，要戴好护目镜。载玻片和盖玻片都由很薄的玻璃制成，使用的时候要非常小心。

我能……

- 说出如何制备载玻片；
- 说出如何利用光学显微镜观察样品。

7Ad 细胞

植物细胞和动物细胞有哪些相似和不同？

木乃伊可以保存组织。1825 年，奥古斯塔斯·格兰维尔医生研究了一个 2500 年的埃及木乃伊的死亡原因。他的研究包括用显微镜观察组织。他的结论是其死于癌症。科技在不断进步，2009 年，针对同一木乃伊的研究再次展开，这次研究的结论是其死于一种肺部疾病——肺结核（TB）。

事实

在中世纪，一些人认为木乃伊有治愈功能。许多木乃伊被研磨成粉末，然后被当作药物出售。

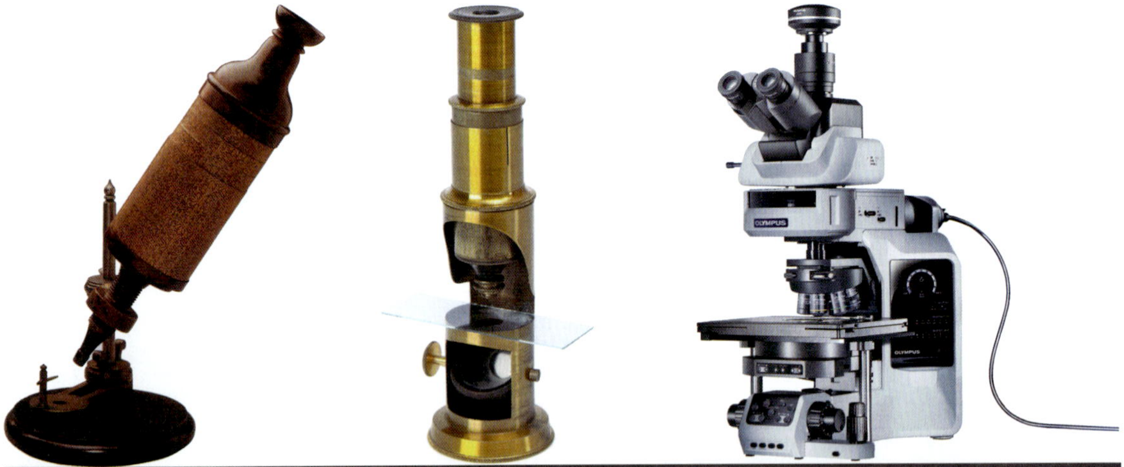

A | 胡克的显微镜（最左）可将样品放大约 30 倍。19 世纪早期，显微镜的放大倍数大概是 200 倍。现代光学显微镜的放大倍数可达 1500 倍。

罗伯特·胡克是世界上第一个用显微镜研究组织的人。1665 年，他检查一块栓皮栎树的树皮时，发现了一个个的小盒子形状的结构。他认为它们看起来像修道院里修道士或者修女的小房间（cell），所以他把它们命名为**细胞**（cell）。

现在我们知道，细胞是构成组织和所有生物体的基本单位。组织由一群具有相同功能的细胞组成。

1. 什么是细胞？
2. 格兰维尔从木乃伊组织看到的内容比胡克从软木组织看到的多，为什么？
3. 生物体的哪些特征是非生物体不具备的？

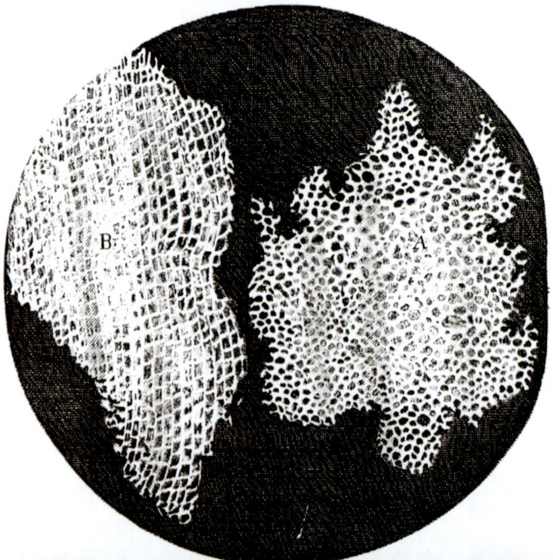

B | 胡克的软木细胞图，出版在他自己的著作《显微制图》中。

动物细胞

图 C 展示了用现代显微镜观察到的人的面颊细胞，放大倍数是 × 600。也就是说，图片尺寸是细胞实际尺寸的 600 倍。图上标注了细胞的结构。

所有动物的细胞基本构成相同，但是来自不同组织的细胞有不同的形状、大小和功能。细胞发生了**特化**。

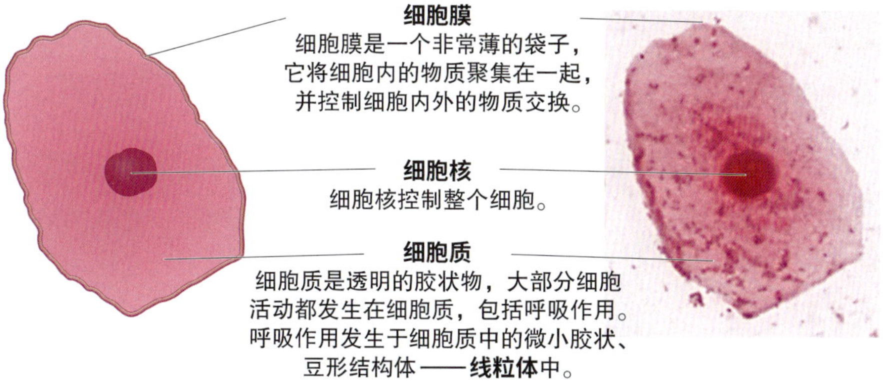

C | 面颊细胞结构图和显微照片（放大倍数：× 600）

植物细胞

植物细胞有很厚的**细胞壁**。植物细胞还具有动物细胞不具备的一些其他特征。

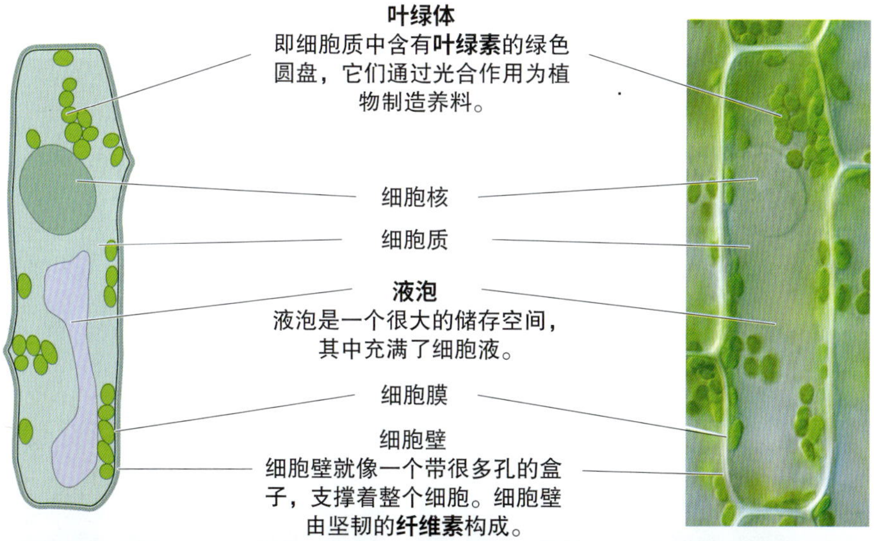

E | 叶片细胞结构图和显微照片（放大倍数：× 275）

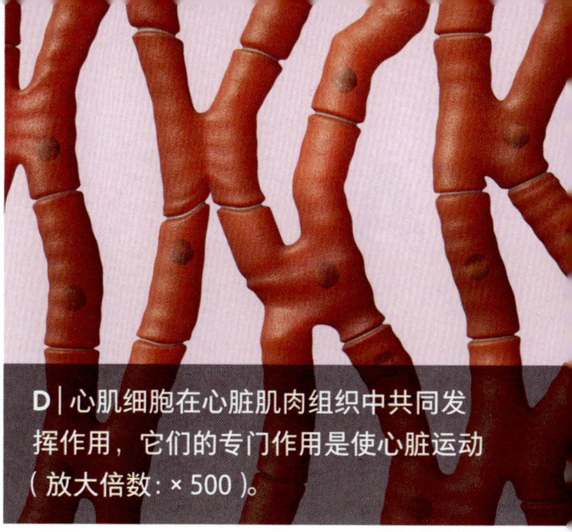

D | 心肌细胞在心脏肌肉组织中共同发挥作用，它们的专门作用是使心脏运动（放大倍数：× 500）。

4 a | 观察图 D。黑色物质是什么？
b | 这些结构有什么作用？
c | 除此之外，心肌细胞还应该包括哪些结构？
d | 这些结构的作用是什么？

5 a | 测量图 C 中动物细胞最宽部分的宽度，并计算出它的实际宽度。
b | 测量图 E 中植物细胞的长度，并计算出它的实际长度。

6 画表格对比动物细胞和植物细胞结构的异同。

7 a | 什么使部分植物细胞呈现绿色？
b | 叶绿体和线粒体哪一个更大？请解释。

8 画一个根毛细胞，并标注出它的结构。

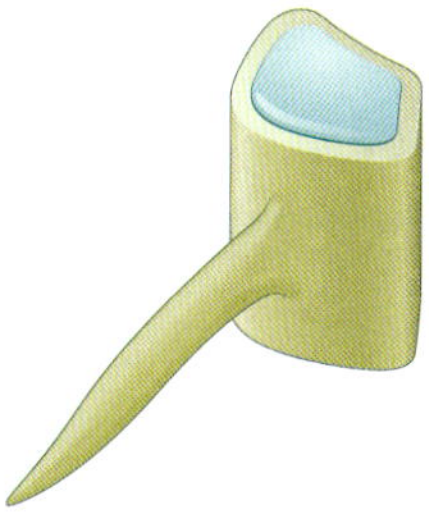

F | 根毛细胞是从土壤中吸收水分的特化细胞（放大倍数：× 30）。

我能……

- 分辨动物细胞和植物细胞的主要结构并说出它们的作用。

7Ae 系统

细胞、组织和器官是如何协同工作的？

同类细胞聚集在一起构成组织。不同的组织聚集在一起构成器官。

1 说出心脏中存在的三种组织。

古埃及的医生知道器官是彼此联系的，但是不知道它们是如何联系在一起的以及为什么联系在一起。例如，他们认为人类呼吸空气进入肺、心脏以及进出心脏的管道。这是因为他们检查尸体的心脏和进出心脏的管道时，这些器官是充满空气的，于是他们就认为这些部位一直充满空气。

现在我们知道，心脏和进出心脏的管道输送血液至全身，这些管道被称为**血管**。血管和心脏协同工作，形成一个**系统**，叫作**循环系统**。

系统由一组协同工作的器官组成。除循环系统外，人体还有**运动系统**（肌肉和骨）、**消化系统**、**泌尿系统**、**呼吸系统**和**神经系统**等。

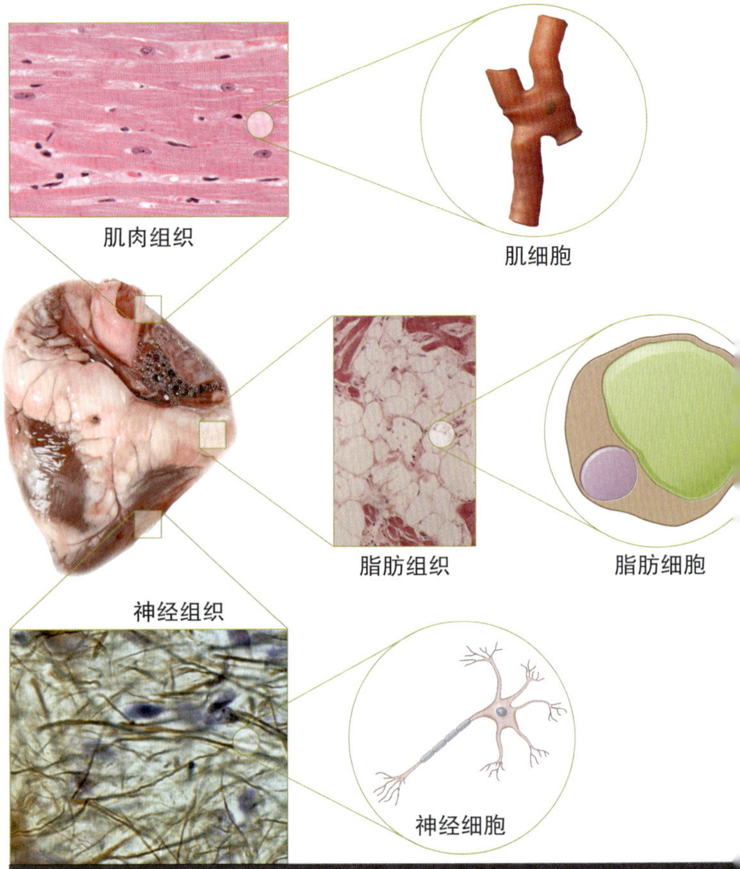

A | 器官（如心脏）由许多组织构成。

2 a | 为什么古埃及人认为血管中充满空气？
b | 说一说，现在有哪些证据表明他们的想法是错误的。

3 什么是系统？

事实

一个成人循环系统中的血管总长超过 100 000 km，可以绕地球 2 圈多！

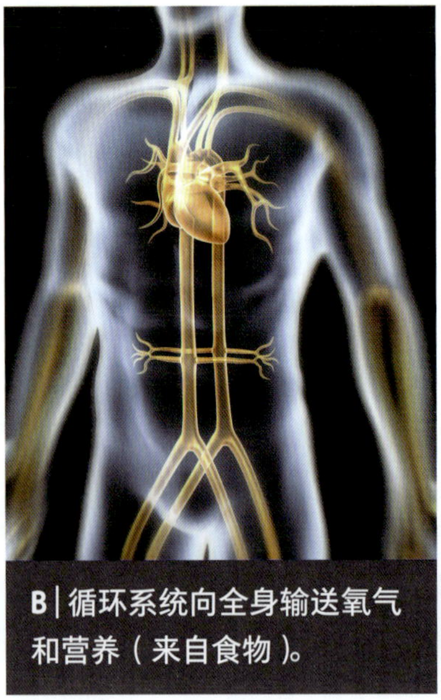

B | 循环系统向全身输送氧气和营养（来自食物）。

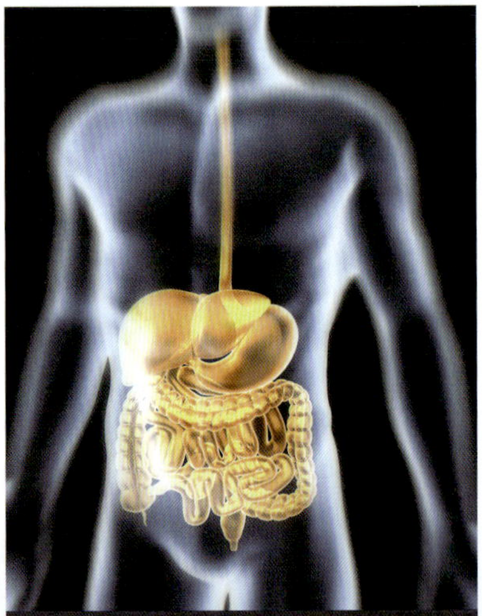

C | 消化系统消化食物并将食物中的营养输送进血液。

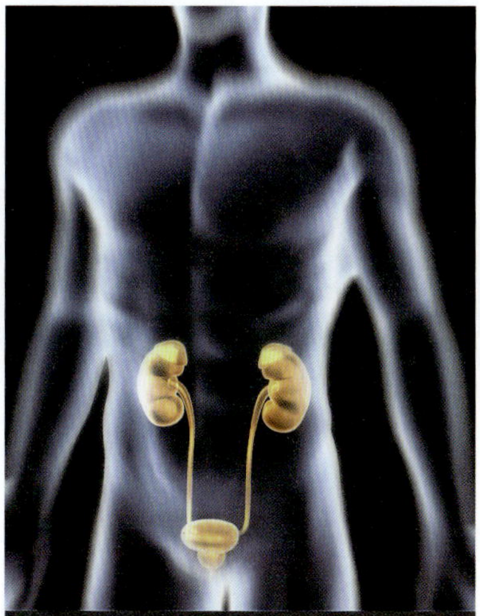

D | 泌尿系统排出身体产生的废弃物。

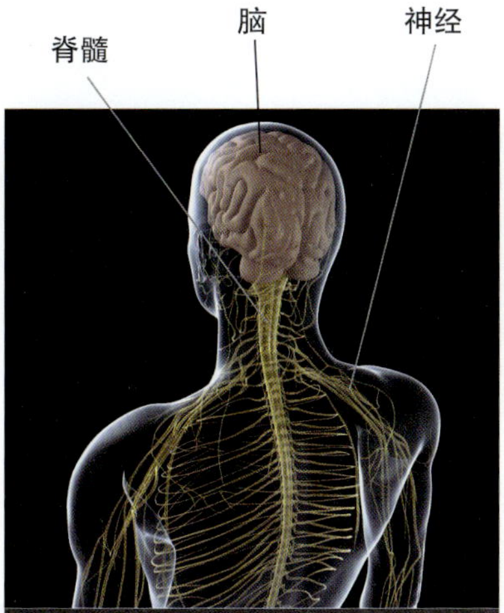

E | 神经系统让人感知事物。

4 人体呼吸系统包括哪些器官？（提示：请参考第 12 页）

5 列表展示第 20—21 页提及的人体系统分别包括哪些器官。（提示：请参考第 12 页）

6 图 C、D、E 所示的系统服务于哪些生命过程？

事实

在人体泌尿系统中，肾每 40 分钟过滤一遍血液。

植物器官的协同性

植物也有器官，植物的器官也由组织构成。

植物的器官也会协同工作。比如，负责水分运输的系统将水分从地面向上输送到叶片。水一直在系统中流动，因为叶片一直在通过蒸腾散失水分。

F | 植物的水分运输系统

G | 植物的根由不同的组织构成。

7 a | 植物的水分运输系统中涉及哪些器官？
b | 说出这些器官中都具有的一种组织。

8 叶通过小孔散失水分。如何检验是叶片的上面还是下面散失的水分更多？请设计一个实验。

我能……

- 识别并记忆植物水分运输系统的主要器官；
- 识别并记忆人体运动系统、消化系统、循环系统、泌尿系统、呼吸系统和神经系统的主要器官。

7Ae 移植

什么是器官移植？

现在，医生对细胞、组织和器官都有了较为深入的了解。他们还可以利用显微镜和其他工具检查人体出现的问题。

如果医生认为某个器官出现了问题，他会从器官上取活体标本（一小片组织）进行检查。这能帮助医生确认问题，从而能够制定诊疗方案。

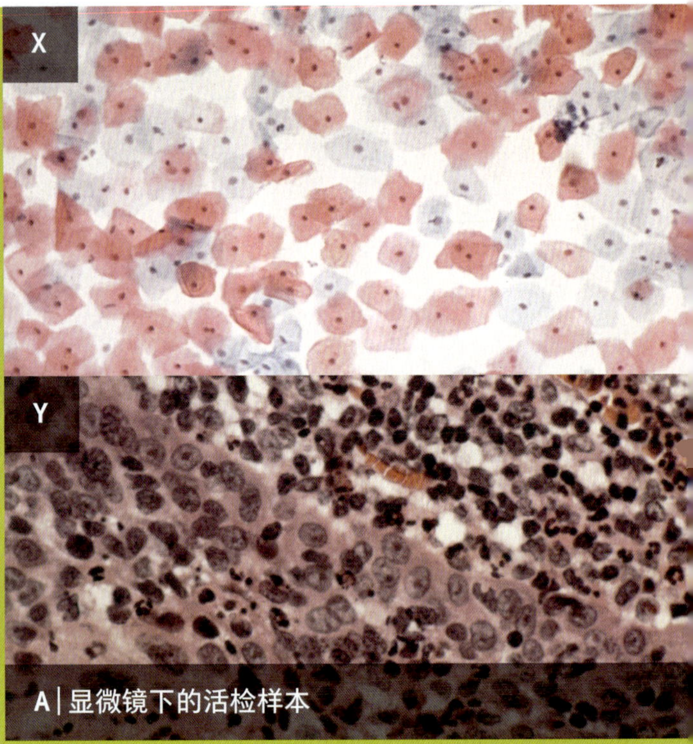

A | 显微镜下的活检样本

有时某个器官不能被治愈，医生可能就会建议做**器官移植**。器官移植就是用一个健康的器官（通常来源于一个近期死去的人）替换不健康的器官。

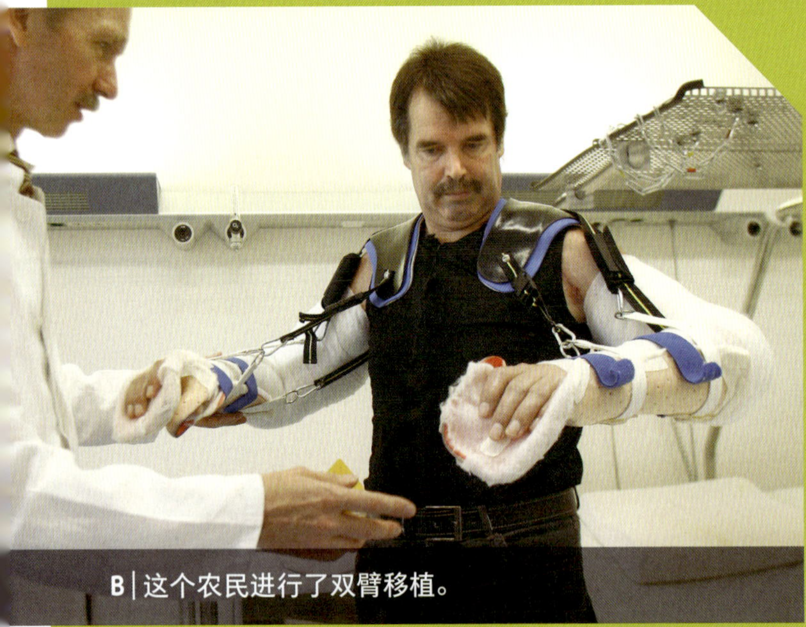

B | 这个农民进行了双臂移植。

替换受损的组织和器官的想法至少可以追溯到2700年前，当时一个名叫苏胥如塔的印度医生成功地用某人自身受损处附近的皮肤替换了受损处的皮肤。现在，医生能够进行心脏、肺、肝、肾，甚至脸、胳膊和腿的异体移植。

C | 许多人希望自己死后，器官能用于移植。他们可以填写器官捐赠卡。

1 a | 画出活检样本 X 的一个细胞。标注它各部分的名称和作用。

b | 部分癌细胞的细胞核会变得非常大。哪一个活检样本（X 还是 Y）是癌细胞组织？

2 画一幅图表示系统、器官、组织和细胞的关系，在图中分别用植物和人举例。

说出你的观点

“想要捐赠器官的人们不需要填写器官捐赠卡，只有不想捐赠器官的人们才应该填写卡片。”你认为这个主意怎么样？

7Ba 逃走的动物园动物

有新闻报道，大型猫科动物如黑豹、美洲豹等在英国野外出没。一种说法是这些猫科动物是从动物园逃跑的。动物园经常饲养这类稀有动物，这给游客提供了一个了解它们的机会。

大部分报道都不太可能是真的，因为人们误解了他们所看到的猫科动物的尺寸。不过，仍然有少量**证据**表明在英国能够发现大型猫科动物。图 B 所示的加拿大猞猁于 1903 年在德文郡袭击了两只狗之后被射杀。这是在英国发现的唯一一只大型猫科动物。

有充分的证据表明，有其他动物从动物园逃跑之后在野外生活的。在 20 世纪 70 年代，一对小袋鼠从英国马恩岛湿地野生动物园逃跑，现在这个岛上有大约 100 只小袋鼠。

A | 这是博德明高沼地中的黑豹吗？

B | 这只加拿大猞猁被射杀于 1903 年。

C | 小袋鼠原产于澳大利亚，这张照片摄于马恩岛。

1. 只有两只小袋鼠逃走，为什么马恩岛上现在有 100 只小袋鼠？
2. 一只加拿大猞猁从动物园逃走了，为什么德文郡现在没有大量的猞猁生存？
3. 哪些证据支持马恩岛有小袋鼠这一结论？
4. 说一说，为什么在英国看见大型猫科动物的事不太可能是真的。
5. 小袋鼠和猫科动物都是哺乳动物，说出它们在繁殖过程中的两点相似之处。

7Ba 科学方法

A | 索哥罗鸠在爱丁堡动物园孵卵。20 世纪 70 年代，野生索哥罗鸠就绝迹了。

1	生物通过什么生命过程增加个体数量？
2	说说为什么人们认为腐烂的垃圾会滋生老鼠？

B | 用科学方法进行研究的一般流程

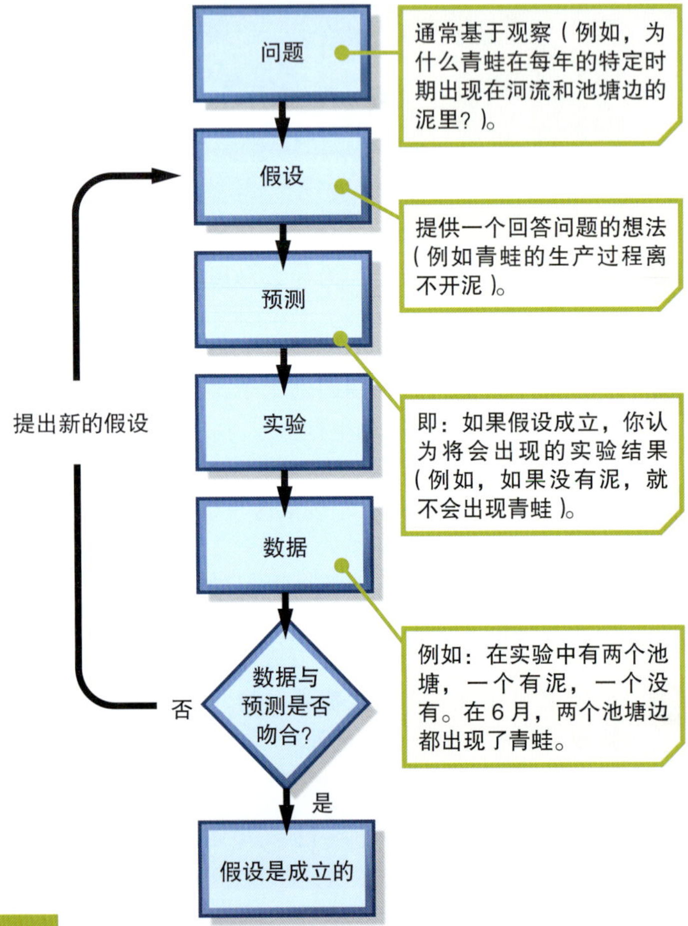

什么是科学方法？为什么科学方法是有效的？

所有**生物**都必须通过**繁殖**增加个体数量，保证本物种不会**灭绝**。有些物种的繁殖方式是显而易见的，像哺乳动物（如人类）直接生出后代，还有很多生物是卵生的。

有些动物的繁殖过程人类还不了解，尤其是一些很小的动物，它们的繁殖过程是人们不容易看到的。例如，有些河流春季发洪水留下泥质区，这些地方会吸引很多青蛙，于是，人们就以为青蛙是泥生出来的。

直到几百年前，仍然有很多人认为腐烂的垃圾会滋生老鼠，熟透的水果生苍蝇，烂肉生蛆。

事实

17 世纪时流传着一种繁殖老鼠的方法：将汗湿的内衣和小麦一起放进罐子。等 21 天，汗水会把小麦变成老鼠。

人们的这些想法是不科学的。人们在放置时间过久的肉里发现了蛆，就认为是肉生蛆，但是他们并没有验证这一想法。今天，科学家通过“**科学方法**”验证他们的想法。科学方法即为了验证想法的对错而收集信息的任意测试方法。图 B 显示了科学方法的一般流程。

首先，通过**观察**提出一个可以通过实验回答的问题。然后，提出一个设想来回答这个问题，这个想法是可以通过实验验证的。这个设想就叫作**假设**。

然后想一下，如果假设成立，实验的结果是什么，这叫作**预测**。实验的结果叫作**数据**。如果实验数据与预测相吻合，就证明假设是成立的。

科学地工作

3 观察图 B。

a | 什么是假设？
b | 例子中做的预测是什么？
c | 实验结果与预测一致吗？
d | 科学家接下来会做什么？

4 判断下面的每条陈述是假设、预测还是结果。

a | 种子在温暖的环境中发芽快。
b | 动物可以繁殖取决于雄性和雌性的存在。
c | 如果人们的食物中缺少维生素 C，那么他们会得坏血病。

下面的实验检验了腐烂的香蕉皮生苍蝇这个假设。

方法

A | 将已经变成褐色的香蕉剥皮，把皮分成两半，分别放入两个广口瓶中。

B | 立即用纱布裹住一个广口瓶口，然后用橡皮筋扎牢。

C | 把两个广口瓶都放到室外。小苍蝇能进入没有扎纱布的广口瓶。几个小时后，把敞口的广口瓶也像前一个广口瓶一样用纱布和橡皮筋扎牢。

D | 把两个广口瓶都拿进室内，观察 2 周。

C

雷迪的实验

1668 年，意大利科学家弗朗西斯科 · 雷迪（1626—1697）提出一种想法，他认为肉生蛆是因为苍蝇把卵产在了肉上。他把肉分别放进一组罐子中，以验证这个假设。一部分罐子被密封，一部分用纱布蒙好，还有一部分敞开着。他将所有的罐子放在一个有苍蝇的地方。只有敞开的罐子中发现了蛆。这一证据证明他的假设是成立的。

5 a | 在上面的实验中，提出的问题是什么？
b | 该实验检验的假设是什么？
c | 做出预测。

D | 雷迪的实验

6 a | 雷迪的假设是什么？
b | 想一想，雷迪可能做了什么预测。
c | 解释雷迪的实验结果如何证明了他的假设。

我能……

- 说出科学方法的目的和一般步骤。

7Ba 动物的有性生殖

不同的动物都是如何进行有性生殖的？

濒危动物是指那些存在数量非常少，濒临灭绝的动物。许多动物园正在通过人工繁殖来尽力阻止濒危动物的灭绝。希望这些人工繁殖的**后代**将来能够回归自然。

动物园的动物也不是都能够交配成功的，即使交配成功，其后代也可能死于未知的原因。所以科学家研究动物的**有性生殖**，寻找帮助它们繁殖的方法是非常重要的。

> **1** 人类的后代被叫作什么？

A | 1945 年，世界上仅存 31 匹普氏野马，且它们都生活在动物园。多亏一项繁殖计划，现蒙古国的自然栖息地生存着几百匹普氏野马。

事实

全世界的科学家共同致力于编制一份世界自然保护联盟（IUCN）的濒危生物名单。这个濒危生物名单被称为“红色名录”。2013 年，这份清单上共有 10 820 种动物。

B | 光学显微镜拍摄的人类卵细胞（左）和精细胞（右）（放大倍数：× 600）

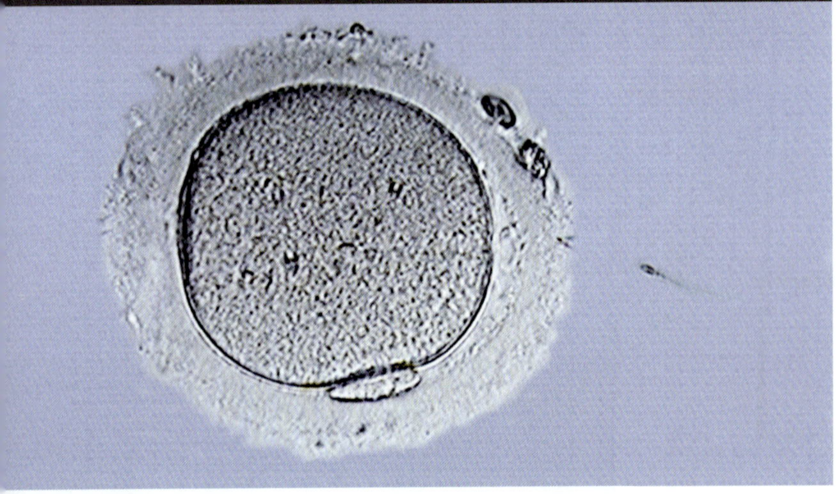

配子

有性生殖需要两个个体制造出一个同类的新生物体。该过程通常需要两种**特化**细胞。这些细胞被叫作**性细胞**或者**配子**。雄性产生的配子叫作**精细胞**，雌性产生的配子叫**卵细胞**。

在**受精**过程中，精细胞进入卵细胞，两个细胞的**细胞核融合**（变成一个），形成一个**受精卵细胞**，受精卵细胞可以发育成一个新的生物体。

> **2** 哪种繁殖需要雄性个体和雌性个体？
>
> **3** a | 在现实生活中，精细胞和卵细胞哪一个更大？
> b | 计算精细胞和卵细胞的实际大小。
>
> **4** a | 在动物界，什么是雄性配子？
> b | 受精阶段，雄性配子会发生什么变化？

精细胞必须到达卵细胞，受精过程才能发生。**体外受精**是指受精过程发生在动物体外（例如鱼）。这种情况通常出现于水体环境中。其他动物运用**体内受精**的方式，即雄性**亲代**把精细胞送入雌性体内。

体外受精中，有些卵细胞因为精细胞被水冲走而无法受精。许多体外受精的动物是不照看它们的受精卵的，因此大量受精卵会被其他动物吃掉。体外受精的动物必须产生大量的卵细胞以保证其中一些卵细胞可以受精并存活下来。

C | 鲷鱼采用体外受精的方式繁殖。雄鱼和雌鱼游到一起，排出配子。

5 a | 说出一种体外受精的动物。
b | 这种动物为什么要产生大量卵细胞？请给出两个理由。

鸟类和哺乳类是体内受精。因为其精细胞更容易与卵细胞结合，所以它们产生的卵细胞很少。这些动物通常也会照顾它们的受精卵和子代。鸟将受精卵产在巢中，保护它们。哺乳动物的子代先在母体体内生长。鸟和哺乳动物会一直照顾它们的子代，直到它们能够独立生存。

D | 黑犀牛以体内受精的方式繁殖。它们的后代会先在母体内发育。然而，人类为了获取黑犀牛的角，对其进行了大肆捕杀。

E | 鸟类（如图中的石鸻）是体内受精，但是它们的后代在母体外发育。自 1940 年以来，英国的石鸻数量已经下降超过 80%。

6 a | 说出一种体内受精的动物。
b | 这种动物为什么只产生少量的卵细胞？请给出两个理由。

7 为什么远离水体生活的动物很少采取体外受精的方式？

8 口育鱼将受精卵含在嘴里孵化。与同样大小的其他鱼相比，你认为口育鱼产生的卵细胞会更多还是更少？说明你的理由。

事实

大部分体内受精的动物雌雄双方都要靠得非常近。但船蛸不是这样。这种海洋生物（与章鱼有近亲关系）的生殖器能够分离，然后生殖器自己游去接近雌性。

我能……

- 说出在有性生殖中卵细胞是如何受精的；
- 比较鱼、鸟和哺乳动物的受精过程和照顾后代方面的异同。

7Bb 生殖器官

人类的生殖器官是什么样的？

生殖器官产生配子（性细胞）。生殖器官构成的系统称为**生殖系统**。

在一些国家，某些动物的生殖器官被用作传统**药物**。这些药物被用来帮助人类繁衍后代，但是并没有证据表明它们是有效的。为了获得这些药物，有些动物被杀死，这致使某些动物处于濒危处境。

精子在**睾丸**中产生。睾丸位于**阴囊**内，阴囊是悬挂于体外的一个囊状物。这个位置有利于让精子保持在一个合适的温度并正常发育。**发育期**后，男性会在余生中不断产生精子。

A | 老虎是濒危动物。虎鞭被用于制作某些传统药材。

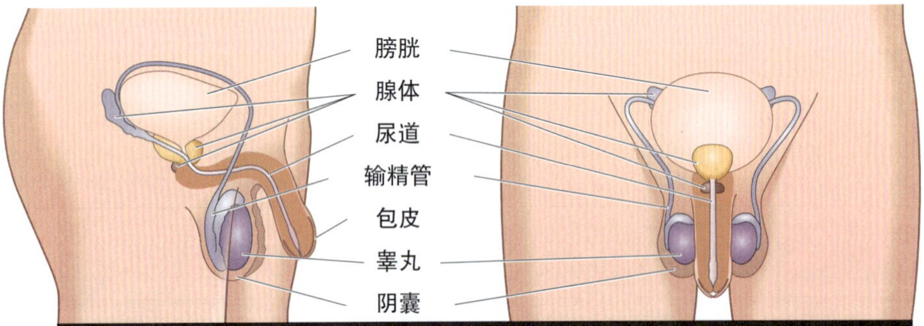

B | 男性生殖系统

精子从睾丸释放后，进入**输精管**。在输精管，精子中混入**腺体**分泌的液体。液体为精子提供**能量**。精子和液体的混合物被称为**精液**，它通过**尿道**排出人体。**膀胱**中的尿液也通过尿道排出，但是不会和精液同时排出。

阴茎的头部是非常敏感的，它被一层皮肤（**包皮**）覆盖保护。有时，出于宗教原因或由于包皮太紧，男性会通过**包皮环切术**将包皮切除。

1. 图 B 中，哪个器官既属于泌尿系统又属于生殖系统？
2. a | 精子在哪里生成？
   b | 你认为精子的发育需要比身体更温暖还是更凉爽的环境？请解释。
3. 解释精子如何适应游动。
4. 前列腺（图 B 黄色部分）有时候会膨胀。说说这可能导致什么问题，给出理由。

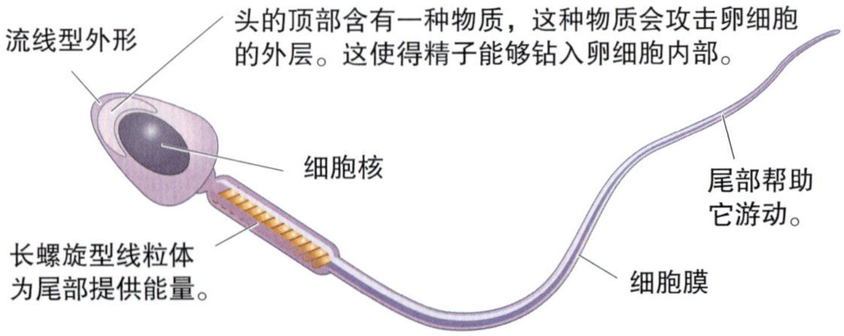

C | 精子自身的某些特点能帮助它完成工作。这是与它的功能相适应的。成年男性每天产生多达 1 亿个精子。

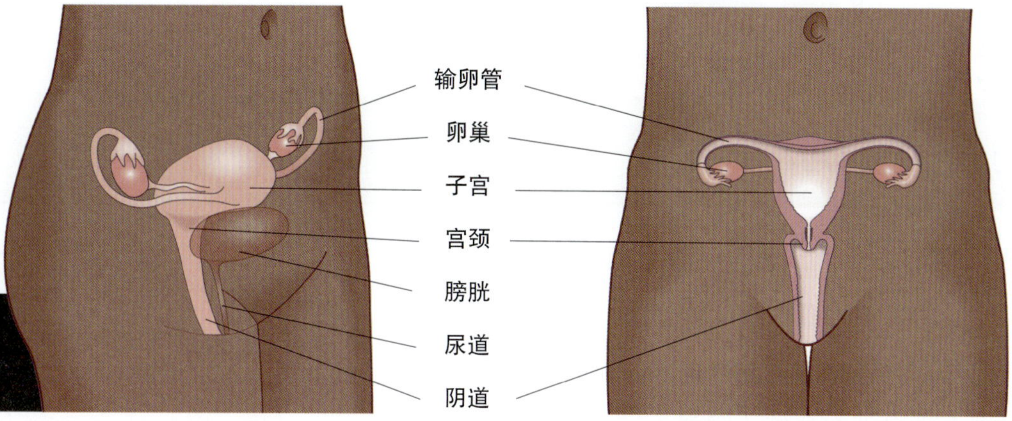

D | 女性生殖系统

女性体内每个**卵巢**中都含有小的未发育的卵细胞。青春期后，卵细胞开始发育，卵巢每28—32天排出一个卵子。女性的卵巢在45—55岁左右停止排卵，这个时期被称为**更年期**。

卵细胞离开卵巢后，进入**输卵管**。输卵管内部衬着毛发，称为**纤毛**，纤毛把卵细胞扫入**子宫**。子宫是胚胎发育的地方，它有强壮的、肌肉发达的外壁和柔软的内衬。

子宫的底部是一组肌肉，被称为**宫颈**。孕期宫颈托住子宫中的胚胎。宫颈向**阴道**敞开。

5 一个育龄女性每28天排一个卵细胞，大约排35年。她总共排了多少个卵细胞？写出计算过程。

6 哪个器官产生和排出雌性配子？

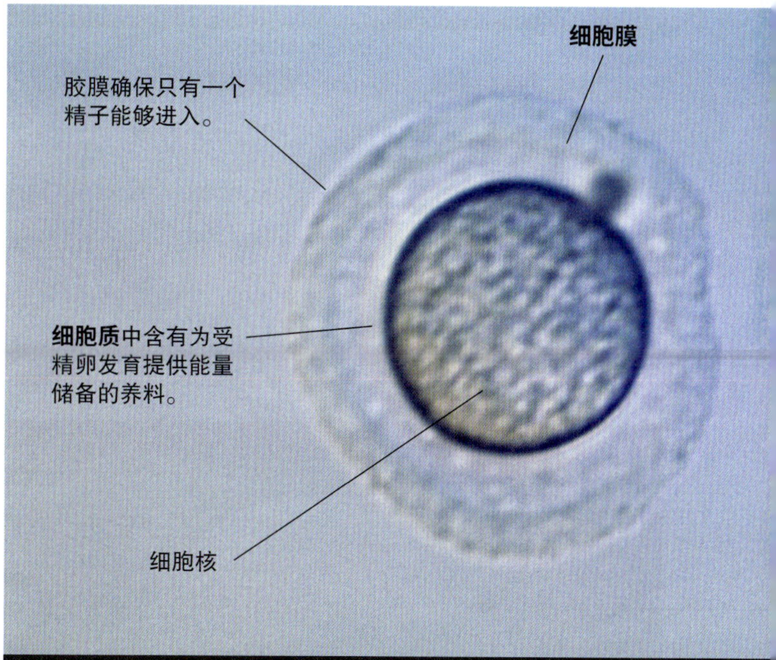

E | 卵细胞是一种与它的功能相匹配的特化细胞。

7 女性的哪个生殖器官包含肌肉？

8 卵细胞如何到达子宫？

9 解释发育中的受精卵如何获得能量。

10 安妮的卵巢不能排卵，为什么不能？说说你能想到的理由。

事实

女孩的每个卵巢生来就有大约100 000个未发育的卵细胞。

我能……

- 说出男性生殖系统和女性生殖系统各器官的名称以及各自的作用；
- 解释精细胞和卵细胞是如何适应各自的功能的；
- 说出更年期会发生什么状况。

7Bc 怀孕

性交如何制造一个胎儿？

关于体内受精的动物，雄性一方必须把精子送入雌性体内。雄性哺乳动物的阴茎具有这一功能。

当一对夫妻准备**性交**时，女性的阴道变得湿润，男性的阴茎因充满血液而变硬（**勃起**）。性交时，男性将阴茎插入阴道，并前后移动阴茎。这会刺激阴茎射出精液至阴道顶部。上述过程叫作**射精**。

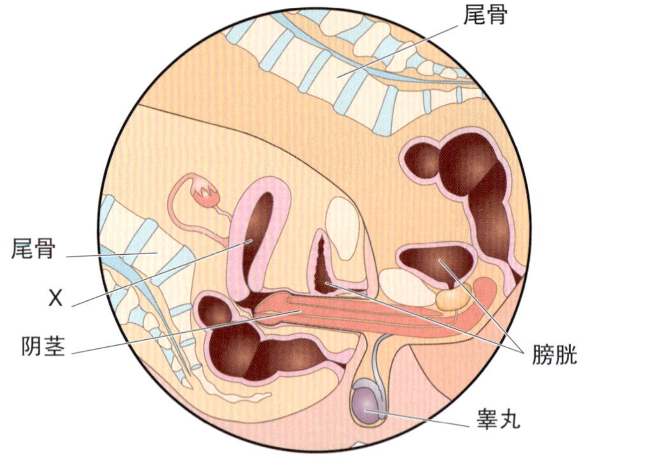

A | 性交

1 观察图 A。说出 X 代表的器官。

2 什么是精液？

精液通过宫颈被吸收，子宫壁的微小运动将它带到输卵管。精子沿着输卵管游动。如果一个精子遇到一个卵细胞，精子会钻入卵细胞使其受精。受精过程中，两个细胞的细胞核融合在一起。每个细胞核包含了新生命一半的信息，所以婴儿既像父亲又像母亲。

3 受精发生在哪里？

4 精子具有哪些适应性特征以进入卵细胞？（提示：请参考第 28 页）

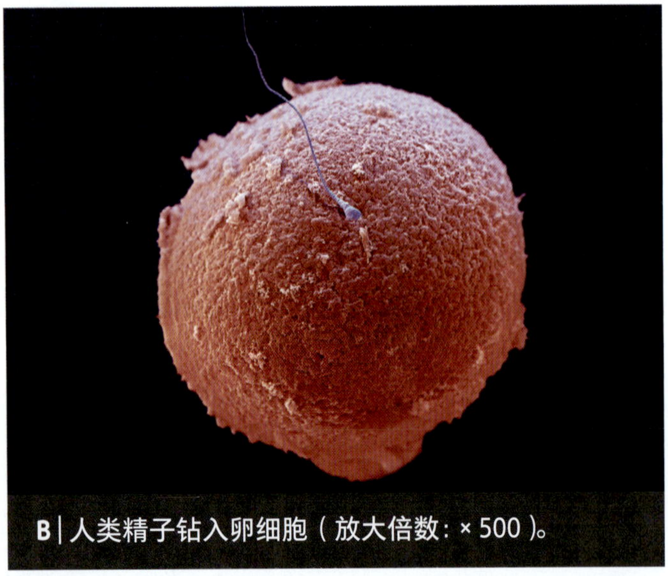

B | 人类精子钻入卵细胞（放大倍数：× 500）。

受精卵分裂成两个细胞。每个细胞又分裂成两个细胞。细胞不断分裂，在它们到达子宫的时候，形成一团细胞。在子宫里，这团细胞（被称为**胚胎**）沉入柔软的内膜。这被称为**植入**。女性便**怀孕**了。

C

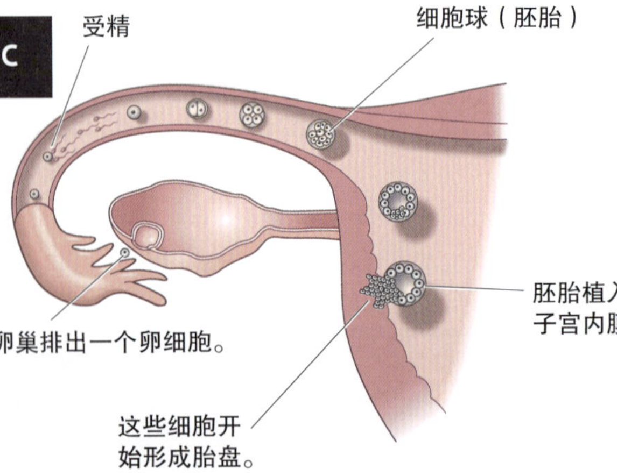

D | 三胞胎（三个孩子同时出生）

怀孕

植入后，胚胎继续生长，并被水状的羊水包围，**羊水**保护胚胎。羊水被包在一个袋子中，这个袋子叫作**羊膜**。

胎盘也在生长。它是一个盘状的器官，附着于子宫内膜。在胎盘中，来自母体血液的**氧气**、水和养料进入胚胎的血液。来自胚胎血液的废弃物（如**二氧化碳**）进入母体血液。**脐带**在胚胎和胎盘间输送血液。

母体的血液不会和胚胎的血液混合在一起。因为母体的血液被很大的压力泵送到全身循环，而这会伤害纤弱胚胎的**血管**。

7 a | 列举胚胎发育所需的三种物质。
b | 说出胚胎排出的一种物质。

8 胎盘是由胚胎还是母体发育的？

9 它们的作用分别是什么？
a | 胎盘　b | 脐带　c | 羊水

10 胚胎发育时，其细胞会分化，说出图 E 的胚胎中已经存在的一种特化细胞，再说出一种不存在的。

女性的每个卵巢都可能在同一时间排出卵子。如果两个卵细胞同时受精，就会产生双胞胎。这种双胞胎不是完全相同的。有的时候，当一个受精卵分裂成两个时，这两个新细胞会分离。这两个细胞都能发育成胚胎，并长成完全相同的双胞胎。有一个以上胎儿的称为多胞胎，大多数动物具有多胞胎。

5 图 C 中的“细胞球”是细胞分裂四次的结果。它总共包含多少个细胞？请解释。

6 a | 图 D 中哪些孩子是完全相同的？
b | 解释图中的母亲体内发生了什么，从而生出了三胞胎。

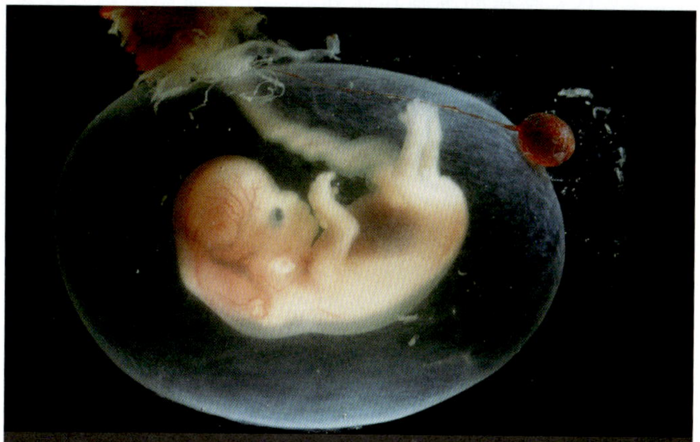

E | 这是一个 7 周的胚胎。这个时期，它有一个微小的心脏泵送血液。此时的胚胎长约 2.3 cm，重约 2 g。

F

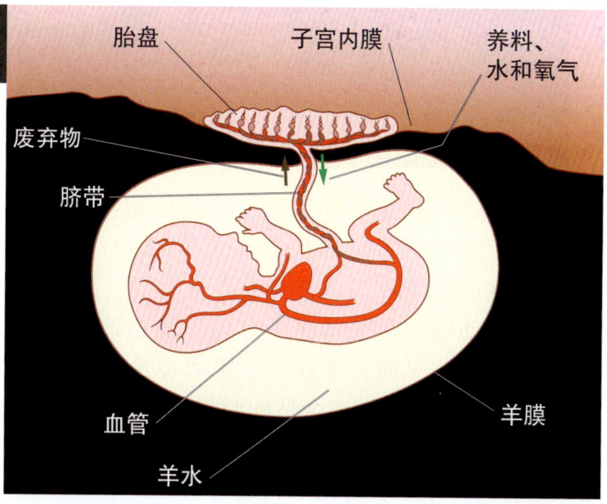

我能……

- 说出性交如何导致胚胎的植入；
- 说出胚胎在子宫内是如何被保护和被照顾的。

7Bc 做笔记

你可以用什么方法做笔记？

对体内发育来说，由于后代在母体内发育，因此需要一套复杂的生殖系统。各种各样的问题可能导致生育困难。

如果一个女性的输卵管损伤或者太狭窄，那么精子或者卵细胞的运动可能被阻止。同样，如果一个男性的输精管被阻塞，那么精子将无法排出体外。医生的一个解决办法是尽量去扩宽输卵管或者输精管，但是有时候这个办法可能无效。另外一个办法是 **IVF**（体外受精），这个方案可能要花费数万元。

IVF 是指卵细胞在体外的一个器皿中受精。这种方法需要先让女性服用一种药物，使其卵巢一次排出多个卵细胞，然后将这些卵细胞都收集起来。但这个过程很不舒服。用同样的方法从男性的睾丸中取出精子（如果他的输精管是堵塞的）。配子被一起放在一个器皿中，然后将受精卵移植进女性的子宫。利用 IVF 出生的孩子通常被叫作**试管婴儿**，世界上第一个试管婴儿名叫路易丝·布朗（1978 年出生在英国奥尔德姆）。

A | IVF

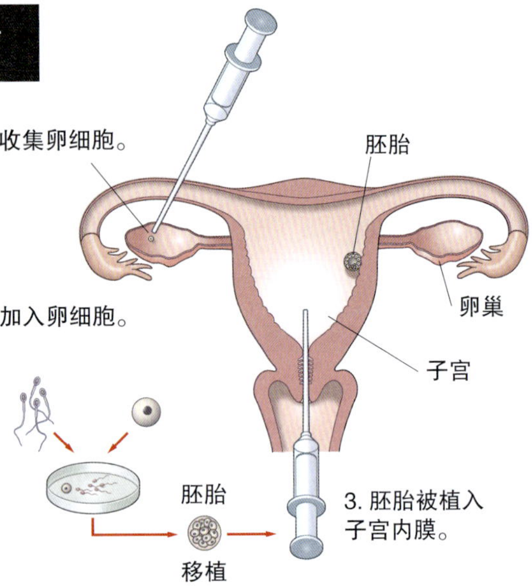

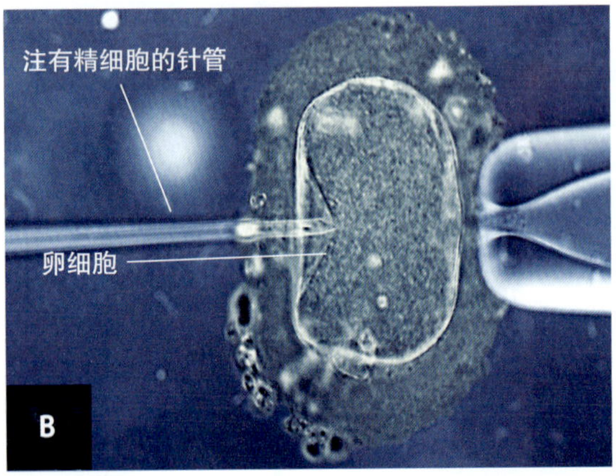

B

女性还有一个问题是子宫内膜阻止植入，该问题也可通过 IVF 解决。IVF 还能解决卵巢无法排出很多卵子的问题。男性也有相似的问题，即只能产生极少的精子（很低的**精子数**）。解决办法是用细针管将精子注入卵细胞。该技术也解决了精子活动能力差的问题。

由于一些未知原因，一些濒危动物在动物园无法繁殖，这时 IVF 就派上了用场。当稀有动物生活在相距较远的动物园时，IVF 也非常有用。运送配子比运送活的动物要容易得多。有时，动物稀有到雌性和雄性甚至无法见面，现在科学家可以冷冻这些动物的精子和卵细胞，然后在合适的时机再人工培育成胚胎。

2012 年 2 月，非洲黑足猫水晶出生在美国奥杜邦动物园。其父亲的精子冷冻于 2003 年，2005 年被用于使一个卵细胞受精。然后胚胎被冷冻，直到科学家找到能够将这个胚胎植入家猫体内并在家猫体内发育的方法。

C | 水晶和它的**代孕**母亲是不同的物种。

读写与交流

阅读长文本（如上页）或者多种不同来源的信息时，通常需要做笔记。首先要想一下做笔记的目的：

- 写一篇摘要（见第 144—145 页）；
- 对比事情（例如相同点和不同点，支持的观点和反对的观点）；
- 展示问题和解决方法；
- 说明一件事情（原因）是如何导致另一件事情（结果）的（例如当你提出一个假设或做出预测时）；
- 列举信息。

选择合适的方式整理你的笔记，例如用表格、流程图或者概念图。

文章通常会包含一些关键性的词和词组，让读者更容易理解文章的内容。阅读文章时，找出这些关键词、词组。例如，在比较观点时，常用的关键性的词和词组有：二选一、尽管、和……一样、但是、然而、与此相反、同样地、另一方面、相似地、类似地……

关于问题和解决办法的关键性的词和词组包括：难点、难题、解决办法、问题、答案、为了解决……

表格式的笔记可以很好地比较信息，强调问题和解决办法。

有些文章展示了事情的原因和结果。找出关键性的词和词组。比如：结果是、因为、由……引起、依据、由于、如果……那么……、导致、以至于、……的作用是……、因此、反过来……

流程图式的笔记可以很好地展示原因和结果。

E

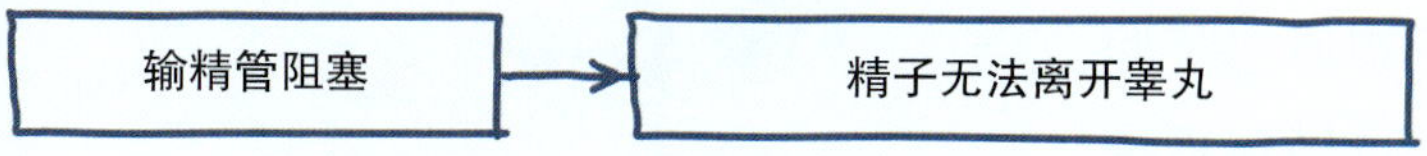

如果你想罗列信息，可以使用概念图。这能让你看到所有的项目，方便你决定信息的最终顺序。文章里的信息清单通常以这些词开头：例如、举例……

F

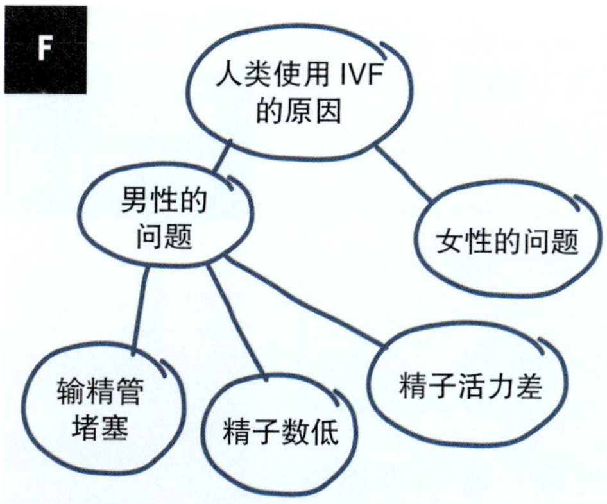

1 什么是代孕母亲？

D

男性和女性的相似问题	男性和女性的不同问题
管道堵塞	子宫内膜无法植入

2 将表 D 填写完整。

3 阅读第 32 页的内容，并对下列问题做笔记，每个问题用不同的方式做笔记。

a | 男性生殖系统的问题和解决办法。

b | 女性生殖系统的问题和可能造成的影响。

c | 为什么 IVF 被用于濒危动物的繁殖？

我能……

- 从文章中整理出高效的笔记。

7Bd 妊娠和出生

妊娠期和出生时都发生了什么？

妊娠期指受精后到出生前的时间。人类的妊娠期大约是9个月（40周）。有的动物妊娠期非常长，这导致它们在动物园繁殖非常困难。

胚胎发育出完整的**器官**后，就被称为**胎儿**。对人类来说，这个过程需要大约8周。

事实

濒危的黑犀牛的妊娠期是16个月。

A | 12周的胎儿平均体长是8.7 cm。

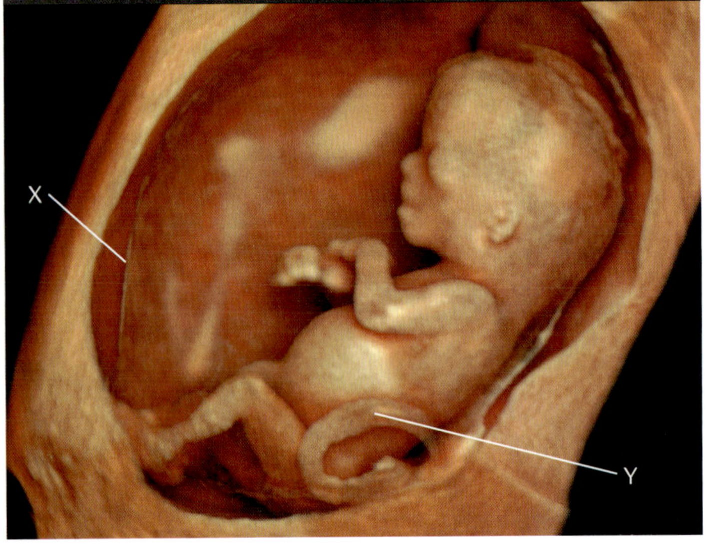

1 人类大概会以胎儿的形式存在多长时间？

2 a | 在图A中，X和Y分别代表什么？
b | 解释这些部分在胎儿发育过程中的重要性。

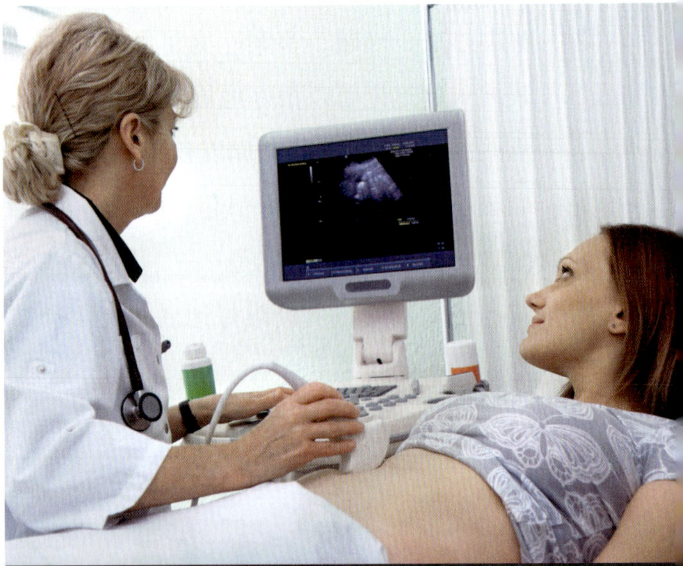

B | 超声扫描仪通常生成点状黑白影像，但有的可以生成3D影像（例如图A）。

怀孕的女性需要健康的饮食，因为她需要为胎儿的生长和发育提供营养，包括维生素和矿物质。孕妇还需要适当锻炼，以保持肌肉的强壮和维持**循环系统**的正常工作。

大部分孕妇会做**超声扫描**，拍摄胎儿**图像**。医生通过扫描计算胎儿所处的阶段，检查胎儿可能存在的问题。

3 a | 扫描显示，胎儿长约7 cm，你能说出这个胎儿大约几周了吗？说出你的理由。
b | 说出怀孕期间做超声扫描的两个好处。

酒精、**药物**、香烟中的化学物质和一些病毒能够穿过胎盘，伤害胎儿。

事实

在20世纪50年代，沙利度胺被用来缓解孕期女性的妊娠反应。但该药物导致了许多婴儿出生时四肢短小。

过量饮酒和服用非法药物（比如**海洛因**）会伤害胎儿的**大脑**。医生在给孕妇开药时也需要非常小心。

吸烟女性的血液含氧量比普通人低，这意味着胎儿不能获得足够的氧气。这样的胎儿容易**早产**（出生偏小或偏早）。

病毒是能致病的微生物。风疹病毒可能导致胎儿畸形。女孩应该接种风疹疫苗。

4 说一说，吸烟是如何对胎儿造成伤害的。

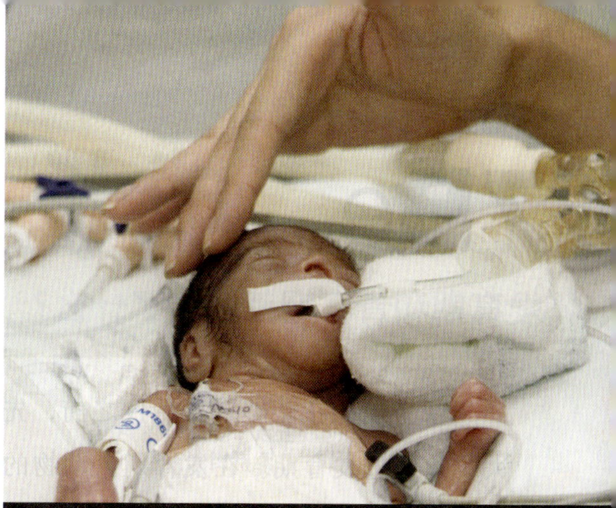

C | 早产儿通常需要辅助呼吸和保暖。

出生

D

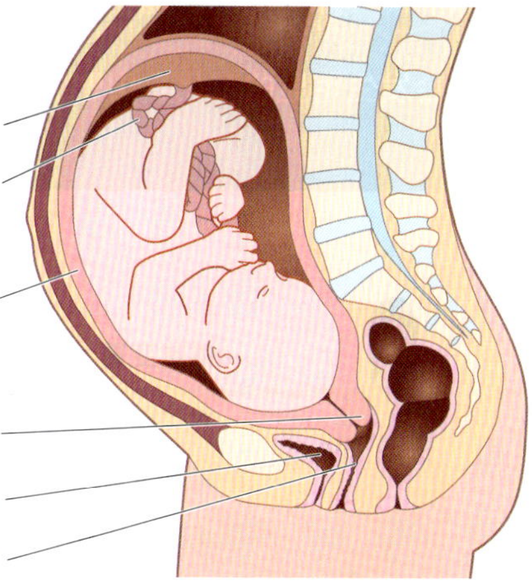

当婴儿准备出生时，孕妇的子宫开始收缩（收紧）。这是**分娩**的开始。**宫缩**刚开始很轻微，然后越来越强烈，越来越频繁。之后宫颈的肌肉慢慢放松，宫颈变宽。在某个阶段，羊膜破裂，羊水从阴道流出。

当宫颈打开到 10 cm 宽时，强烈的宫缩会把婴儿推出宫颈，通常是头先出来。这是非常疼的，产妇通常需要用药缓解疼痛。

当婴儿出生后，脐带会被剪断，只留下一小段。大约一周后，留下的这一小段脱落，留下一个叫作**脐**（或肚脐）的疤痕。

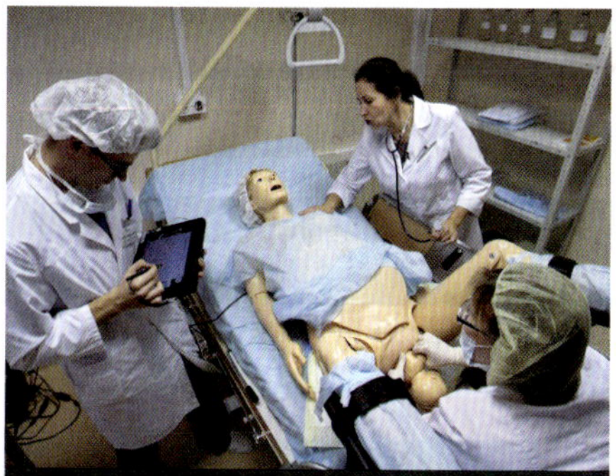

E | 人们通常用仿真模拟器练习如何接生婴儿。

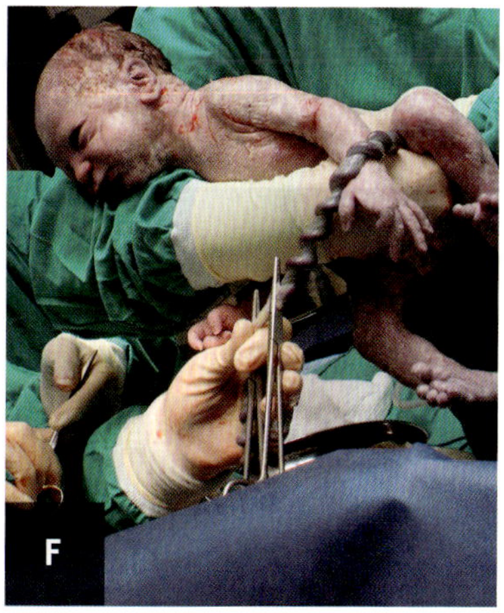

F

婴儿出生后 30 分钟内，胎盘剥离并通过阴道排出。剥离物叫作**胞衣**。这一过程标志着分娩的结束。

新生儿一般要用乳汁喂养，乳汁由乳房内的**乳腺**分泌。乳汁中含有为婴儿提供能量并帮助它成长的营养物质。乳汁中还含有**抗体**，可以防止微生物导致的疾病。几个月后，婴儿开始吃半固态的食物。

5 列出分娩的主要阶段。

6 为图 F 写一个标题。

7 为什么宫缩开始后，宫颈要打开？

8 写一段话解释怀孕的女性照顾其胎儿的行为。写之前，先用图表做笔记，图表中要包括行为和原因。

我能……

- 说明怀孕的女性应该如何照顾其胎儿；
- 记住出生的过程以及如何照顾新生儿。

7Be 动物园的工作

生殖研究如何帮助濒危物种?

生命周期短的动物经常生很多后代，后代很快又可以再生后代。这使得这些动物的圈养繁殖变得非常容易。

另外，阻止生命周期长的动物灭绝是很困难的，因为它们需要很长时间才能繁殖后代，每次生产的后代数量又很少。例如，雌性苏门答腊犀牛要到 7 岁才性成熟，它每次产一只幼崽，而妊娠期长达 16 个月。

动物园里的科学家尽力帮助像苏门答腊犀牛这样的濒危动物繁殖后代。他们照顾这些动物和它们的后代，通过技术手段成功帮助它们繁育后代。这些技术手段本来是为人类发明的。

A | 最后一次在野外发现巴拿马金蛙是在 2007 年。一项繁殖计划已经成功繁殖了近 2000 只巴拿马金蛙。

B | 世界上仅存 150 头苏门答腊犀牛。

但计划不总是能顺利进行。20 世纪 80—90 年代，40 头苏门答腊犀牛被捕捉并送到动物园。到 1997 年，其中 36 头死亡，而且没有活的幼崽出生。困难在于动物园对它们的饮食和繁殖了解有限。2000 年，科学家找到了一种解决方案。2001 年，通过性激素疗法，第一只幼崽在美国出生。从那以后，又有三只幼崽在圈养条件下出生。

1. 解释为什么青蛙能生产很多后代。
2. 妊娠期是什么?
3. 说出一种最初为人类发明，但被用来帮助濒危动物繁殖的技术，并解释这种技术如何帮助了濒危动物。
4. 画出苏门答腊犀牛的生命周期并对其进行详细标注。

说出你的观点

一些人认为，我们应该取缔动物园，只通过保护动物栖息地来阻止一些物种灭绝。说说你对这种观点的看法。

7Ca 健康

健康意味着你的身体能够完成你的生活方式所需要的活动。这可能包括跑上楼不会喘不上气，或者能够举起重物。

因此，不同的人对健康有不同的要求，但是我们可以认为健康由“4S”要素组成：柔韧性（suppleness）、力量（strength）、速度（speed）和耐力（stamina）。体操运动员需要身体柔软，易弯易扭；举重运动员需要有力量；短跑选手需要速度快；长跑选手需要有耐力。

只通过日常的行为是无法判断健康程度的。科学家用**标准**去衡量一个人的健康程度。例如，能跑多远可以作为判断健康的一个标准。

人们通过锻炼来发展不同的S要素，并维持**器官**和**系统**的正常运转。

A | 这些人都是健康的。

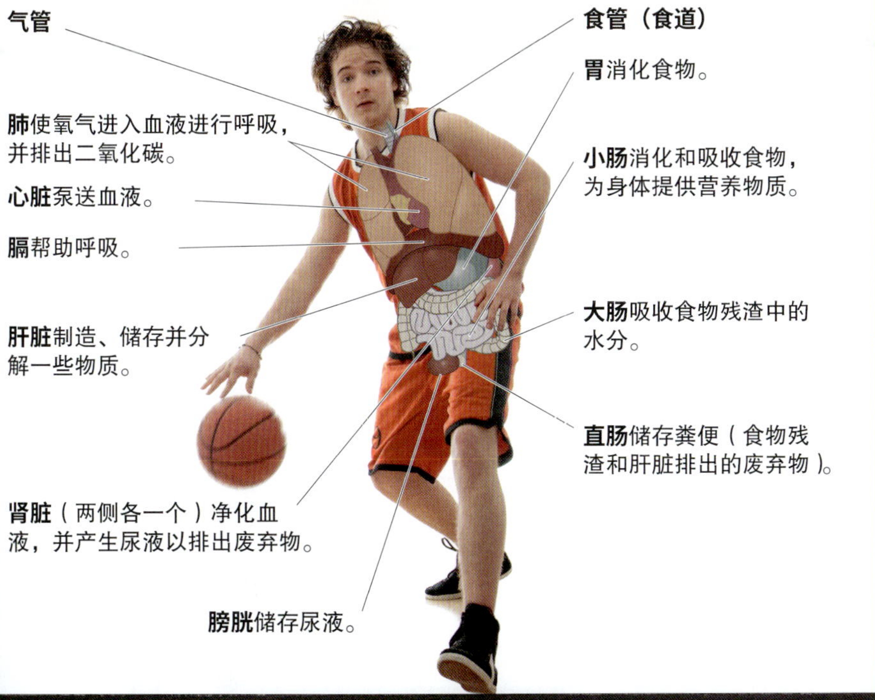

B | 锻炼有助于维持多种不同器官正常运转。

1. 上图中，每种行为对应的最重要的S要素是什么？说出你的理由。
2. 按由小到大的顺序排列：细胞、器官、系统、组织。
3. 呼吸（气体交换）系统对运动员来说是非常重要的。说出这个系统的三个组成部分。
4. 图B中的器官分别属于什么系统？用表格回答。
5. 长跑运动员正在通过训练提高耐力。提出一种判断标准，判断其训练计划是否有效。

7Ca 肌肉和呼吸

肌肉如何帮助气体交换？

空气中约 20% 是**氧气**。图 A 中的运动员正在**呼吸** 100% 的纯氧气。这可以使他的身体**细胞**得到充足的氧气供给，从而加速伤口的愈合。

人体细胞需要氧气进行呼吸，释放**能量**。人体的一切活动都需要能量。细胞从血液中获取所需的氧气，氧气在肺部进入血液。

细胞**呼吸**产生**二氧化碳**，二氧化碳进入血液。在肺部，大量二氧化碳离开血液，并通过呼吸排出体外。这也是**排泄**的一部分。

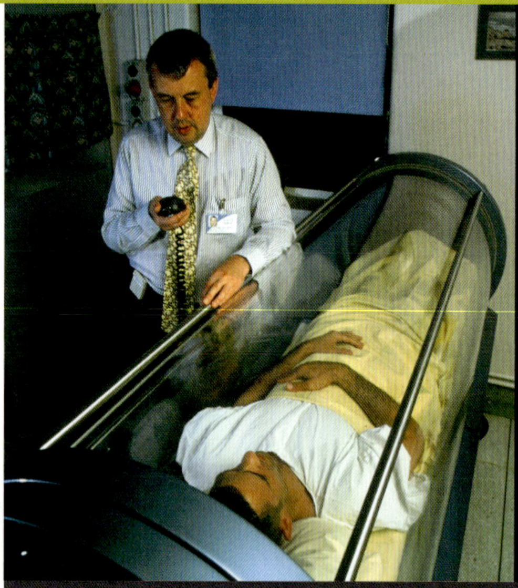

A | 氧气疗法越来越受到受伤运动员的欢迎。

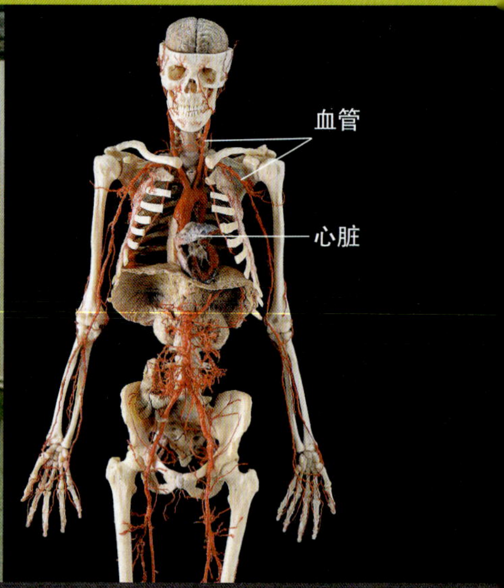

B | 循环系统将血液输送到全身各处。

事实

肺里有很多管道，其中大约总长 2400 km 的管道用来输送气体，另外总长 1600 km 的管道用来输送血液！

气体交换系统

在肺部，氧气进入血液，二氧化碳离开血液，一种气体被交换成了另一种气体，这个过程叫作**气体交换**。所有执行气体交换的器官组成了**呼吸系统**（或者**气体交换系统**）。

1. 身体需要氧气做什么？
2. 列举循环系统的两个器官。
3. a | 列举人体中循环的两种气体。
   b | 这些气体是如何被运送的？
   c | 这些气体在肺中分别发生了哪些变化？

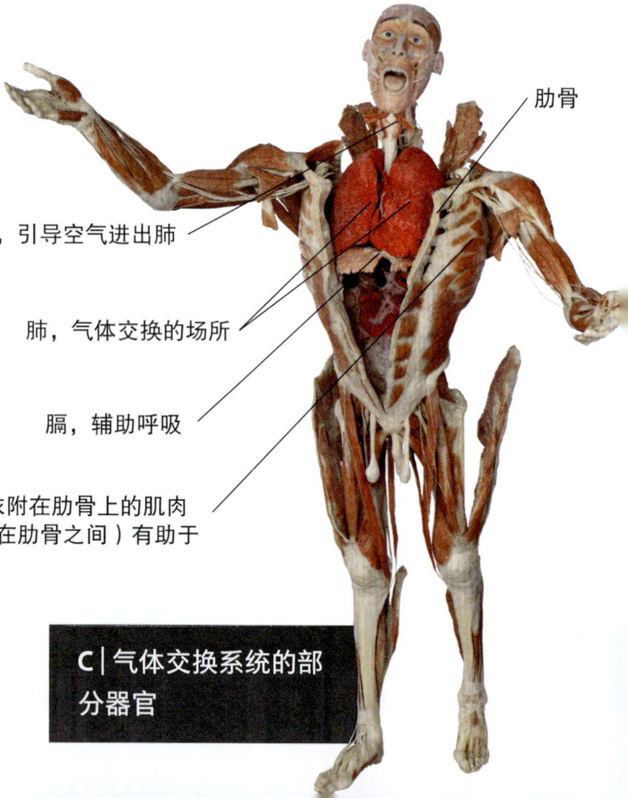

C | 气体交换系统的部分器官

呼吸

呼吸时肋间肌和膈肌改变肺的大小。肌肉内含有不同类型的**组织**，包括神经组织和**肌肉组织**。肌肉组织由肌细胞组成，肌细胞的形状是会变化的。

肌细胞可以变短变粗。当它变短变粗时，我们说是肌肉**收缩**。当它恢复原始形状和大小时，是肌肉**舒张**。

一种组织里的细胞是一起工作的。因此，肌肉组织中的所有肌细胞都是一起收缩或者舒张的，这意味着整块肌肉收缩或者舒张。

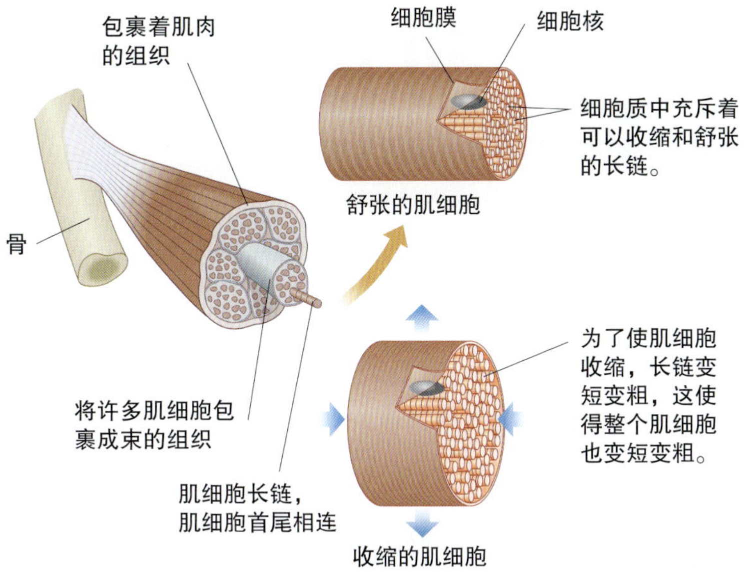

D | 肌细胞是与其功能相适应的，它们能改变形状。图中的这些肌细胞不像心肌细胞，这些细胞是没有分支的。

4 为什么一块肌肉是一个器官？

5 a | 肌细胞的功能是什么？
b | 肌细胞是如何与其功能相适应的？

肋骨间的肌肉收缩时，拉动肋骨向外、向上。膈肌收缩时，膈向下、变平。肋间肌肉和膈肌同时收缩，使肺的体积变大。当肺体积变大时，空气流入肺，这是**吸气**。

当肋间肌肉和膈肌舒张时，正好相反，空气流出肺，这是**呼气**。空气进出肺的运动被称为**通气**。一分钟内呼和吸的次数叫作**呼吸频率**。

E

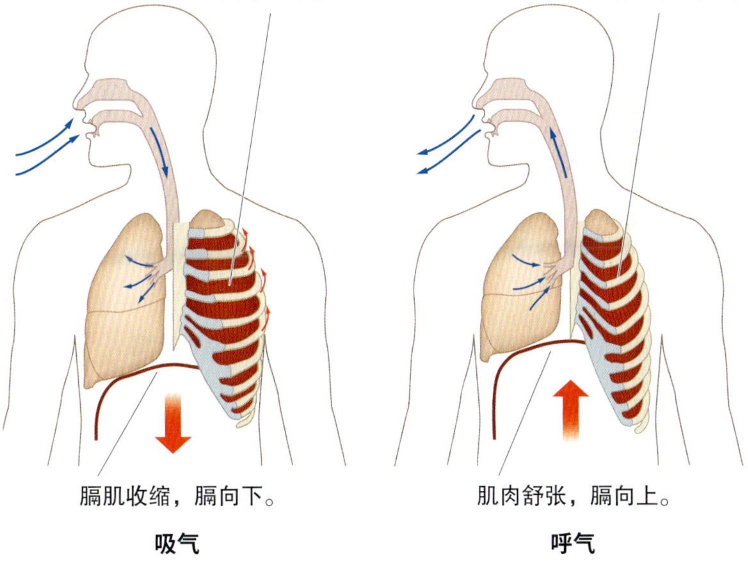

6 加文 30 s 呼吸 7 次，他的呼吸频率是多少？

7 格林-巴利综合征是一种肌肉变得无力的疾病。
a | 解释为什么患有这种疾病的病人有可能呼吸困难。
b | 解释为什么患有这种疾病的病人血液含氧量不足。
c | 说一说，如何帮助患格林-巴利综合征的病人。

8 气体交换系统也可以称为呼吸系统或者通气系统。这些术语哪一个最不合适？解释为什么。

我能……

- 说出在气体交换系统中，肌肉是如何实现通气的；
- 说出在气体交换时，肺里发生了什么。

7Cb 肌肉和血液

肌肉如何帮助血细胞循环？

运动科学家用仪器测量运动员身体对训练的适应程度。仪器记录呼吸率和**脉率**。这些**数据**帮助科学家检验训练计划是否有效。

心脏每泵送一次血液，就产生一次**脉搏**。脉搏可以在手腕附近感受到。脉率是一分钟内你能感觉到的脉搏数。

心脏里有充满血液的**腔室**。当腔室充满血液时，心脏壁的肌肉组织收缩，从而使腔室变小，血液被泵出。

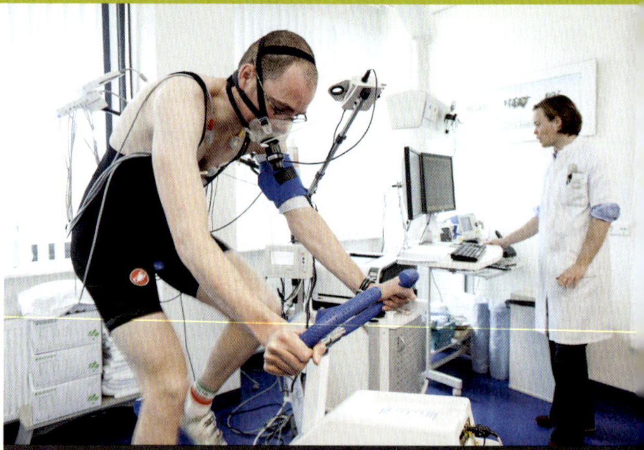

A | 运动方面的科学家在工作。

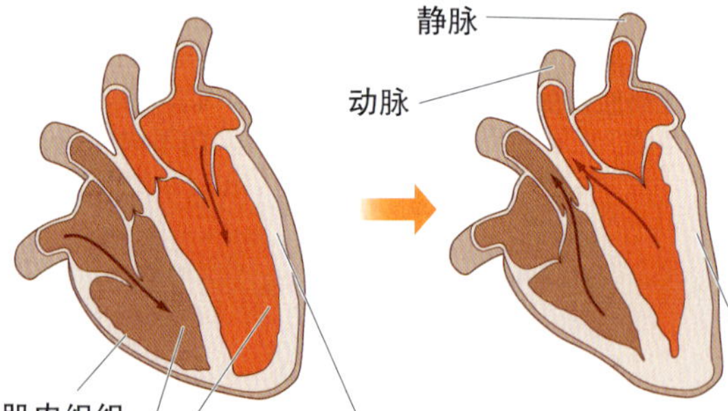

B | 心脏的肌肉组织收缩，推动血液离开心脏进入动脉血管。

1 说出两种图 A 中运动员正在做的测试。

2 a | 脉搏是怎样产生的？
b | 哈蒂在 15 s 内感受到腕部的 16 次脉搏。那么她的脉率是多少？

3 血液离开心脏后，肌肉组织要做什么让心室再次充满血液？

事实

静止状态下，健康的人比不健康的人脉搏数少。大部分人的脉率是每分钟 60—100 次，运动员常低于每分钟 50 次。

血管

血液被泵出心脏后进入的**血管**叫**动脉**。动脉再将血液输入微小的血管，这些血管叫作**毛细血管**。毛细血管壁很薄，营养（来自食物）和氧气能够离开血液进入身体组织的细胞中。细胞利用这些物质呼吸，为生长和修复制造新的物质。

当血液穿过毛细血管时，它也会收集来自细胞的废弃物然后流入**静脉**。静脉是将血液输送回心脏的粗血管。

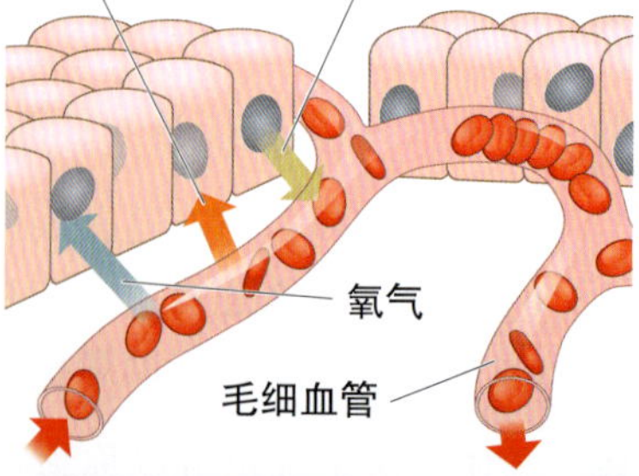

C | 物质能够进出毛细血管。

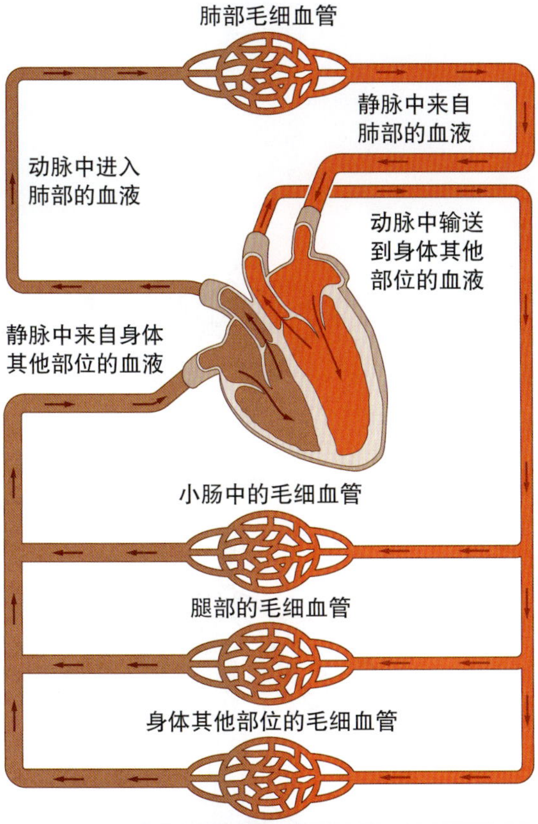

D | 循环系统有很多分支，这个模型只显示出一部分。鲜红色的血液比暗红色的血液携带更多的氧气。

4	说出细胞产生的一种废弃物。
5	a丨动脉、毛细血管和静脉的功能分别是什么？ b丨毛细血管是如何与其功能相适应的？
6	仔细观察图 B 和图 D。说说为什么心脏左侧的肌肉更多。

血液

血液中主要有一种叫作**血浆**的液体。营养物质和废弃物溶解在血浆中被血液携带。

携带氧气的细胞叫**红细胞**。这些细胞没有**细胞核**，这使**细胞质**内可以充满**血红蛋白**。血红蛋白携带氧气。红细胞是曲面圆盘形，这使得它们**表面积**比较大。这意味着氧气能快速进出细胞。

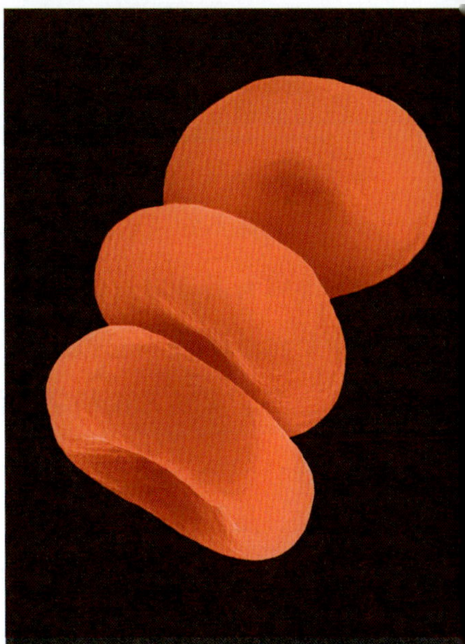

E | 红细胞
（放大倍数：× 6000）

红细胞由骨内的组织产生，这个组织叫**骨髓**。血液中也含有其他细胞，如白细胞。**白细胞**同样由骨髓产生，它可以抵御感染，使人体保持健康。

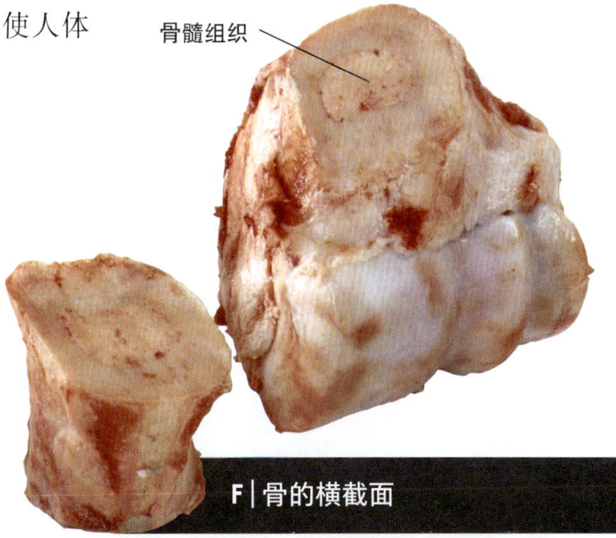

F | 骨的横截面

事实

一个红细胞的寿命只有 120 天左右。人体需要很多的红细胞，一个成年人每天制造约 200 000 000 000（2000 亿）个红细胞。

7	骨和血液在人体中承担什么功能？
8	解释为什么骨髓里有很多毛细血管。
9	a丨列出血液的三种主要成分。 b丨每一部分的功能是什么？ c丨血细胞产生于哪里？ d丨红细胞是如何与其功能相适应的？

我能……

- 说出心脏中肌肉的作用；
- 说出血液不同成分的作用，以及这些成分分别产生于哪里。

7Cb 科学问题

什么是科学问题？

罗马医生伽林（129—200）认为，肝脏看起来像血液，因此血液必然是由肝脏制造的。他还认为身体用完了血液，因此心脏不得不跳动以吸引血液进入它的内部。然后心脏内的血液和来自肺的氧气混合，形成一种不同类型的血液，这种血液流遍全身，并被身体消耗掉。伽林不知道毛细血管，因为它们太微小，不放大根本看不到。伽林非常有名，之后的1500年人们对他的理论深信不疑。相信别人所言是获得知识的一种途径，但是这不是现代科学家的工作方式。

科学家通常用**科学方法**获得知识（见第24—25页）。他们提出问题，然后提出一个想法（**假设**），接下来不断检验这些假设是否成立、是否需要调整。

科学家通常是通过**观察**发现问题的。伽林观察到心脏跳动，然后才问：“心脏为什么跳动？”

威廉·哈维（1578—1657）也提出了相同的问题，但是他认为心脏是一个泵。和伽林不同，哈维验证了他的想法。他的实验包括解剖活体动物去观察它们的心脏。他还用手去挤压动物心脏，使其泵水。然后他做了一个著名的推算，如对页的“方法”所示。

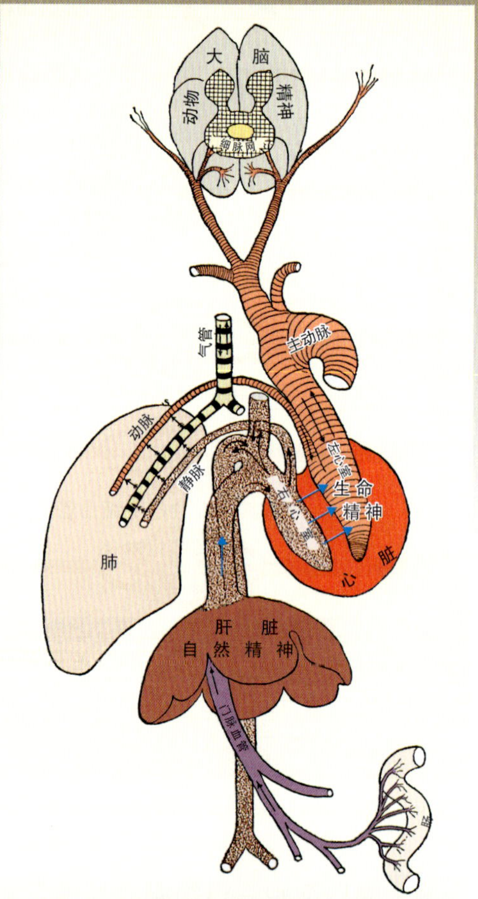

A | 伽林的想法

每天这么多的血液从心脏泵出，那么它们不可能全部是由肝脏制造的。哈维的工作让他得出一种**理论**：血液不会被用光，血液从心脏的动脉流到全身各处，又从全身各处通过静脉流回心脏。这个血液循环理论预示着连接动脉和静脉的其他血管的存在。1661年，毛细血管被马切罗·马尔比基（1628—1694）发现。

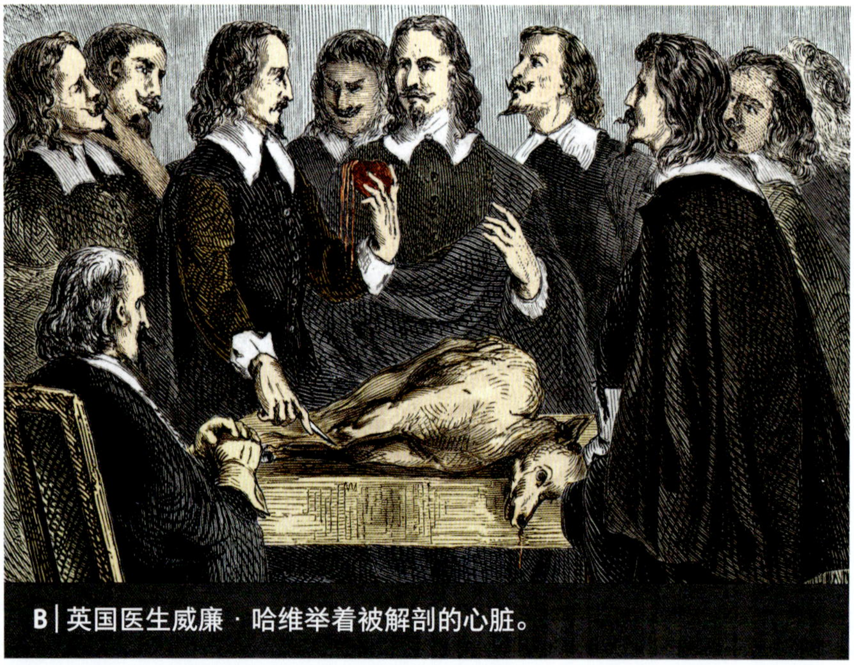

B | 英国医生威廉·哈维举着被解剖的心脏。

1 血细胞实际上产生于哪里？

科学地工作

方法

A | 如图 C 所示，将两个手指稍用力按住手腕处，就能感觉到脉搏。

C

B | 数出 15 s 内你感觉到的脉搏跳动的次数。这个数乘以 4，便可得到你每分钟的脉率。

C | 哈维测量了一具尸体心脏左侧较大的腔室（左心室）的体积，该腔室在正常人体内大约是 130 cm^3（立方厘米）。当心脏肌肉收缩时，腔室体积会缩小至约平常的一半。用这一信息可以计算出心脏每分钟泵出的血液体积。

D | 算出心脏每天泵送血液的体积。

问题的类型

问题“心脏为什么跳动？”是一个科学问题。然而提出这个问题的两个医生，只有哈维以科学的方式回答了这个问题。科学问题是能够反复用实验和研究结果回答的。

一些科学问题还没有答案，因为还没有合适的研究技术或足够的实验数据。例如，新发现的间充质干细胞（MSC）在心脏中起什么作用？

有些问题不是科学问题，因为它们不能通过研究或实验来回答。这包括人们认为什么是公平或什么是正确与错误等**道德问题**。

D | 不同类型的问题

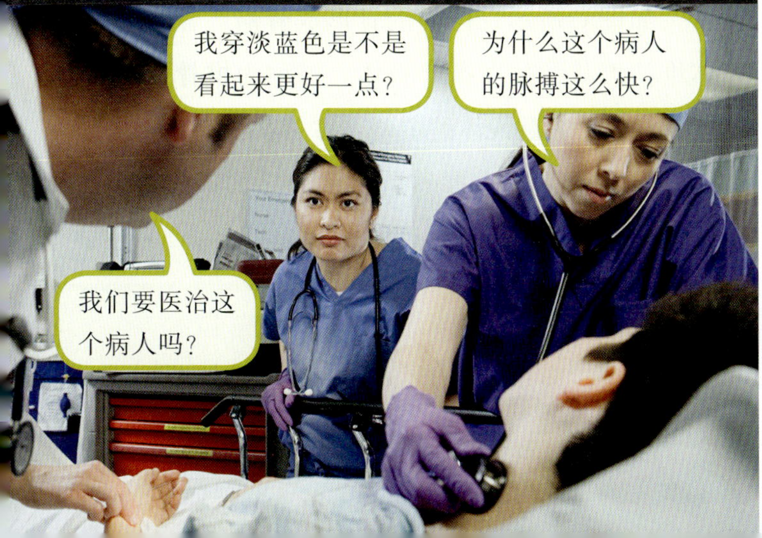

2 乔的脉率是每分钟 65 下。按照步骤 C 的方法，算出她的心脏每小时泵出的血液体积。写出计算过程。

3 哈维用他的循环理论做出的假设是什么？

4 哈维在哪些方面做得比伽林更科学？

5 提出一个关于肝脏的科学问题。

6 说说下面的问题是科学问题、非科学的问题还是道德问题。

a | 的士司机大脑的某些部分比普通人大？
b | 威廉・哈维是否应该解剖活体动物？
c | 老人的脉率通常比年轻人脉率慢？
d | 玫瑰比水仙闻起来香？
e | 锻炼会影响脉率？

我能……

- 说出在科学方法中科学问题的作用；
- 分辨科学问题、非科学的问题和道德问题。

7Cc 骨骼

骨骼的功能是什么？

职业运动员如果受伤，必须马上治疗。大型足球俱乐部耗资数百万元建造专业的治疗中心，以确保他们的运动员得到最好的治疗。

A | 通常的足球伤病包括骨折，以及软骨、肌腱和韧带损伤。

骨

许多人认为，骨不是活的，但其实骨是活的器官。人生长的时候，骨也在生长。如果发生**骨折**（骨断裂），它们可以自我修复。骨坚硬而强壮，能够承受很重的撞击和**压力**。骨的质量还很轻，所以能轻松移动。

事实

婴儿出生时大约有 270 块骨，但其中一些骨会在成长过程中融合在一起。一个成年人有 206 块骨。

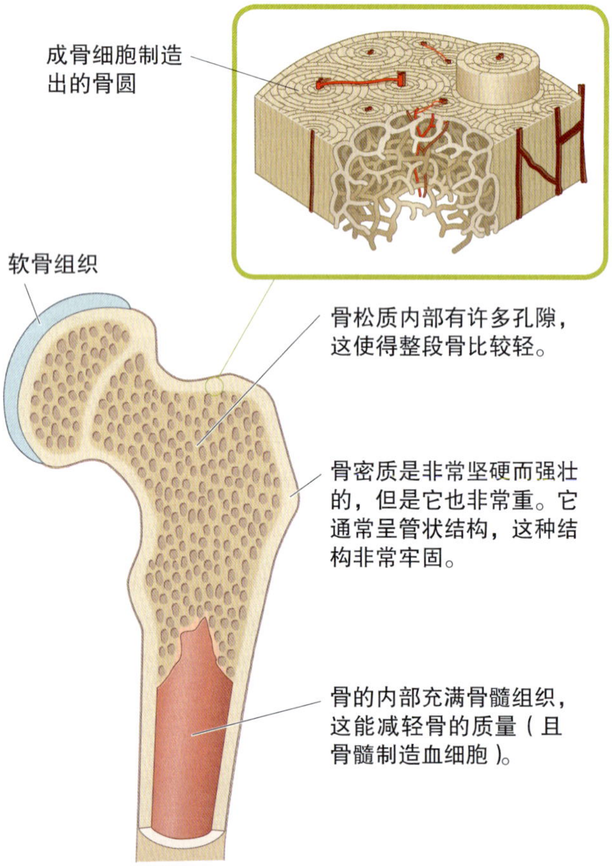

B | 成骨细胞用不同的方式制造不同的骨物质，形成松质骨和密质骨。

1 a | 说出成骨细胞依赖生存的两种物质。
b | 成骨细胞在哪个过程需要这些物质？

2 解释为什么大骨可以既强壮又轻盈。

3 如何解释如图 B 所示的骨是一个器官？

支撑

如图 C 所示，体内的骨形成**骨骼**。骨骼确保身体维持形状，并支撑着身体。被称为**椎骨**的小块骨构成**脊柱**，它是人体的主要支撑。

有些骨用来支撑器官。例如，如果没有肋骨，肺将萎缩。

4 肋骨和胸骨是如何形成的？

5 请列出脊柱的一项功能。

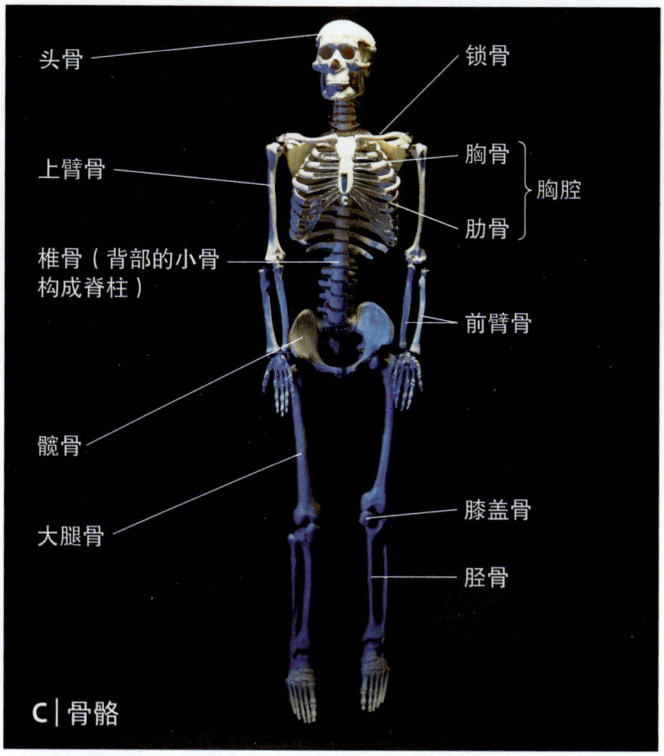

C | 骨骼

运动

两块相邻的骨可以形成一个**动关节**。动关节的骨被肌肉带动运动，肌肉通过**肌腱**附着在骨头上。**韧带**将动关节的两块骨约束在一起。动关节的骨的末端通常覆盖着一层光滑的组织，叫作**软骨**，软骨有助于两块骨的相对滑动。

运动的时候，动关节可能会受伤。当韧带被拉伤或者撕裂时，会出现扭伤。扭伤可能导致脱臼，即关节中的骨偏离了它应该在的位置，以至于关节不能正常工作。肌肉拉伤是指肌肉或连接肌肉与骨的肌腱内部产生了小的裂隙。

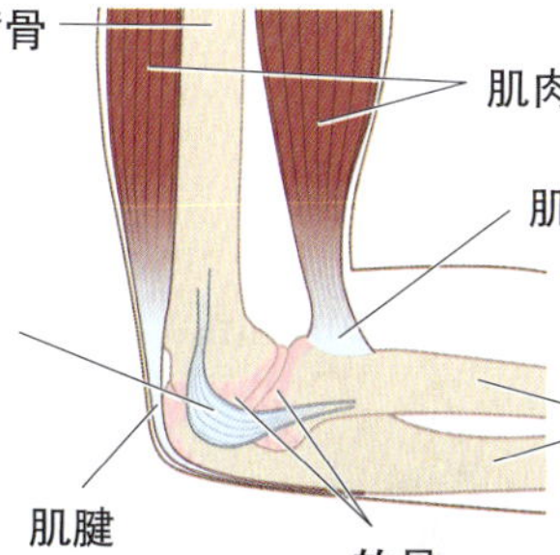

F | 肘部是一个典型的动关节，叫作屈戌关节。

保护

有些骨的作用是保护体内的器官。例如**头骨**保护**脑**。头骨实际上由 22 块骨通过**不动关节**连接而成。

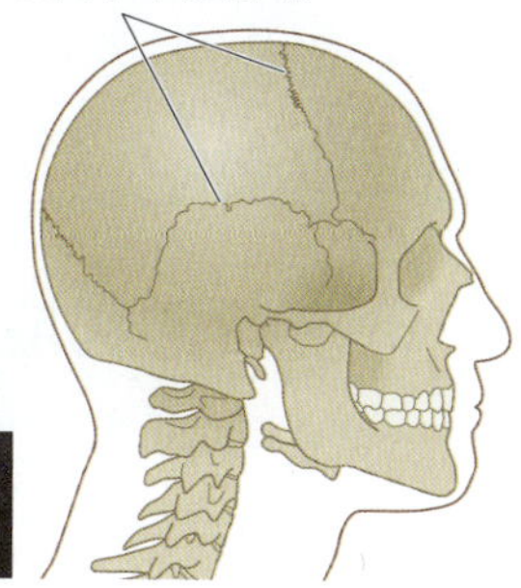

D

> **6** 神经系统包括脑和脊髓。脊髓是贯穿脊背的一大束重要神经。哪些骨用来保护以下部位？
> a | 脑　　b | 脊髓
>
> **7** 胸腔保护哪些器官？

事实

人体最小的骨是耳部的镫骨。镫骨只有一粒米大小，它的作用是将声波传入内耳。

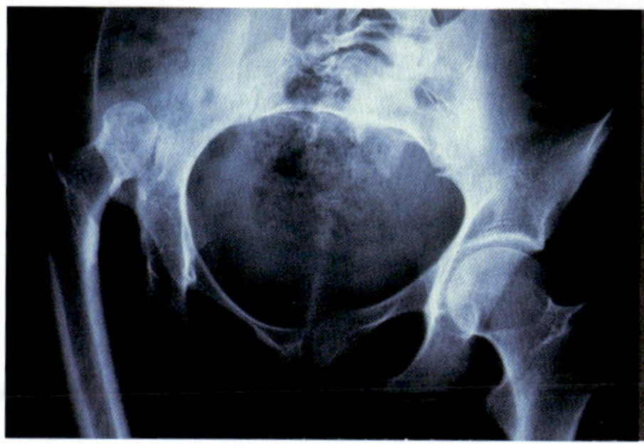

E | X 射线让我们看到体内的骨。这是一个臀部的 X 射线图，显示了一个典型的动关节，叫作球窝关节。

> **8** a | 列举三种不同类型的关节。
> b | 哪种关节允许活动的方向最多？
> c | 骨为什么能够运动？
>
> **9** 说说骨的不同作用。
>
> **10** 观察图 E 的 X 射线图。
> a | 此关节中的“球”是由什么骨形成的？
> b | 在 X 射线图中，右侧的关节是正常的。左侧的关节发生了什么？
> c | 说说这种结果是什么原因导致的。

我能……

- 说出骨骼中不同骨的作用；
- 说出关节的不同类型。

7Cc 句子

句子如何构成？

科学家会把他们所做的实验写成报告，他们写的报告被称为**科技论文**。发表科技论文的科学杂志叫作**专业期刊**。其他的科学家会阅读专业期刊。他们会去了解这些新的发现，并学习这些新发现的内容。

大部分专业期刊都是以英文出版的，因此对于科学家来说，学好英文写作是非常重要的。不过，如果他们用英文写作确实有困难，那么有人可以帮助他们将论文翻译成英文。

科学报告的写作有惯例可循（见第 10—11 页）。科学家在写作时也要遵守语法规则，这样可使论文能更容易读懂。

科学信息要用清晰、准确的句子描述。句子由**小句**构成。如图 B 所示，小句包括一个**主语**和一个动词。

一个本身就有意义的小句叫作主句。如图 C 所示的，加一个大写字母和句号，就变成一个简单句。

短的、单一子句的句子适合作为**主题句**，作为一篇报告或者**方法**描述的开头和结尾。

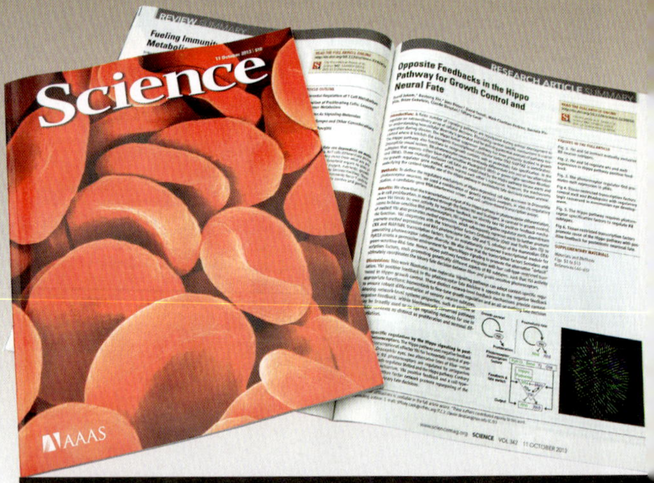

A | 论文在专业期刊发表，专业期刊主要以英文形式出版。

B

C

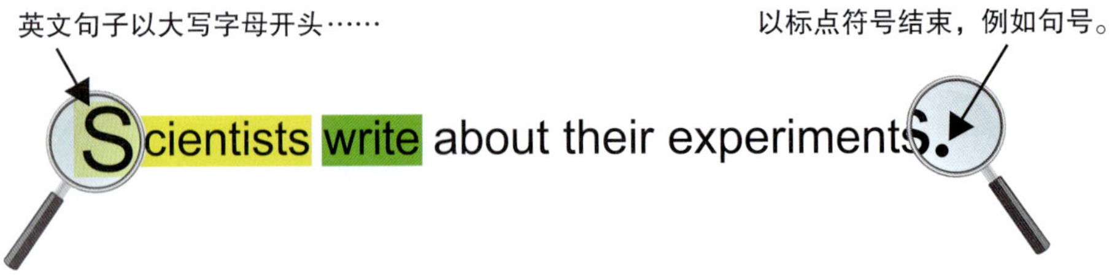

读写与交流

1 句子开头和结尾怎么写？

2 在下面的简单句中，主语和动词分别是什么？

a | The ribs protect the lungs.

b | Muscles move bones.

3 重新组织下列词语，组成两个简单句。

a | pumps heart blood the

b | cells oxygen need your all

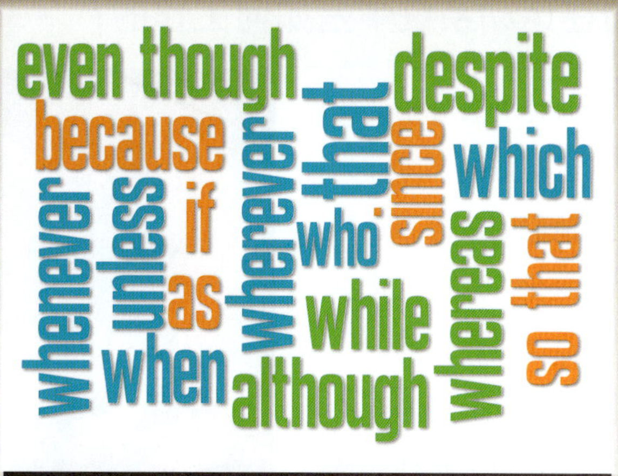

D | 常见的用于组成复杂句的从属连词

复杂句

从句会给出关于主句的额外信息。主句和从句一起构成**复杂句**。在一个句子中，从句可以出现在不同的位置。下面的句子中，从句用斜体表示。

Muscle cells get shorter and fatter *as they contract*.

As they contract, muscle cells get shorter and fatter.

Muscles cells, *as they contract*, get shorter and fatter.

为了把子句联系起来，通常会使用从属连词。图 D 所示是常用的从属连词。

4 读下列句子，标出每个句子的主句、从句和从属连词。

a | Blood from the capillaries enters the veins, which carry it back to the heart.

b | Capillaries, so that nutrients and oxygen can get to the cells in all the tissues in the body, have very thin walls.

c | When the diaphragm and rib muscles contract, you inhale.

俚语

科学家需要向全世界的人解释他们的工作，所以他们必须使用语法正确的句子和所有英语使用者都能懂的词语。在学校，你可以使用词语的非常用的意思，也可以使用新的自创词语。但是写科技论文的时候，你要避免使用这些词语。

我能……

- 使用各种合适的句型写作；
- 使用从属连词。

7Cd 肌肉和运动

肌肉在运动系统中是如何工作的？

骨骼一直处于变化中，运动员的训练计划会使他们的肌肉和骨骼发生变化。这些变化有助于运动员在他们的领域做得更好。然而并不只是运动员会这样。从事体力劳动的人的臂骨一般比从事脑力劳动的人的臂骨要粗，因为他们需要更粗的骨头来支撑更大的肌肉。

阿米尔·汗曾参加轻量级（59—61.2 kg）和次中量级（61.3—63.5 kg）拳击赛。

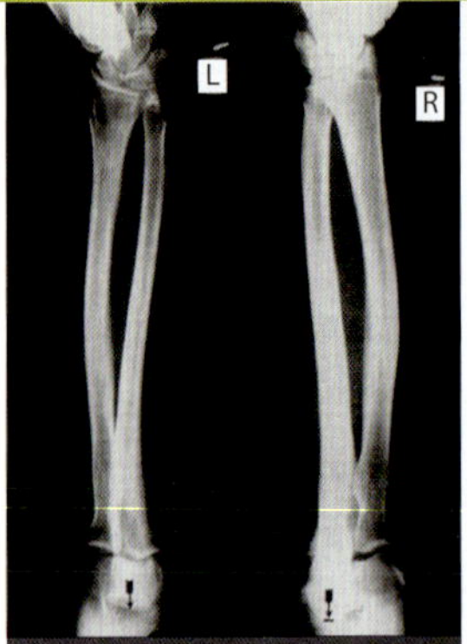

C | 一个职业网球运动员的前臂骨X射线图显示打网球已经改变了其骨的形态。

人体的肌肉和骨形成一个系统，叫作**运动系统**。这个系统使人体的各个部分都能够运动。研究肌肉和骨如何协同工作的学科叫作**生物力学**。

事实

人体内最小的肌肉附着在最小的骨头上。镫骨肌依附在耳部的镫骨上。这块肌肉长约 1 mm。

1 a | 图 A 和图 B 分别是哪个级别的拳击比赛？
b | 阿米尔·汗如何增加体重，以参加更高重量级别的比赛？

2 观察图 C。你认为该网球运动员用哪只手持拍？请说明理由。

3 握拳，攥紧手指。
a | 哪里的肌肉可以让你攥紧手指？
b | 当攥紧手指时，肌肉发生什么变化？

拮抗肌

肌肉是可收缩的器官。当肌肉收缩时，变得又短又粗。如果肌肉附着在骨上，当它收缩时就会拉动骨。肌肉会产生一个**力**，这个力是可测量的，单位是**牛顿**（N）。

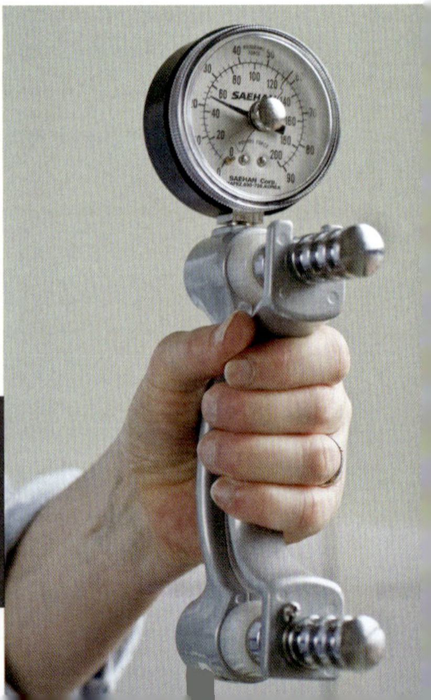

D | 肌肉或者肌肉群的力可以通过测力仪测量，单位是牛顿。

4 说出运动系统包含的两种器官。

当一块肌肉停止收缩时，它便开始舒张，这意味着它会恢复到原始的尺寸和形状。肌肉舒张时，不产生力。这意味着肌肉只能对骨头产生拉力，不能产生推力。

由于关节处的骨要向两个不同的方向运动，因此需要两种不同的肌肉拉动。像这样的一对肌肉叫作**拮抗肌**。如图 F 所示，上臂的**肱二头肌**和**肱三头肌**就是一对拮抗肌。

F

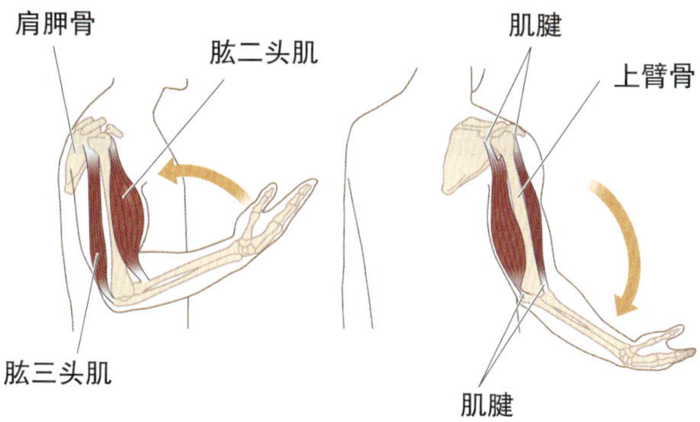

5 当肱二头肌收缩的时候，肱三头肌会发生什么状况？

6 为什么肌肉以拮抗肌的形式工作？

7 观察图 G，它显示了人体的一些肌肉。你不需要把它们全记住。

G

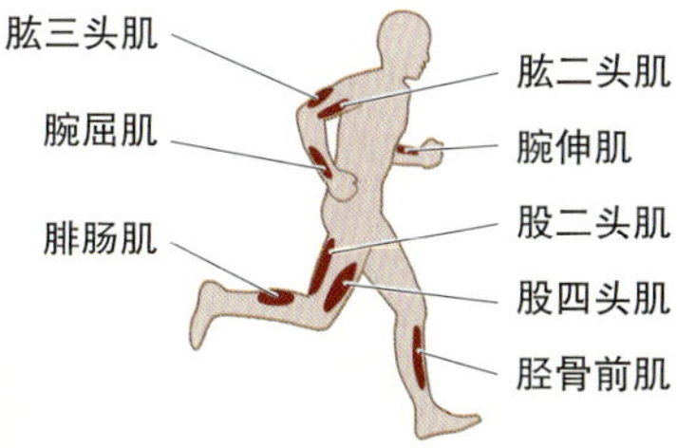

a | 写下你看到的所有拮抗肌。

b | 如果你脚尖着地，哪块肌肉会收缩？

c | 如果你抬起脚尖，哪块肌肉会收缩？

d | 完整描述股二头肌收缩前和收缩时分别发生了什么。

E | 正在测量鳄鱼的咬合力

事实

人类的肌肉中能释放最大力量的是咬肌。人类的最大咬合力约是 2500 N，狗大约是 6900 N，鳄鱼大约是 16 500 N。

肌肉控制

为了使肌肉收缩，大脑要沿着**脊髓**向与肌肉相连的**神经**传递电信号，这种电信号被称为**神经冲动**。

能量需求

肌肉不得不努力工作，所以它们的细胞需要大量的能量。呼吸作用释放能量，这发生在细胞中的一种被称为**线粒体**的微小结构中。所以肌细胞通常比别的细胞含有更多的线粒体。

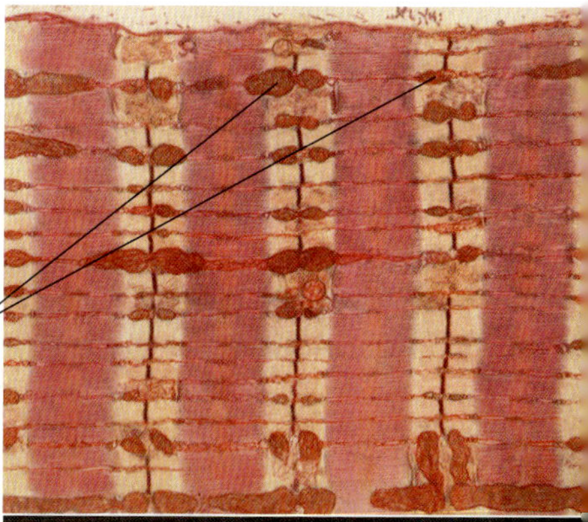

H | 肌细胞充满线粒体（放大倍数：× 4750）。

我能……

- 说出拮抗肌是如何为了运动而工作和被控制的。

7Ce 药物和毒品

药物和毒品是如何影响身体的？

许多职业运动员避免使用某些物质，因为这些物质会对身体产生一些影响。例如，许多运动员不喝酒，因为酒精会干扰训练后肌肉的生长和恢复。

药物和**毒品**都是会影响身体运转的物质，比如酒精。能帮助人们摆脱疾病或伤痛的物质叫作**药物**。例如：

- 对乙酰氨基酚（扑热息痛）减轻疼痛；
- 布洛芬减轻疼痛和肿胀；
- 抗感冒药中的减充血成分可以使呼吸更顺畅。

当哮喘发作时，气管周围的肌肉强烈收缩。这会使患者呼吸困难，但是有类药物能使肌肉舒张。

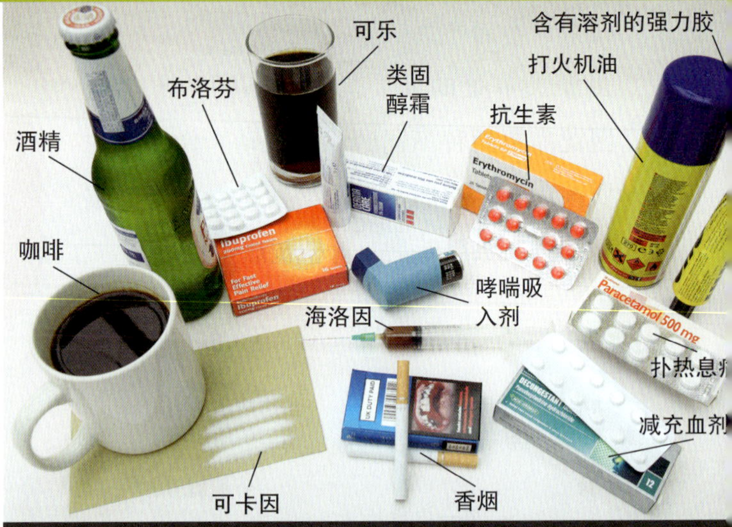

A | 这些都是对人身体有影响的物质。

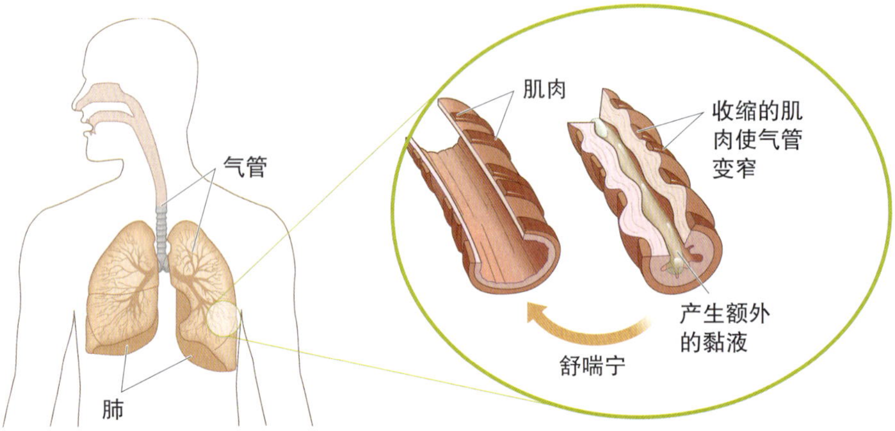

B | 沙丁胺醇类药物（舒喘宁）被用于治疗哮喘。

1 a | 说出一种你可能会吃药治疗的运动伤害。
b | 针对这种运动伤害，你会吃什么药？为什么？

2 哮喘发作时，为什么会呼吸困难？

3 a | 扑热息痛的功效是什么？
b | 它有什么副作用？

尽管许多药物是非常有用的，但是它们通常也有有害或令人讨厌的**副作用**。例如，对乙酰氨基酚会伤害肝脏。药物经常会伤害肝脏，因为肝脏能分解药物。

物质滥用

一些物质（例如酒精和**尼古丁**）会使人**上瘾**，这意味着使用该物质的人会觉得没有这些物质他们就无法生活。上瘾的人通常持续使用一种物质，尽管他们能看到它导致的危害。不正确地使用任何一种物质都是**物质滥用**。酒精滥用会导致大脑和肝脏的损伤。

事实

在 19 世纪 90 年代，海洛因是一种止咳糖浆的主要成分。

消遣性药物和毒品

消遣性药物和**毒品**是用来获得快感的物质。其中**咖啡因**、尼古丁和酒精是合法的。其他的副作用严重，因此不合法。**大麻**会导致记忆力衰退和精神疾病。**摇头丸**会导致精神疾病、肾脏问题甚至死亡。**可卡因**会使人上瘾，并导致动脉栓塞。**海洛因**也会使人上瘾，并导致静脉塌陷、呕吐和剧烈的头痛。

C | 可卡因导致的伤害

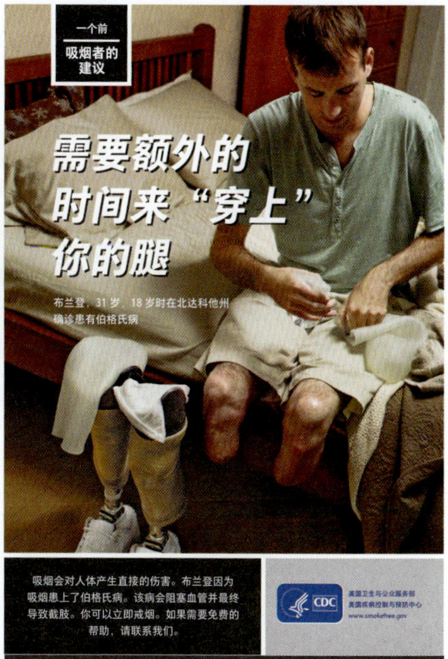

D | 广告中的男性由于吸烟导致的疾病失去了双腿。

兴奋剂

毒品通常会影响**神经系统**，神经系统通过被称为神经冲动的电信号控制人的身体。导致神经系统传输神经冲动速度加快的毒品被称为**兴奋剂**。兴奋剂能缩短人体的**反应时**，即人体对周围事件做出回应的时间。咖啡因、可卡因和摇头丸都是兴奋剂。

4 为什么有些人即使知道可卡因会伤害自己，却依然持续滥用？

5 观察图 A，哪些物质是属于以下情况的？

a | 有害的
b | 任何年龄都可以合法购买的
c | 超过一定年龄才能合法购买的
d | 违法的

镇静剂

镇静剂会导致神经系统传输神经冲动的速度变慢。海洛因和胶水或油漆里发现的**溶剂**都是危险的镇静剂。溶剂可能使心脏和肺停止工作，并严重损伤大脑。

酒精也是一种镇静剂，大量饮酒会改变人的行为。人会变得暴躁并具有攻击性，因为酒精阻止了大脑的部分工作。大量饮酒会导致呕吐。过量的酒精可能会导致人死亡，因为酒精阻止了大脑传递神经冲动给呼吸肌，从而导致呼吸停止。

E | 饮酒时，酒精含量以标准单位来计量。为了避免对身体的伤害，建议成年男性每周饮酒不要超过 21 个单位，成年女性不超过 14 个单位。

6 解释为什么有些人喝了咖啡后感觉更清醒。

7 选择四种毒品，然后做一个表格，标题栏内容分别为“毒品名称”“兴奋剂或镇静剂”和“副作用”。

8 a | 和呼吸有关的肌肉在什么位置？
b | 酒精是如何阻止这些肌肉工作的？

我能……

- 记住不同药物和毒品对人体的影响。

7Ce 药物和体育

运动员如何努力去提高他们获胜的可能性？

为了避免运动员利用药物提高成绩，体育比赛中都会按照惯例进行药物检测，尽管判断哪些是故意哪些是非故意非常困难。

1964 年，芬兰越野滑雪运动员埃罗·门蒂兰塔获得了两枚奥运金牌。他滑得比对手快，因为他的红细胞含量比别人高。他的身体本身会产生较多的促红细胞生成素，这种化学物质可以促进红细胞的生成。1989 年，一家医药公司开始生产人工促红细胞生成素来治疗艾滋病，但很快一些运动员开始使用它。

A | 橄榄球运动员弗兰基·谢汉在被检查出体内有沙丁胺醇后，被判禁赛两年。他提供证据证明自己需要用这种药物来治疗哮喘后，禁赛令被取消。

B | 体操运动员安德烈娅·拉杜坎的药物检测显示她体内含有减充血剂，因此，她的奥运会金牌被取消。她说她只是吃了两粒感冒药。

一些运动员服用类固醇药物促进肌肉的生长，例如睾酮。睾酮是一种类固醇类**性激素**，主要由**睾丸**和**卵巢**分泌。一些人天生分泌得比较多，但是现在它可以被人工生产。它的副作用是增加人的攻击性（也称作“类固醇癫狂”）。

C | 兰斯·阿姆斯特朗七次赢得环法自行车赛。后来他被发现使用了促红细胞生成素和睾酮，因此，他所有奖牌都被取消。

1 a | 为什么类固醇被归到禁用药？
b | 说说开发新的类固醇药物的弊端。

2 说说为什么沙丁胺醇在体育比赛中被禁用。

3 为什么使用促红细胞生成素对运动员有利？

4 训练中，骨头容易发生“应力性骨折”。为什么滥用睾酮的运动员更容易发生应力性骨折？

说出你的观点

体育比赛中，所有药物都应该被禁用吗？

7Da 探索世界

人类探索世界的理由多种多样。有的探险者是为了寻找石油或有用的矿物，有的探险者是为了寻找新的**生物**，还有的是想和其他人取得联系，研究他们的生活方式和语言。

大卫·古德是一名生物学家和探险家。2011 年 7 月，他出发去委内瑞拉的亚马孙雨林深处，和大部分探险家的目的不同，他是去寻找他的母亲。

A | 哺乳动物小型犬浣熊在 2013 年被发现于厄瓜多尔。

B | 2008 年，生活在秘鲁和巴西交界处的亚马孙雨林深处的人们被发现。他们之前大概从未和外面的世界有任何联系。

大卫的父亲是美国的一名科学家，在 20 世纪 70 年代，他去拜访了亚马孙雨林中的雅诺马马人。他对他们的饮食非常感兴趣。后来他和一个名叫亚瑞玛的雅诺马马姑娘结了婚，并且生了三个孩子。然后他们搬家到了美国，但是亚瑞玛不开心，又独自一人回到了雨林深处。那时大卫 5 岁。当他 19 岁时，他重返亚马孙雨林。

1 雅诺马马人捕杀鹿作为食物。鹿吃森林里的植物。画出这条食物链。

2 除了食物，动物还需要从它们生活的环境中获得什么？

3 除了衣服、首饰和发型，世界上不同地区的人们还有哪些不同？说出两种。

4 a | 为什么人类对地球的探索是件好事？列出一个理由。

b | 探险者的行为可能会导致什么问题？

C | 大卫的探险成功了，他和母亲重聚了。

7Da 图表和曲线图

如何使用柱状图和散点图？

变异是表示“生物体之间的不同”的术语。当我们测量变异（例如人类的身高）时，我们所得到的结果是个**变量**。变量是任何可变的、可测量的东西。所有科学问题中都含有变量。

在一项研究中，首先要选择**自变量**的值，然后测量**因变量**。因变量的值取决于自变量。

在一个图表或者曲线图中，横轴（X 轴）表示自变量，纵轴（Y 轴）表示因变量。

图 A 是一幅**柱状图**，也是一张**频数分布图**，因为因变量计数的是 X 轴内容的数量（频数）。

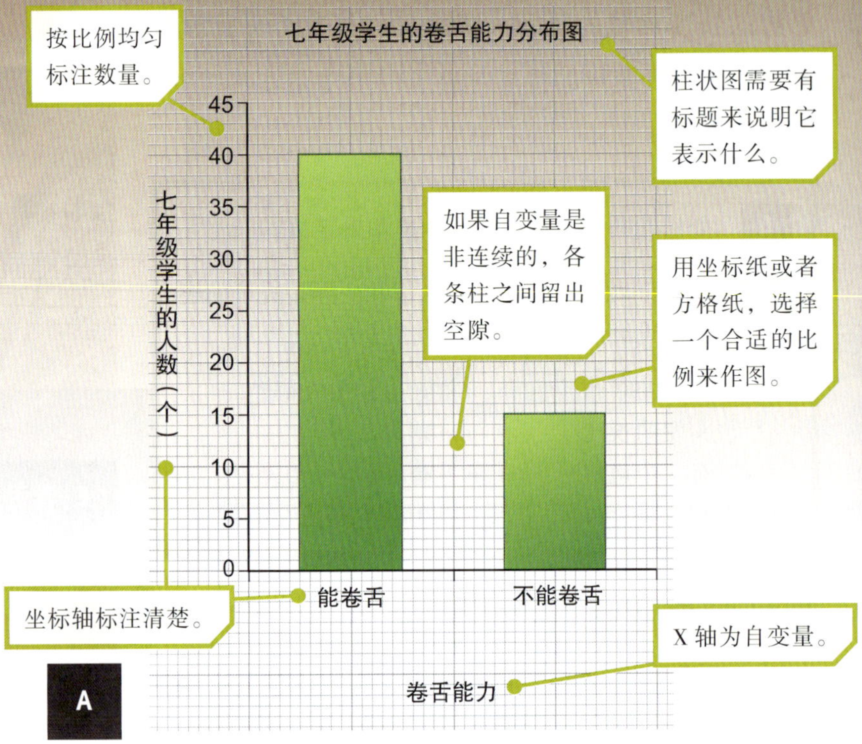

A

分组数据

如果因变量是连续的，我们可以将**数据**分组。然后数出每组的数量，绘制成柱状图，但是各条柱之间不留空隙。

在分组数据的柱状图中，所有的柱一般会构成“钟形”。当 Y 轴表示事物的数量时，这正是我们希望看到的结果。我们称这个形状为**正态分布**。

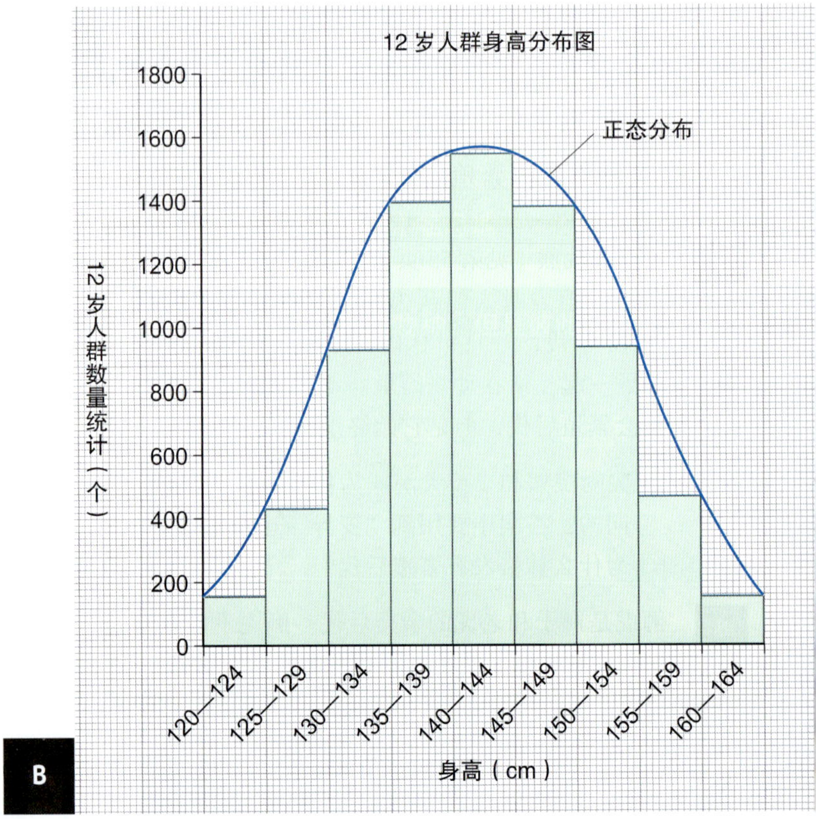

B

科学地工作

1	图表 A 中的自变量和因变量分别是什么？

2 用表 C 的数据作出柱状图。

C

补牙的数量	7 年级学生数量
0	17
1	8
2	2
3	2
4	1

3 表 D 列出了玫瑰叶子的长度和宽度。

a | 按照叶子的长度或者宽度对数据进行分组。

b | 将你的数据画成柱状图。

D

玫瑰叶子的长度和宽度（单位：mm）									
长	宽	长	宽	长	宽	长	宽	长	宽
26	20	41	32	54	42	50	36	69	53
42	31	39	30	51	38	62	47	71	54
47	37	55	40	56	44	59	45	73	56
48	37	35	27	79	61	76	58	56	43
82	62	31	22	65	50	80	64	57	44

散点图

有时我们想知道两个变量间是否存在关系（**相关性**），这时要用**散点图**。

在图 E 的线图中，可以很清楚地看到点的模型。当树顶的宽度增加时，树叶的**质量**增加。经过这些点作一条**最佳拟合线**，会使相关性看起来更加明显。

如果两个变量之间没有关系，那么就没有很清晰的点的模型（如图 F）。

4 对表 D 的数据进行分析，确定玫瑰叶子的长度和宽度是否存在相关性。把长度作为自变量。

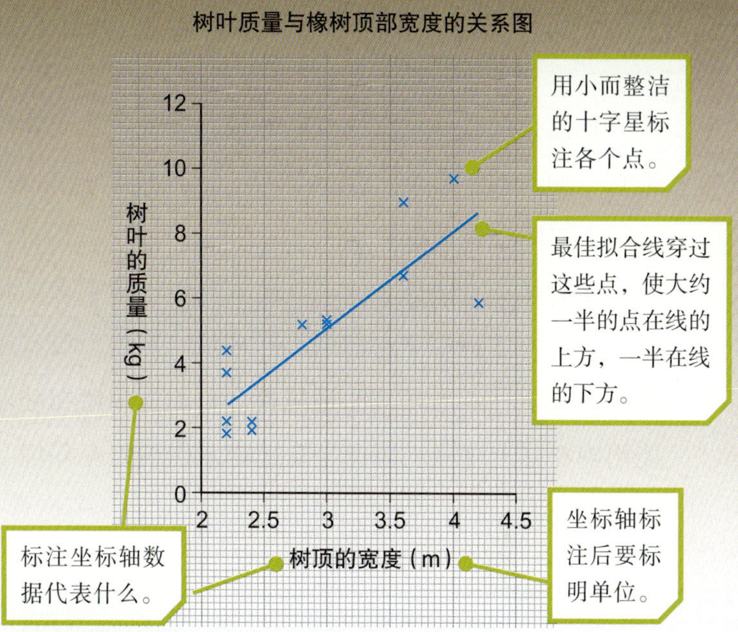

E | 散点图用于观察两个变量间是否存在相关性。

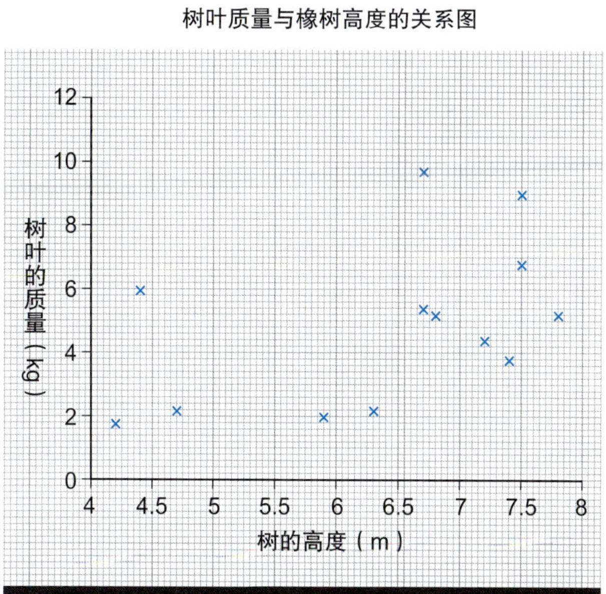

F | 两个变量之间没有关系（和图 E 中相同的树）。

我能……

- 用柱状图或散点图的形式来呈现信息；
- 利用散点图确定变量之间的关系。

7Db 适应性

为什么物种之间和物种内部个体之间都存在变异？

栖息地的条件也就是它的**环境**。条件主要受**物理环境因素**影响，如光照、湿度、风和温度。这些因素被称为物理因素，是因为它们没有生命。

生物体具有能够让它们在生存环境中活下来的特性。我们说这些生物体**适应**了它们的生存环境。例如，鱼有鳃和鳍，这是它们对生存的水环境的**适应性**。鱼不能用鳍在陆上行走，不能用鳃在陆上呼吸。因此，鱼适应水中的生存环境，而不适应陆地环境。

1 下列哪些是物理环境因素？

蚂蚁	鸟	青蛙	真菌
光	温度	树	风

2 说说第 56 页图 A、B、C 的栖息地分别是什么环境。

3 描述此时此刻你周围的环境。

A | 北极熊的适应性

B | 仙人掌的适应性

C | 长耳大野兔的适应性

4 北极熊是如何适应严寒的？

5 仙人掌的茎上有刺，这有什么作用？

6 说出北极熊、仙人掌、长耳大野兔的栖息地名称。

7 请回看第 56 页，说说狐獴和貂熊的皮毛长度是如何帮助它们在栖息地生存的。

事实

许多生物体通过自身特点和行为来适应环境。沙漠里的秃鹰把尿撒在腿上！尿液挥发可以给身体降温。

生活在同一栖息地的所有动物和植物构成**群落**。生物群落的成员可能有相似的适应性来适应这一栖息地的特点。例如，许多生活在湍急河流里的生物具有吸盘，可以吸附在岩石上，避免被冲走。

生物群落和所生活的物理环境构成**生态系统**。

8 设计一种可以和北方黑猪鱼生活在相同的栖息地的植物并把它画出来。

9 描述北极生态系统。

遗传变异

许多生物的特征来自父母。这些特征是**遗传**的。

这些特征间的变异是**遗传变异**。不同物种间有很大的遗传变异，例如北极熊和狐獴。

同一物种的不同成员之间因为**有性生殖**，也存在遗传变异。不同**配子**包含的特征信息有微小的差别。不同的**精子**和**卵细胞**被用来繁殖后代，后代遗传的混合信息就会有微小的差别。同卵双胞胎是个例外，因为它们由同一个**受精卵细胞**发育而来。

10 说出三种你自己继承的特征。

11 图 F 是一张家庭照。照片中有四位成年女性。她们的孩子分别是哪一个？用字母来指代他们。

12 珍妮特的妈妈有蓝色的眼睛和金色的头发。珍妮特的爸爸有褐色的眼睛和褐色的头发。珍妮特有蓝色的眼睛和褐色的头发。她的弟弟杰米有褐色的眼睛和褐色的头发。

a | 珍妮特遗传了谁的蓝眼睛？
b | 为什么珍妮特和杰米的特征有微小的不同？

D | 生活在湍急水流中的一种鱼

E | 大卫 · 古德和他的父母及小妹妹。孩子们继承了父母双方的特征。

F | 所有的孩子都会继承父母双方的特征。

我能……

- 识别并描述对不同栖息地的适应性；
- 说出遗传变异是如何导致的。

7Dc 环境的影响

环境如何影响生物?

1534 年，法国探险家雅克·卡蒂亚航海去现在的加拿大淘金，并寻找通往中国的路。接近陆地时，他看到了当地人并写道:“他们将头发在头顶高高束起，像一把扭曲的干草……”

卡蒂亚正在描述人们的**环境变异**。环境变异是由环境因素导致的。发型的区别是由叫作时尚的环境因素导致的!

所有的生物体都表现出遗传变异和环境变异。图 B 中的山毛榉叶子遗传了叶的形状，但不是所有的叶都一样大。得到充足阳光的叶子比阴暗处的叶子要小一些。光这一环境因素导致了叶子大小的环境变异。

A | 雅克·卡蒂亚(1491—1557)和一名奥雪来嘉(今天的蒙特利尔)的部落成员

B | 山毛榉叶子的环境变异

1. 列举图 A 中的三种环境变异。
2. 根据句子 a—c，判断它们的环境变异和导致环境变异的因素。
   - a | 比尔发现在黑暗的橱柜里长大的水芹幼苗是黄色的。
   - b | 雅耶斯发现，暴风雨过后，苹果树只剩了很少的叶子。
   - c | 塔妮娅给一株向日葵施了化肥，这株比其他向日葵高 20 cm。
3. 图 C 中的绣球花生活在什么样的土壤中?

事实

绣球花在酸性土壤中开蓝色花，在碱性土壤中开粉色花。

环境因素也通过其他方式影响生物体。当环境因素发生改变时，生物体的遗传特征也发生改变。一天内发生的变化叫**日变化**，一年内发生的变化叫**季节变化**。生物体会适应这些变化。

D

日变化

许多动物能够适应一天里（24 小时）光照的变化。**夜行性**动物只在夜间活动，对夜间有很好的适应性。许多老鼠是夜行性的，它们视力极佳。同样，夜行性的猫头鹰有极好的听力和视觉，它们可以静悄悄地飞行，因此能够捕捉到夜行动物。

4 哪种变化让睡鼠变得活跃？

海滨生物能够适应海洋的潮汐。海葵用触手捕食，退潮时海葵收起触手以免它们变干。

E | 捕食的海葵；退潮时的海葵（小图）

季节变化

冬天，**落叶**树落叶，这是因为冬天没有充足的阳光进行**光合作用**，且叶会散失水分（而土壤冻结时，水分得不到补充）。**常绿**树的叶更坚韧，失水较少，所以它们能够全年不落叶。

有的植物（如含羞草）在冬天死掉，春天时，其**种子**再长成新的植株。有的植物（如风信子）只有地面以上的部分枯死，地下的**鳞茎**在第二年春天会重新发芽长成新的植株。

动物同样对季节变化有适应性。冬天，野兔的毛会长长，以帮助它们保持体温。松鸡的羽毛会随着季节变换颜色。

F | 夏天的松鸡；冬天的松鸡（小图）

有的动物（如刺猬）在冬天变得不活跃，所以在食物较少的时候它们可以不进食。这叫作**冬眠**。许多鸟类飞到温暖的地方过冬和觅食，这叫作**迁徙**。英国的燕子在 10 月份的时候迁徙到非洲南部，然后在第二年的 4 月份再飞回英国的农场或其他栖息地。

5 描述农场群落在冬季和夏季之间的一种变化方式。

6 说说松鸡的羽毛为什么随着季节变换颜色。

7 解释下列生物如何适应冬季。

a | 刺猬　　b | 橡树
c | 燕子　　d | 含羞草

我能……

- 确定环境变异的原因；
- 描述生物对日变化和季节变化的适应性。

7Dc 段落

文章的思想如何用段落进行组织安排？

科学家需要了解如何写好段落。科学家会将实验写在**科技论文**中，并发表在**专业期刊**上。他们也会写书或者为电视和广播的纪录片写剧本。所以他们必须以容易理解的方式来写作。

A | 史蒂夫·巴克肖尔写了许多关于探险和物种研究的书和电视剧本。

段落的目的

当要表达的想法改变时，就要另起一个新的段落。一般来说，时间、人物、主题或者地点改变时，要另起一段。如果正文没有间断，读者将很难分辨出不同的想法，也会让全文变得难以理解。

1 阅读下面摘录部分。

a | 说说给文章分段的好处。
b | 这篇文章的三个主要观点是什么？
c | 将文章分成三段，并在分段处做出标记。

在冬天，大部分动物为了生存会做出改变。外界的低温意味着哺乳动物和鸟类需要消耗更多能量来维持体温。然而，每年的这个季节能够提供能量的食物很少。如果不为过冬做些准备，许多动物会死掉。有种应对方式是冬眠。冬眠就是动物躲在隐蔽而温暖的处所，然后进入一段时间的不活跃状态（“睡觉”）。为了准备冬眠，动物在夏天和秋天吃很多的食物来增加身体的脂肪。这不仅是为了保持体温，也是为了在冬眠期为身体提供能量。尽管冬眠期间它们不活动，体温和心率也都下降，但是动物维持生命仍需要能量来源。有的动物选择离开故乡。它们到世界上温暖的地方去过冬，通常这些地方食物充足。这种行为叫作迁徙。例如燕子，它在每年 9 月和 10 月离开英国，飞去非洲，第二年 4 月和 5 月再飞回来。

读写与交流

段落的结构

段落通常以一个简短的**主题句**开始。它概括了段落的主要内容，段落的其余部分会对这一内容详细展开叙述。例如：“在冬天，大部分动物为了生存会做出改变。”

主题句后是支持句。被称为支持句是因为这些句子更详细地描述或者解释了主题句的内容。支持句通过举例子、提供证据的方式支持主要观点。

比较长的段落通常以一个总结性的句子结束。这个句子将段落所有的观点联系起来。

B | 你可以把一个段落想象成一个汉堡！

2 下面是为同一段落写的三个主题句。哪一个最好？请说明理由。

a | 北极熊喜欢吃海豹，它们可以在雪上爬行而不会陷下去是因为它们有足够宽的脚掌。但是海豹有极佳的听力，通常能听到北极熊在靠近。
b | 北极熊对雪有适应性。
c | 北极熊有脚掌。

3 为解释某些树为什么落叶的段落写一个主题句。

4 将下面的句子重新排列组成一个段落。只需写出标号 a—e 的顺序。

a | 这些惊人的行为帮助这种哺乳动物度过漫长而寒冷的冬天。
b | 它的心率可以降到每分钟 5 次以下。
c | 地松鼠能很好地适应冬天。
d | 除此之外，它能冬眠 6 个月！
e | 它还是唯一一种在体温降到 0℃以下时仍然能存活的哺乳动物。

我能……

- 将正文划分出段落；
- 指出段落的结构。

7Dd 对环境的影响

生物体如何影响它们的栖息地？

为了生存和生长，生物体需要从栖息地获得**资源**。动物需要的资源有**氧气**、空间、隐蔽处、食物、水和配偶。植物的生长需要光、空气、水、温度、无机盐和空间。这些条件缺少任意一个，一种生物体的成员数量（**种群**）都将缩减。

A | 研究该栖息地的科学家自带物资，因为这里自然资源匮乏。

> **1** a | 写出图 A 中科学家需要带入栖息地的三种资源。
> b | 说说为什么图 A 中的景色会这样。

岛屿的问题

1722 年的复活节，荷兰探险家雅各布·罗格文偶然发现了太平洋上的一个小岛，并将其命名为复活节岛。他这样描述这个岛：岛上竖立着巨大的雕像，但是没有树。

B | 复活节岛

科学家找到了这个岛曾经被树木覆盖的证据。几百年里，人们砍伐树木作为建筑材料、燃料和建造渔船的原料。大约到 1600 年，所有的树都被砍光了，人们的食物数量骤减。也是在这个时期，鸟类从这个岛上消失了。

岛上的居民影响了他们的栖息地，而这又导致许多种群锐减。复活节岛上的棕榈树全都死光了，或者说，棕榈树**灭绝**了。

> **2** 哪种生物导致了复活节岛上棕榈树的灭绝？
>
> **3** a | 复活节岛上的人口数量减少了，说说这可能是什么原因造成的。
> b | 说出岛上鸟类消失的两个原因。

竞争

通过观察一个栖息地的**食物链**，我们可以看出什么吃什么。例如：

草 → 野兔 → 猞猁

生物体彼此**竞争**资源。适应性最好、能获得资源的生物体更可能生存下来，繁殖后代；其他的要么离开，要么灭绝。

食物链叠加在一起形成**食物网**，食物网显示出一些动物如何因为食物相同而相互竞争。在食物网 C 中可以看到，苍鹰和猞猁争夺白靴野兔。如果苍鹰得病或者死掉，白靴野兔将会变多，然后猞猁的数量就可能增加。

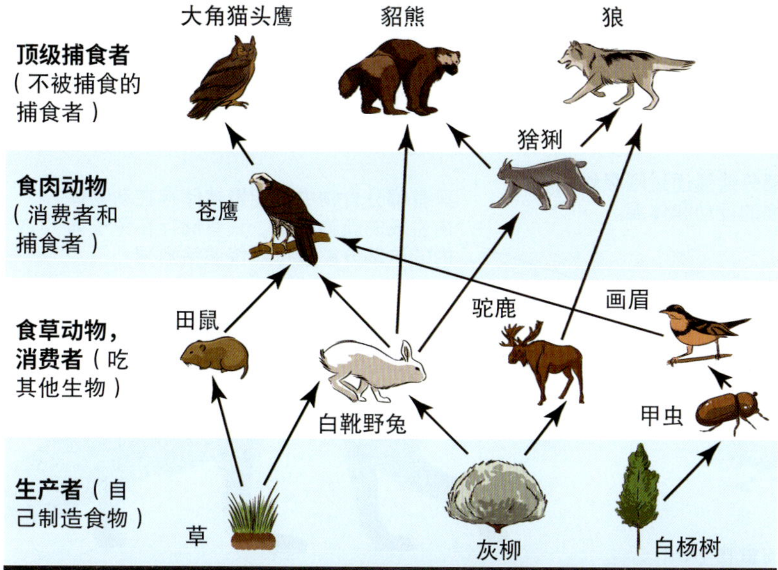

C | 加拿大北部的一个食物网

生态系统中的生物体在许多事情上彼此依赖，不仅仅在食物方面。我们说它们是**互相依存**的。例如鸟类在树上筑巢，植物利用动物的排泄物（含有无机盐）助其生长。

4 a | 写出图 C 食物网中最长的食物链。

b | 为食物链中的每一个生物体从下列词语中选出一个或多个合适的词并说出理由。

食肉动物　消费者　食草动物
杂食动物　生产者　顶级捕食者

5 为什么苍鹰和貂熊相互竞争？

6 利用食物网 C 预测，在下列条件中，田鼠的数量将发生怎样的变化？

a | 白靴野兔全部死亡。

b | 长时间没有降雨。

D

种群的变化

种群的变化主要取决于能够获取的食物的数量。在加拿大北部，猞猁是**捕食者**，其**猎物**主要是白靴野兔。当白靴野兔的数量很多时，猞猁就有很多食物。这时，猞猁就能成功繁殖，种群数量增加。当白靴野兔数量少的时候，猞猁种群数量也会减少，有的猞猁饿死（包括新出生的幼崽），有的去了其他地方。

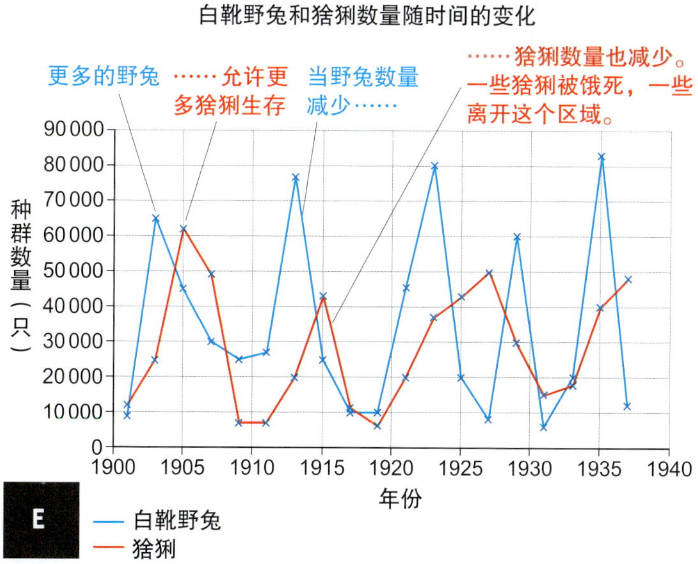

E

7 观察图 E。

a | 哪种动物是捕食者，哪种是猎物？

b | 说出白靴野兔种群数量增加的一个原因。

c | 说出猞猁种群数量减少的三个原因。

我能……

- 说出生物体影响它们的栖息地和群落的方式；
- 描述生物体之间如何竞争；
- 利用食物网做出预测。

7De 食物链中的传输

能量和毒素如何在食物链中流动？

生物体含有的**能量**储存在构成它们身体的物质中。食物网或食物网中的箭头显示出能量是如何从一个生物体传递到另一个生物体的。通常，生物体数量沿着食物链逐渐减少，因为能量在每个阶段都有损耗。

A | 食物链中的箭头表示能量的流动。

数量金字塔

食物链每个层级的能量损耗意味着数以百计的生菜供养数量少得多的兔子，这些兔子又供养数量更少的狐狸。食物链每一层级的生物体数量可以用**数量金字塔**表示。

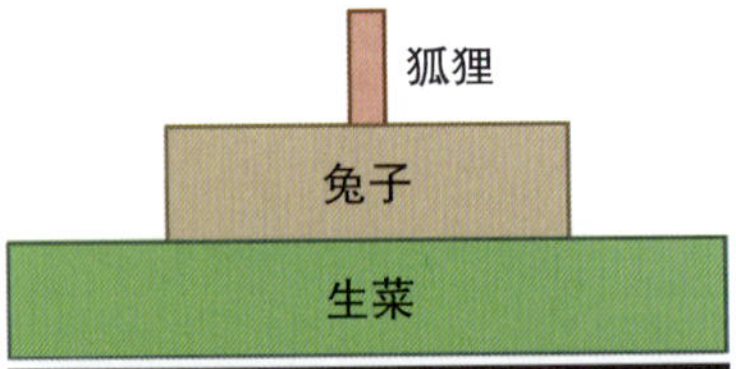

B | 数量金字塔

如果生物体大小差异较大，数量金字塔看起来就不像金字塔了。例如，一丛玫瑰可以为许多蚜虫提供食物。

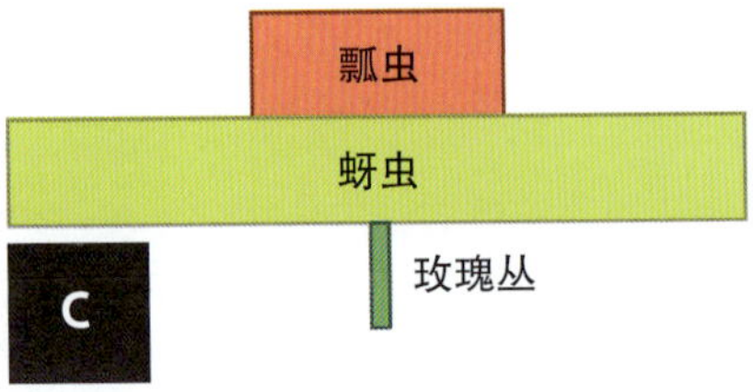

C

1 为什么生物体需要呼吸？

2 a | 图 A 左侧的红色箭头代表什么？
b | 为什么狐狸不能得到兔子吃掉的生菜中蕴含的所有能量？

3 观察第 67 页的食物网 C。
a | 画出一条从草开始的食物链。
b | 画出这条食物链的数量金字塔草图。

4 观察下面的食物链。

草	→	蝗虫	→	青蛙	→	青草蛇
100 000		500		5		1

a | 画一个表格列出该食物链中的顶级捕食者、消费者、生产者、食草动物和食肉动物。
b | 画出这条食物链的数量金字塔草图。

5 解释为什么图 D 的形状看起来不像金字塔。

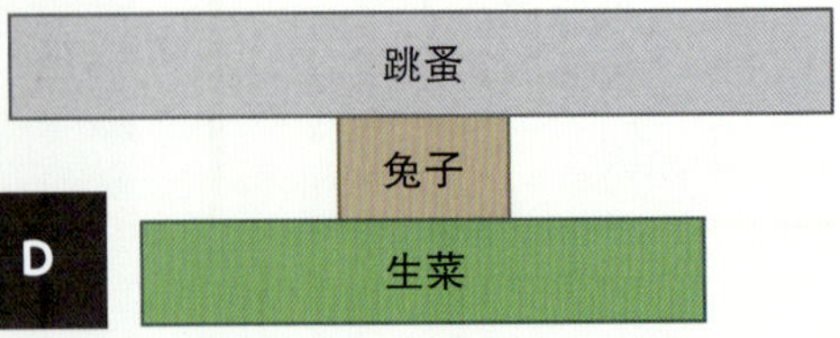

D

毒药

杀虫剂是指能够杀死**害虫**（导致问题的生物）的毒药。然而，这些毒药也能杀死其他的生物。

1810 年，澳大利亚探险家弗雷德里克·哈塞尔伯勒发现了位于新西兰和南极洲之间的麦夸里岛。它很快成为渔民的聚居地，渔民带来了猫、老鼠和兔子。猫吃幼鸟，老鼠吃鸟蛋，兔子破坏鸟巢。所以许多鸟类都灭绝了。

E | 麦夸里岛的毒药杀死了巨海燕。巨海燕翼展可超过 2 m。

2000 年，科学家送走了最后一只猫，但是驱逐了猫却导致老鼠和兔子的数量大幅增长。2010 年，开始投放杀死老鼠和兔子的毒药，但是这同时也杀死了很多鸟类，包括一些**濒危**鸟类。投放毒药的行为被叫停，取而代之的是一种用来杀死兔子的病毒。这意味着，2011 年岛上需要投放的毒药更少。现在岛上的这些害虫已经被清理干净。

一些毒药杀死了无辜的生物，因为毒药在自然界不能降解（它们具有**持久性**）。这意味着它们可以沿着食物链传递。DDT 是一种用来杀死昆虫的持久性杀虫剂。在二十世纪五六十年代，这种杀虫剂在英国被广泛使用，这导致顶级捕食者鸟类的蛋壳变得脆弱、易碎。1984 年，英国开始禁止使用 DDT。

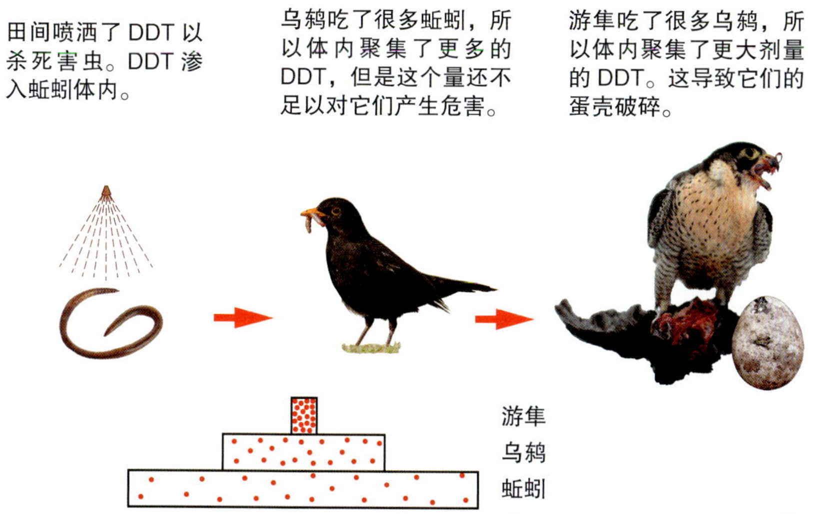

F | 每个点代表一剂 DDT。毒药的浓度沿着食物链逐渐增大。

事实

英国的农民每年约使用 16 000 t 杀虫剂。

6 a | 从麦夸里岛驱逐猫这件事带来了什么影响？

b | 为什么会带来这种影响？

7 说说 2011 年以后，麦夸里岛的鸟类种群数量可能发生了怎样的变化，请说明发生这种变化的原因。

8 观察第 67 页的食物网 C。甲虫能够杀死白杨树。为了挽救该区域的白杨树，有人建议使用毒药杀死甲虫。

a | 说出使用毒药可能带来的一个问题。

b | 预测使用这种毒药会对画眉和白杨树的数量产生什么影响。

9 解释 20 世纪 70 年代英国游隼的数量为什么减少。

我能……

- 用数量金字塔描述食物链中的能量是如何损耗的；
- 解释为什么需要谨慎使用杀虫剂。

7De 游牧民族

人类是怎样互相竞争的？

游牧民族从一个地方迁徙到另一个地方。在不丹，拉亚普人放牧牦牛。夏天，他们在山顶搭建帐篷，牦牛可以在草地或灌木丛中吃草。他们要避免牦牛被雪豹袭击。冬天，他们下山到温暖的地方去，在村庄里售卖他们的商品。

蒙古一些游牧民族夏天在山谷里放牧绵羊和山羊，冬天回到山里，躲避寒风。然而，这里后来发现了铜矿。矿山为这个贫穷的国家提供了就业机会和收入，但是牧民担心铜矿会消耗完这里稀缺的水源。

A | 不丹的牦牛放牧者

亚马孙热带雨林区的一些人是传统的游牧者，当资源快要耗尽时，他们就搬到新的地方去。现在这种情况比较少了，因为农民迁入，他们清理出土地给牛种草。现在的问题是非法砍伐和采矿。外来者带来感冒和麻疹等疾病，这会害死当地人。外来者还会破坏动物栖息地，这些动物是当地人的食物来源。

B | 蒙古的冬季营地

C | 生活在巴西兴谷河国家公园的人们查看他们自然保护区附近农民的行为。

1. 说出本页一个捕食者和一个猎物的名字。
2. a | 说出季节变化是如何影响拉亚普人的。
   b | 该影响与对动物（例如燕子）的影响有什么相似处？
3. 说说生麻疹是一个连续性变异还是非连续性变异的例子，并进行解释。
4. 观察图 C，说出一个遗传变异的例子和一个环境变异的例子。
5. 说明牦牛能够在它们的栖息地生存的一种方式。
6. 画出本页三种相关联生物体的数量金字塔草图。

说出你的观点

是否应该禁止在世界某些地区进行勘探？

7Ea 混合物和分离

为了保持健康，人们需要水。人体随时都在消耗水分，如果不喝水，人只能活几天。饮用水必须干净，因为脏水中可能含有有害物质和微生物。

在世界上许多干旱地区，人们陷入了饮用水短缺的危机。即使是在英国，有的时候雨量较少，水库也会缺水。英国实施的软管禁令，即禁止使用软管洗车、给花园浇水等可以限制水的使用，从而保证人们对水的基本需求，比如饮用。

A | 世界上大约有 7.8 亿人无法获得安全清洁的饮用水。

B | 湖区的瑟尔米尔水库为英国西北部提供饮用和其他需求用水。2010 年，降雨量太少，水库面临干涸的风险。

水是**液体**，可以**溶解**许多不同的物质。河流、小溪等水源可能携带沙子、砾石或者泥土等**固体**。为了使水安全并适合饮用，必须对水进行多种处理，以去除有害物质。

1 a | 请分别举出一个固体、一个液体和一个气体的例子。
b | 说说固体、液体和气体之间有什么区别。

2 从溪流中采集了一份水的样本，你将如何去除样本中的下列物质？
a | 砾石　　b | 沙子

3 海水是一种水和诸如盐等溶解物质的溶液。
a | 解释“溶液”的含义。
b | 说说如何去除海水中的盐。

4 a | 溶解是一种“可逆反应”。这是什么意思？
b | 再举一个可逆反应的例子。

C | **气体**也能溶于水，例如**二氧化碳**。当你打开一瓶汽水时，会看到二氧化碳从溶液中释放出来。

7Ea 记录实验方法

如何记录好的实验方法?

科学家记录他们的工作时，需要将实验的过程以及实验发现的结果写清楚。这样其他人可以发现这个实验的优点和缺点，并且能够重复该实验去验证**结果**。

实验方法是研究报告中的一个重要部分，它告诉人们实验是如何完成的。除了书面说明外，实验方法还包括**实验设备**示意图和组装方法等。

A | 这个装置可以从液体（例如水）中分离出**不溶性的固体**（例如沙子）。穿过滤纸的液体被称为**滤液**。

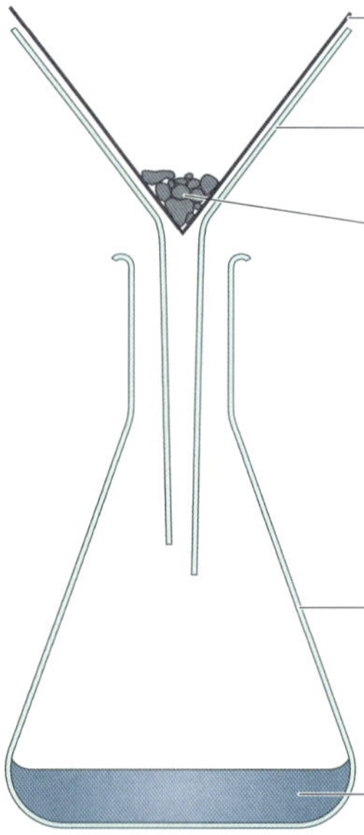

B | 图 A 中的装置图

实验方法是对实验步骤如何执行的一份说明。用数字或者字母标注步骤可以使步骤看起来更清晰。必须保证每个步骤的顺序正确且实验的每一个步骤都必须包括在内。

给出实验方法时，要使用祈使动词，即“要求做什么”。下页“过滤沙子和水的混合物”的实验方法就是用祈使句写的。

读写与交流

下面是过滤沙子和水的混合物的实验方法。

方法

> 每一步描述实验中的一个动作。

A | 对折圆形的滤纸。

B | 再次对折滤纸，折成一个扇形。

> 用祈使动词使句子结构简单，语言明了。

C | 拉开滤纸的一层，形成圆锥体。

D | 将圆锥体滤纸放在漏斗内侧。

E | 将漏斗插在锥形瓶瓶颈。

> 使用正确的仪器名称和正确的科学术语。

F | 搅拌沙子和水的混合物，使全部的沙子在水中悬浮起来。

G | 将沙子和水的混合物倒入滤纸。

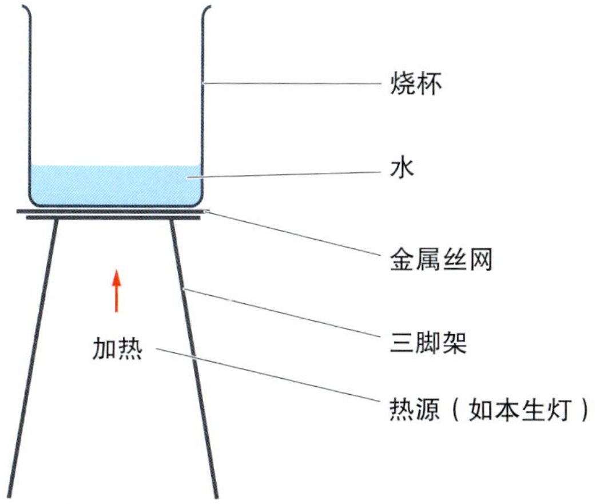

C | 加热水的装置

1. 写研究报告时，要在其中包含实验方法。这样做的目的是什么？
2. 说明为什么在实验方法中用图表表达信息会很有用。
3. 为什么在科学家记录他们的工作时，描述实验方法是非常重要的？
4. 在步骤C中，“拉开”是一个祈使动词，就是告诉你去做什么的动词。在这个实验方法中再找出三个祈使动词，并解释理由。
5. 从该实验方法中找出一个科学术语。
6. 说说方法中的哪一部分文字用图表可以表达得更清晰。
7. 写出一个实验方法指导别人组装图C中的装置。要按照写好实验方法的规则来写，比如图表可以更清楚地表达如何执行其中的一个步骤。

我能……

- 清晰、有条理地架构实验方法；
- 使用图表画出实验装置。

7Ea 混合物

混合物有哪些类型？

A | 来自家庭、写字楼和街道边沟的废水不仅包含有固体小颗粒，还有较大的固体物质，如树叶、垃圾和人类排泄物等。在处理的第一阶段，废水流过格栅，就仿佛通过一个筛子。

为了不伤害人类或破坏**环境**，携带废弃物的水要被送到污水处理厂进行处理。废水是水和固体物质的混合物。

混合物的分类依据是混合物中混入的是固体、液体还是气体以及这些物质能以何种方式进行分离。

- 如果不搅拌混合物，混合物中的两种物质就是分开的，那么这种混合物是**悬浊液**。这两种物质通常分别是固体和液体。当它们混合时，我们说一种物质悬浮在另一种物质中。沙子和水的混合物就是悬浊液。
- 在**胶体**中，一种物质**分散**在另一种物质中，两种物质很难分开。两种物质可以分别是固体、液体或气体。胶体是不清澈的或者说**不透明**的，所以很容易分辨。牛奶就是乳固体分散到水中形成的一种胶体。
- 固体溶解在液体中形成的混合物是**溶液**。溶液是清澈**透明**的。

我们使用的很多混合物是胶体，如发胶、护手霜、泡沫聚苯乙烯杯子、油漆和中性墨水等。每种胶体都有其独特的性能，使得它们可以适用于不同的方面。

1 为什么废水是一种混合物？

2 a | 说一说，在水处理的第一阶段，什么物质被从废水中处理掉了。
b | 解释你是如何得到上面问题的答案的。

3 描述悬浊液和溶液的区别。

4 进入污水处理厂的废水是哪种混合物？请说明。

事实

雾是水滴分散在空气中形成的胶体。

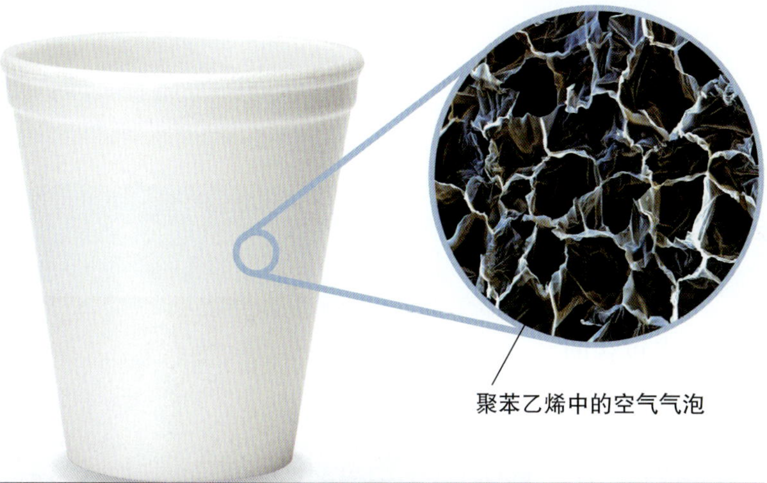

B | 泡沫聚苯乙烯是由空气和聚苯乙烯形成的固态胶体。

在经过污水处理厂的过筛处理后，废水会通过精密的**过滤器**或被留在“沉淀池”中。这个阶段的目的是去除小的悬浮固体，这些小的固体在水静止的时候就会沉淀到水底。

过滤后或在沉淀池沉淀过的水也不是干净的，因为里面仍然分散有微小的固体。这时会向其中添加特殊的物质使这些微小固体聚合在一起，这样可以更容易将它们从水中分离。

D | 左侧烧杯中是经沉淀池沉淀后的水。右侧的是添加了使固体凝聚的物质后的水。

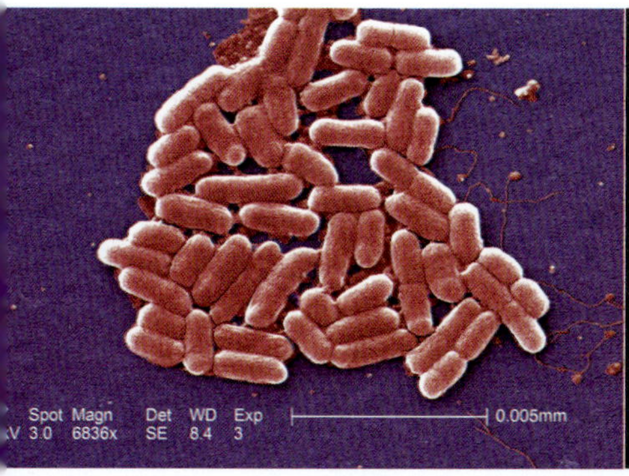

E | 致病微生物非常小，是无法通过过滤器或者沉淀池去除掉的。可以在饮用水中加入氯来杀死它们。

C | 从沉淀池上层流出的废水不含悬浮固体，但这些水中仍然含有溶解或分散的固体。

5 解释为什么图 B 的泡沫聚苯乙烯杯是胶体。

6 观察图 D。左侧的烧杯里是哪种混合物？为什么？

7 当废水中加入特殊的物质使微小固体凝结后，该如何净化废水？为什么？

8 依照本页的描述，画一幅废水处理流程图。写出每一阶段净化废水的步骤名称。

我能……

- 将混合物分类；
- 描述如何从液体中去除不溶解的固体。

7Eb 溶液

为什么一些人用自来水时还使用过滤器？

自来水是经过过滤和处理的安全饮用水，但自来水包含的不只是水。它仍然是混合物，里面溶解了许多其他物质。

一些物质溶解在液体中形成溶液。在溶液中，被溶解的物质分解成非常小的碎块，光可以直接穿过这种混合物。正因如此，溶液是透明的。溶液可以有颜色，也可以无色，这取决于其中被溶解的物质。

A | 类似这个水壶里的这种过滤器可以过滤掉饮用水中溶解的一些物质。

B | 如图所示，溶液是透明的。

溶液中的液体被称为**溶剂**。溶解在其中的物质被称为**溶质**。水是一种优良溶剂，因为它可以溶解许多固体、部分气体，甚至能溶解一些其他液体。

C | 蝾螈用鳃吸入溶解在水中的氧气。

事实

水通过岩石或土壤时，会溶解其中的一些物质。不同种类的岩石含有不同的物质，所以英国各地的自来水味道都不同。一些水的测评显示，相比于瓶装水，人们更喜欢自来水的味道。

1. 当我们说自来水是溶液时，这意味着什么？
2. 写出可以溶于水的两种固体和一种气体。
3. 说出判断一种液体是溶液的两种方法。

可以溶解在溶剂中的物质被称为是**可溶**的，不能溶解的物质被称为是不溶的。指甲油不溶于水，但是可溶于丙酮，丙酮常被用于洗甲水中。

溶液混合遵守**质量守恒定律**。这意味着溶液的**质量**等于溶解之前被溶解物的质量加上液体的质量。

一定体积的溶剂溶解溶质的量是有限的。如果加入过量的溶质，多余的溶质将沉在容器底部，不再溶解。这种溶液是**饱和的**。

4 用丙酮洗指甲油时，谁是溶质？谁是溶剂？

5 将 20 g 糖搅拌到 150 g 茶水中，形成的溶液的质量是多少？

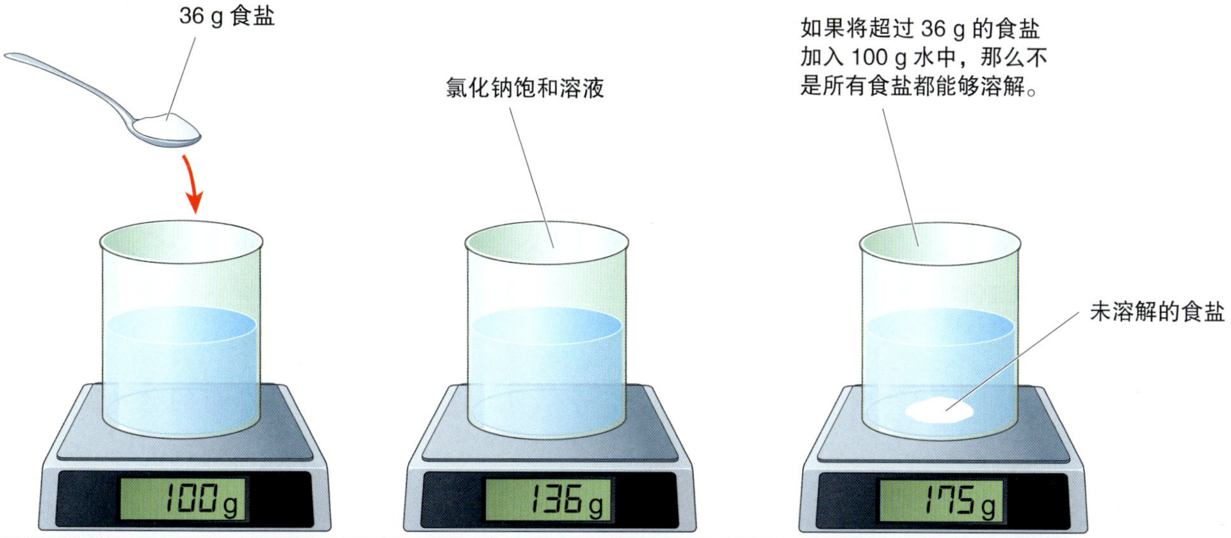

E | 36 g 食盐加入 100 g 水中就形成了饱和溶液。

6 硫酸铜是蓝色晶体。蓝色硫酸铜在 100 g 20℃的水中的溶解度是 32 g。

a | 蓝色硫酸铜和氯化钠，哪个在水中的溶解度高？

b | 在 20℃时，500 g 水最多可以溶解多少硫酸铜？

c | 20℃的饱和硫酸铜溶液被冷却到 5℃。说说溶液冷却后会看到什么现象，并说明原因。

溶质的**溶解度**是指溶质在 100 g 溶剂里达到饱和状态时所溶解的质量。溶解度的大小取决于溶剂。例如，**氯化钠**在 20℃水中的溶解度是 36 g，但是在相同温度的乙醇中的溶解度只有 0.1 g。溶解度同时受温度影响，通常随着温度的升高而增加：氯化钠在 60℃水中的溶解度是 37 g。

我能……

- 说出可溶物质如何形成溶液；
- 分辨溶液中的溶质和溶剂；
- 描述不同变量对溶解度的影响。

7Ec 加热时的安全性

如何安全地加热至干燥？

溶液静置时，溶剂会慢慢挥发留下固体。如果加热溶液，溶剂会挥发得更快。

A｜溶液中的溶剂挥发，固体被留下来。

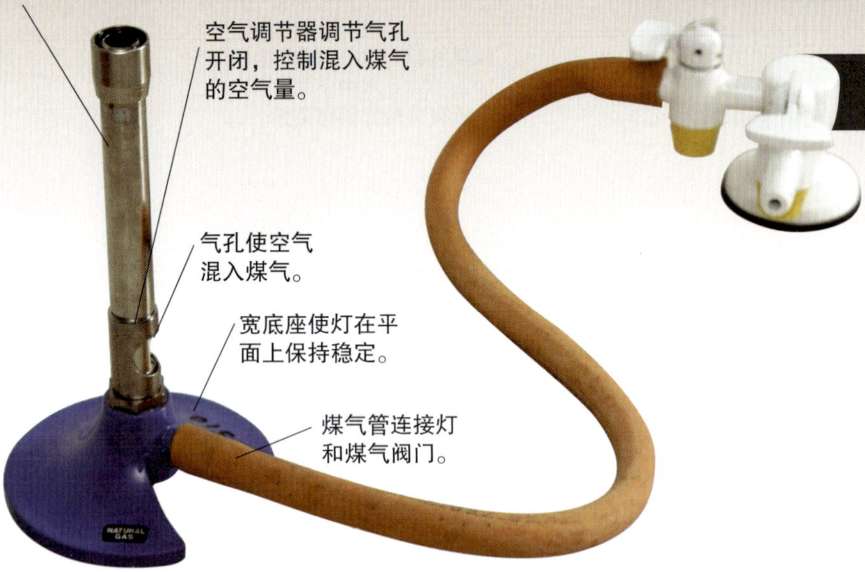

B｜本生灯的各个部分具有不同的功能。

加热溶液直到所有溶剂挥发完的过程叫作干燥。在实验室，经常用本生灯加热溶液。

调节本生灯的空气调节器能使不同量的空气与煤气混合。这可以改变火焰的温度。

使用本生灯存在一定的**危险**，危险的意思是它可能造成伤害。当使用本生灯时，可能会烧伤自己或他人。

风险是指实际发生危险的可能性。使用本生灯时，应该有意识地降低它烧伤自己或其他人的可能性。

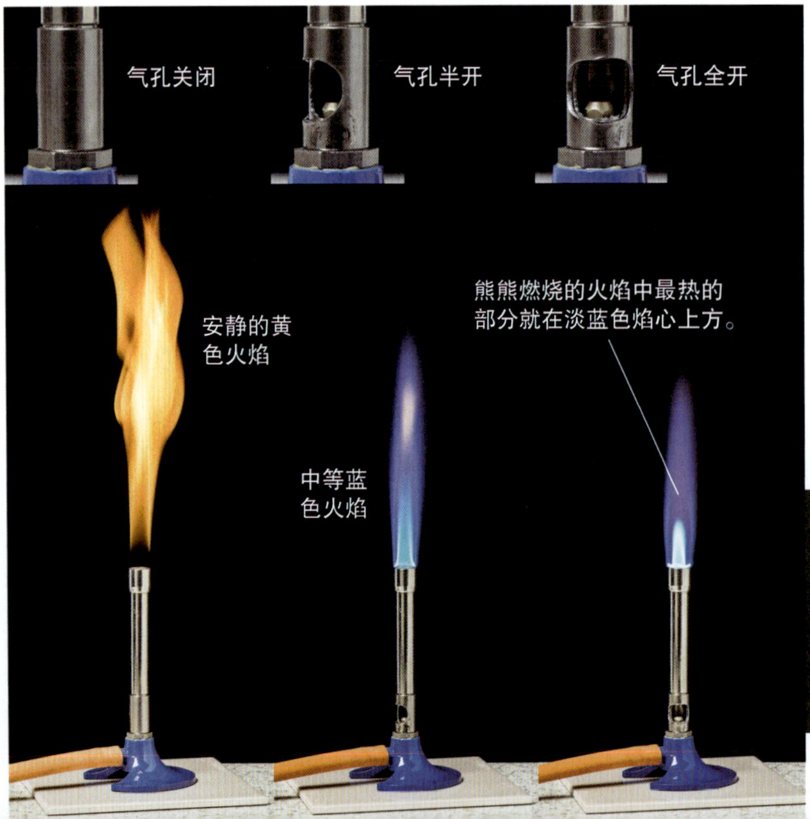

C｜“安静的黄色火焰”是一种“安全火焰”，通常不用来加热，因为它会熏黑表面。“中等蓝色火焰”常用来加热，尤其是加热装液体的试管。“剧烈的蓝色火焰”或“烈焰”则用来快速加热。

科学地工作

安全使用本生灯

使用本生灯要小心谨慎。为了使用安全，请按照下面的方法点燃本生灯。

实验方法

A｜检查煤气管是否有破损。如果有破损，那么把灯和软管一起还给老师。

B｜将松散的头发和衣物（例如领带或围巾）向后扎起。工作区域只留下实验必需品，其他的都收走。

C｜戴上护目镜。

D｜在离工作台边缘 30—40 cm 处放置隔热垫，上面放本生灯。

E｜确保本生灯的气孔是关闭的。

F｜将点燃的夹板放在本生灯上方约 2 cm 处。

G｜打开燃气开关，点燃本生灯。

H｜当实验完成时关闭气孔，火焰变黄后关闭燃气开关。

安全地加热至干燥

加热至干燥的风险系数很高，因为当溶液失去较多溶剂后，会溅起非常热的液滴。

以下安全守则能降低实验风险。

- 用中火加热溶液。
- 加热时戴护目镜。
- 溶剂不要超过蒸发皿的一半。
- 如果用试管加热液体，试管口不要对着人。
- 用钳子去拿或移动热的物体。
- 当大部分液体已经蒸发时，关闭本生灯，让剩下的液体慢慢蒸发。
- 不用或者关闭之前，让本生灯处于安全火焰状态。

1. 本生灯有什么用途？
2. 解释为什么在点燃燃气前要关闭空气孔。
3. 为什么要用蓝色中火加热干燥？说出两点原因。
4. 观察图 E。

   a｜点燃本生灯后，存在哪些潜在危险？

   b｜如何减少这些危险发生的概率？
5. 设计一个实验，通过加热干燥来分离盐水中的盐。包括确保实验安全的指导说明。

D｜加热至干燥时，加热设备存在一定的危险性。

E｜实验中安全地工作能减少危险发生的概率。

我能……

- 描述本生灯的使用方法；
- 识别危险并知道如何降低风险。

7Ec 蒸发

如何从溶液中获取固体？

溶液**蒸发**时，液体变成气体进入空气中，溶解在其中的固体被留下来。

蒸发在任何温度下都会发生，甚至是在很冷的时候。但是蒸发的速率随着温度的升高而加快。

A | 洞穴顶部慢慢流下的水溶液形成了钟乳石和石笋。每一滴水蒸发后，都会留下一点点固体。

制盐

食物中使用的食盐是一种被称为氯化钠的物质。在有些地方，氯化钠被发现于地下厚层的岩石中。这被称为石盐或岩盐。

岩盐可以通过露天开采、矿井开采或者将水泵入地下岩盐层溶解氯化钠获取。后者形成的盐溶液被称为卤水，卤水被泵出地表，然后加热蒸发水分，留下氯化钠。

食盐也可以通过蒸发海水获得。

事实

冬天，人们会把岩盐撒到结冰的路面上。盐有助于防止结冰，同时岩石小碎片可以增加轮胎与地面之间的摩擦力。

B | 正在被开采的岩盐

C | 海水被注入晾晒池以生产海盐。

1 观察图 C。海水在池子里停留了一个星期或者更长时间。

a | 这段时间，水发生了什么变化。
b | 解释盐为什么会留在池子中。

2 图 A 寒冷的溶洞和图 C 温暖的晒盐池相比，哪一个水的蒸发速率更快？为什么？

3 画出两种食盐生产方法的流程图。

沸腾

液体的表面变成气体的过程叫蒸发。液体的表面和内部处处都在变成气体的过程叫**沸腾**。液体沸腾时，能看到泡泡在液体各个部分扩散。这些是液体新生成的气泡。液体沸腾的温度叫作**沸点**。

不同的液体沸点不同。例如，在相同条件下，水的沸点是 100℃，而酒精的沸点是 78℃。

在实验室，我们可以利用蒸发的原理，通过把溶液加热至干燥的方法重新获取溶液中溶解的固体。

D | 喷泉高高地喷向高空。这是因为地下水被加热到沸点，产生高压，从而使水从地下喷出来。

E | 来自英国两个不同地区的饮用水的区别。

4 解释为什么烧杯中的水只有加热到 100℃后才会沸腾。

5 说说如果将水和乙醇的混合物加热到 80℃，会发生什么。

6 解释加热至干燥的含义。

7 观察图 E。

a | 说说这两个样品是如何制备的。
b | 说说这两个样品表明了什么。

我能……

- 说说如何利用蒸发的原理将溶质从溶液中分离出来；
- 说说蒸发和沸腾的区别。

7Ed 色谱法

如何分离溶质用于鉴定?

水经处理厂净化后，在用作饮用水之前，还需要进行检测。人们要对许多不同的物质进行检测，以确保饮用水的安全。

色谱法是应用于水分析的一种技术。色谱法分离出溶解在混合物中的物质，使每种物质更容易被鉴定和分析。

色谱法有很多种类，其中，**纸色谱法**是最简单的一种。它可以用来分析不同的颜料、染料和墨水等是由哪些颜色混合而成的。将待测的**浓缩**液滴在特定的色谱纸近底部位置，将纸的底部插入溶剂中。溶剂带着墨水或颜料中的有色物质向纸的上部移动形成图案，这种图案就被称为**色谱图**。

无论是用试纸还是用机器，色谱分析的基本流程都是一致的。混合物中的不同物质随着气体或液体溶剂流动，不同物质流动的速度不同，从而使彼此分离开。

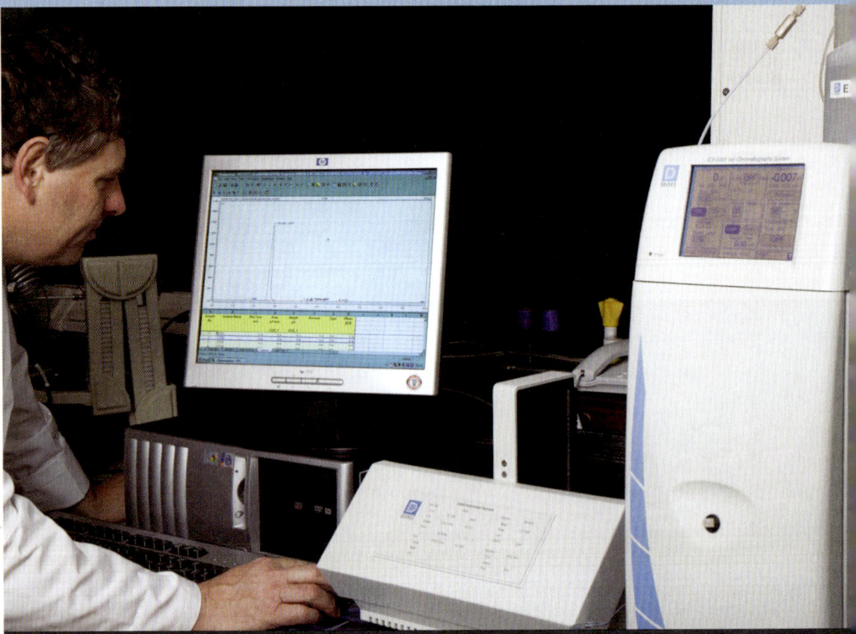

A | 色谱分析通常用复杂的机器完成。图中水分析的结果用曲线图表示，每个峰分别代表混合物中的一种物质，峰的高度表示这种物质在样品中的含量。

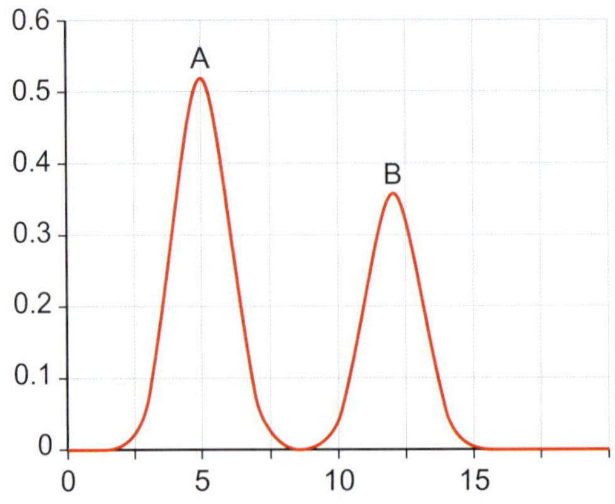

B | 一份水分析的样品色谱图

C | 两种墨水的纸色谱分析

1 什么是色谱法?

2 观察图 B。在初始溶液中，两种物质哪种浓度更高？为什么？

3 观察图 C。描述实验是如何设置的。

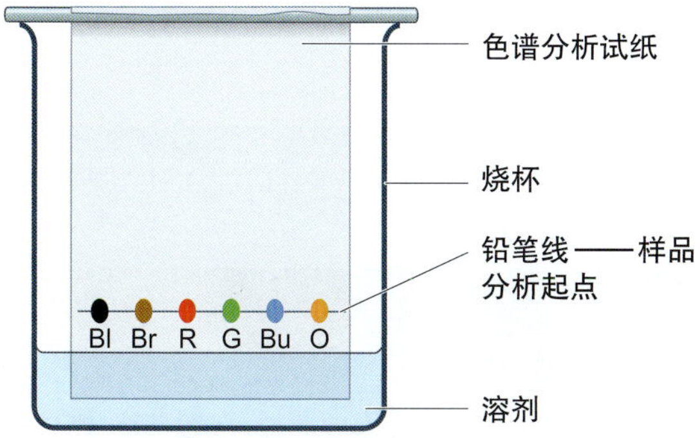

开始分析

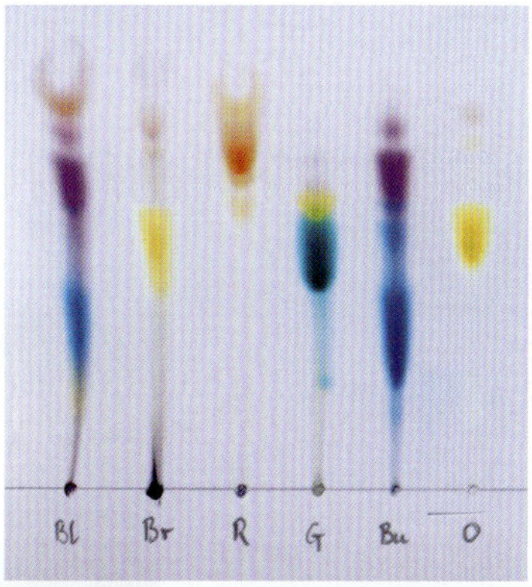

溶剂达到试纸顶端后，色谱图形成

D | 在这个色谱分析实验中，共检测了六种不同的墨水：黑色（Bl），褐色（Br），红色（R），绿色（G），蓝色（Bu），橙色（O）。

色谱法也可用于无色物质。形成色谱图后，可以对其进行显色处理，如利用紫外线使物质显色。物质可见后，就可以对色谱图进行分析了。

4 观察图 D。

a | 识别不同墨水的颜色构成。

b | 哪种颜色流动最快？

5 为什么色谱法可以分离混合物中的物质？

6 为什么不能只用蒸发的方法找出溶解在液体中的物质？

7 图 E 显示了三种橙汁和一些食用色素的色谱分析结果。

a | 哪种食用色素同时存在于三种饮料中？

b | 柠檬黄可能会导致孩子的行为过于活跃。对于一个行为过于活跃的孩子，哪种橙汁更安全？解释你的答案。

E

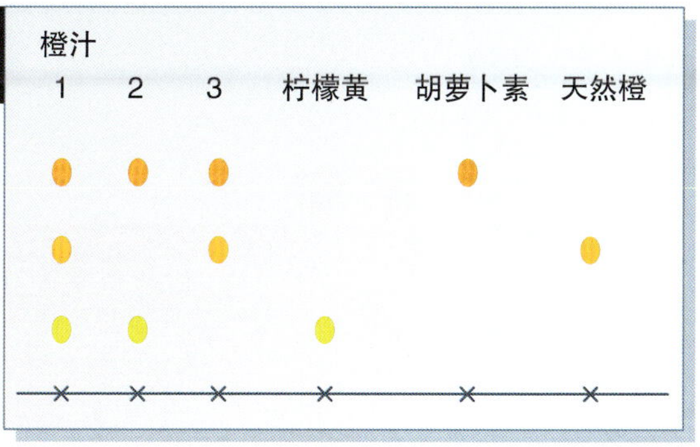

8 举两个例子说明色谱法在工业中的应用。

9 将纸色谱分析的结果与图 B 的水分析色谱图结果进行对比。

a | 它们有什么相似之处？

b | 它们有什么不同之处？

c | 为什么使用图 A 中的方法做水质分析，而不用纸色谱法？

（提示：想一想为什么要对饮用水进行水质分析。）

事实

色谱法被用于分析许多混合物的组成，包括水、食物、尿液、血液、汗液、土壤和空气等。在国际体育赛事中，色谱分析被用来检测血液和尿液样品中是否含有违禁药物。色谱分析还被用于犯罪现场的法医鉴定，以识别特定混合物，例如口红或者黑墨水中的颜色。

我能……

- 描述色谱法如何确定混合物中的物质；
- 解释色谱法的原理。

7Ee 蒸馏

如何使海水可饮用？

在英国，大部分饮用水来自河流、湖泊、水库等收集的雨水。然而，世界上许多地区并不像英国一样雨量充沛。他们只能通过其他途径获取饮用水。

1 为什么雨水作为饮用水比较安全？

2 为什么世界上许多地区饮用水的来源不同于英国？

地球表面超过 70% 的面积被水覆盖，其中绝大部分是海水。海水中含有过多溶质而不适合饮用。**海水淡化**能够去除海水中的大部分盐，从而生产出饮用水。但海水淡化需昂贵的设备和较大的生产空间，因此只在部分地区得到了应用。

A | 雨水中溶解物的含量非常低，这意味着雨水通常是安全的饮用水。

B | 位于阿拉伯联合酋长国杰贝勒阿里港口的海水淡化工厂每天可以生产超过 8 亿升饮用水。

事实

海水含盐量非常高，因此直接饮用会很危险。盐会使人体细胞脱水，会让人感觉更渴。

蒸馏是海水淡化的一种方法。加热海水使水分蒸发产生**水蒸气**，水蒸气被收集，冷却后**凝结**成液态水。这些水是**纯净的**，不含溶质，因为海水中的溶质不能蒸发，都被过滤了出去。

3 什么是海水淡化？

4 饮用水是海水蒸馏的一种产物。说出在这一过程中产生的另一种产物，并解释。

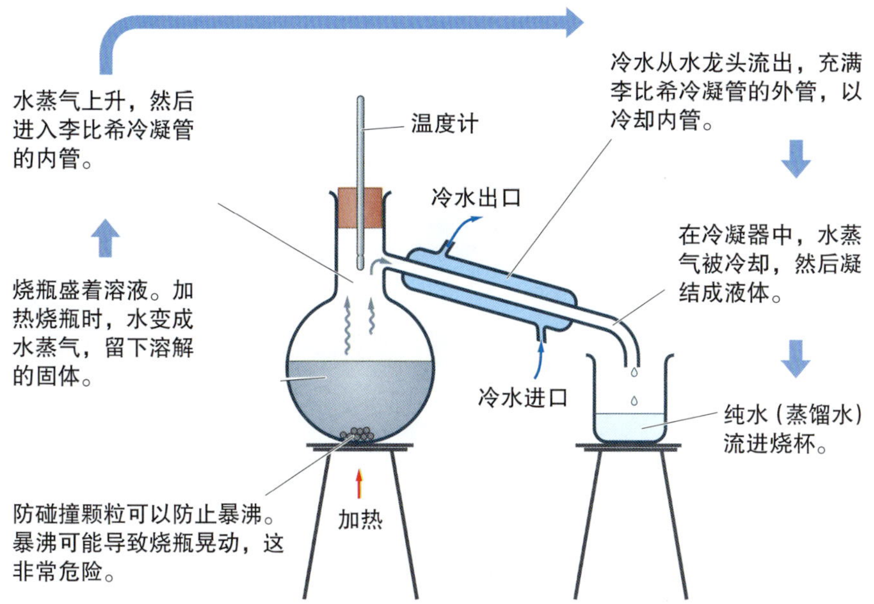

C | 这个装置能被用来在实验室蒸馏混合物，比如像盐水这样的溶液。

5 根据图 C，画一幅海水淡化厂中利用海水蒸馏生产饮用水的流程图。在描述中要使用恰当的科学术语。

6 a | 说出将烧瓶中的液体加热至沸点时可能发生的一种危险。

b | 如何降低危险发生的可能？

图 C 中的装置被称为蒸馏器。蒸馏器可以利用来自太阳的**能量**。1872 年，查尔斯·威尔逊发明了太阳能蒸馏器，为南美洲智利的一个大型矿区提供饮用水。对于世界上的贫困地区来说，太阳能蒸馏器是一种提供干净水源的廉价方式。图 D 展示了它的工作过程。

即使在今天，在偏远地区和海上，太阳能蒸馏器依然是一种在紧急情况下提供干净水源的重要方式。

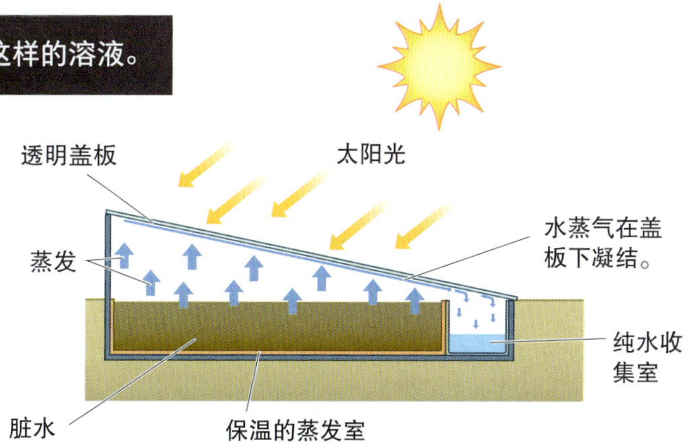

D | 盆式太阳能蒸馏器

E | 充气式太阳能蒸馏器可能仍是远洋船上救生筏的应急设备之一。

7 解释为什么太阳能蒸馏器时至今日在下述地点仍然是有用的。

a | 在海上抛锚的船上

b | 在饮用水含致病细菌的农村

8 比较图 D 中的盆式太阳能蒸馏器和图 C 中的蒸馏器。

a | 比较它们工作方式的相同点和不同点。

b | 哪种蒸馏器更适合从咸水中提取最纯净的水？说说你的理由。

我能……

- 解释如何利用蒸馏从溶液中分离出溶质；
- 给出蒸馏的应用实例。

7Ee 安全的饮用水

我们能为每个人提供安全的饮用水吗？

世界上八分之一的人口无法获得不含有害物质和致病微生物的供水。即使是在发达国家，气候的变化和人口的增加也使安全饮用水的供应变得更加困难。

A | 洪水和地震等灾害会破坏水源和供水管道。政府报告显示，预计到 2050 年，英国可能会有 360 万人受到气候变化导致的洪水的影响。近些年，英国还发生过严重的旱灾，即降雨量非常低的情况。

B | 在发展中国家，平均每个月有 500 万人到城市找工作。许多人住在贫民窟，那里根本没有安全的饮用水。

C | 救生罐中的过滤系统可以过滤掉脏东西和致病微生物，从而使水可以安全饮用。小型的瓶装系统是紧急情况下的理想选择。

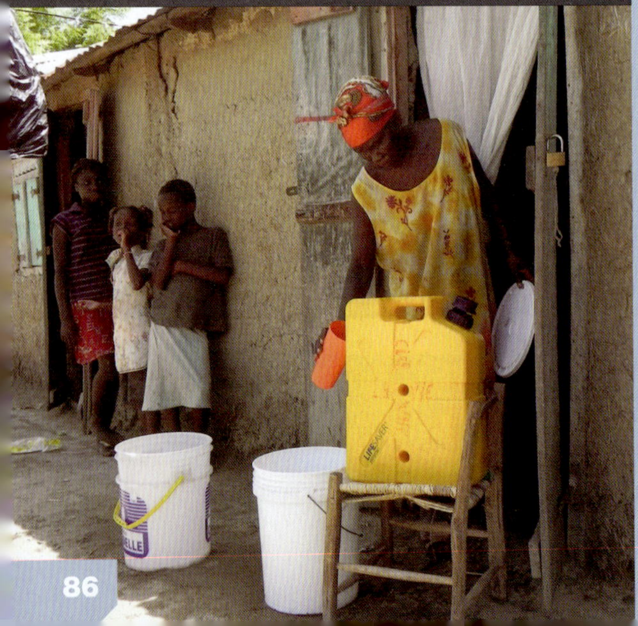

1 a | 为什么通常在英国获得安全的饮用水比较容易？
b | 为什么英国在将来获得安全饮用水会越来越困难？

2 救生系统使用一系列的过滤器来净化水。

a | 描述过滤器如何净化水。
b | 在这个系统中，其中一个过滤器有非常小的孔。说说这个过滤器把水中的什么过滤掉后才使水可以安全饮用，并说明理由。
c | 其中一个过滤器包含一种可以过滤溶解物的物质。解释为什么需要该过滤器。

3 列举可以制造安全饮用水的方法。简单介绍每种方法的工作原理和最佳适用场景，并解释。

说出你的观点

我们能确保为每个人提供安全的饮用水吗？

7Fa 家庭中的化学

在我们的家里，化学物质无处不在。在厨房，清洁用品、壶、盘子和各种容器都是用化学品制造的，甚至很多食物和饮料也是通过化学过程生产出来的。

许多化学物质是危险的，需要小心使用。这些物质的安全使用方法标注在它们的包装上，使用前要先阅读这些内容，确保自己了解这些物质如何造成伤害以及如何避免伤害的发生（如戴手套）。

A | 家里的许多物质可能是危险的，尤其对小孩子来说，因此应该把它们放在小孩子拿不到的地方。

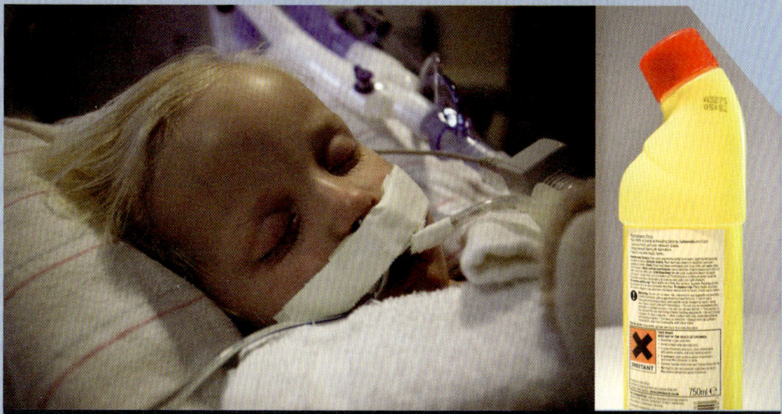

B | 漂白水可以杀死致病微生物。但如果错误使用（比如饮用或者洒在皮肤上），它也会造成伤害。在英国，每年约有 300 名儿童受到漂白水的伤害。

如果有大量的危险物质泄漏，可能会对很多人造成伤害。消防员受过专业训练，可以处理这种情况。

1. 写出溶于水的两种固体和一种气体。
2. 写出漂白水对儿童造成伤害的两种方式。
3. 写出避免孩子被漂白水伤害的两种方法。
4. a | 为什么在容器一侧贴上写有容器内物质的相关信息的标签非常有用？
   b | 为什么即使了解物品的相关信息，还要将清洁用品放在小孩子拿不到的地方？

C | 在处理溅出的化学品时，消防员穿防护服、戴防毒面具保护自己，避免危险。圆筒侧面的标签标注了物质的种类以及处理方法。

7Fa 危险

如何处理危险的化学品？

危险即可能导致伤害的事情。其可能导致的伤害类型通常用危险标志来标示。

酸和**碱**在家里和实验室中都是常见的物质。它们具有**腐蚀性**，这意味着它们能够破坏某些材料，如**金属**、石制品和皮肤。处理腐蚀性物质时一定要非常小心，因为它们可能会破坏活性**组织**，造成永久性伤害。

A | 汽车电池中的硫酸是稀释过的，但仍具有腐蚀性。

B | 下水道清洁剂是一种腐蚀性碱。

C | 凯蒂 · 派珀被浓硫酸泼伤。

实验室使用的酸和碱通常用水**稀释**过，降低了危险性。稀酸和稀碱虽然没有腐蚀性，却仍具有**刺激性**。它们不会造成严重的伤害，但是会导致皮肤炎症和刺痛。我们在食物中使用的醋是醋酸含量约 5%—8% 的水溶液，它不会造成危险，但如果进到伤口，会产生刺痛。浓度超过 10% 的醋酸溶液是有刺激性的，超过 25% 的具有腐蚀性。

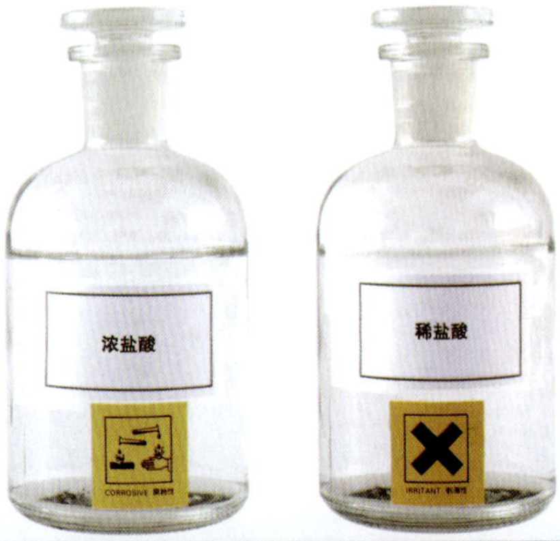

D | 浓盐酸具有腐蚀性。稀盐酸具有刺激性。

1 a | 如何稀释酸？
b | 解释汽车电池中的酸是纯净物还是混合物。

2 分别说出一种实验室使用的酸和日常生活中使用的酸。

3 a | 说出两种会被腐蚀性酸腐蚀的物质。
b | 说出一种不会被腐蚀性酸腐蚀的物质。

4 腐蚀性化学品和刺激性化学品有什么区别？

人们喜欢酸性物质的酸味，所以经常在食物和饮料中加入酸性物质。所有碳酸饮料、果汁以及很多调味料和果酱都是酸性的。总的来说，这些酸性物质不会产生危险，所以不带危险标志。然而，这些食物和饮料可能导致龋齿。

图 A、B、D 中使用的标志是欧洲的危险标志，现在这些标志被一套新的国际危险标志取代，如下所示。

事实

1949 年，约翰·黑格被判谋杀罪，尽管没有发现尸体——因为他将受害人放进了浓硫酸中！在酸沉淀物中，法医学家发现了一副假牙、几片碎骨和塑料包的提手，这些没有被酸腐蚀掉。这些证据已经足够将其定罪。

E

国际危险标志	危险描述
	**对环境有害：**可能对动物和植物造成长期伤害。
	**有毒：**具有毒性。经吞咽、呼吸摄入或皮肤吸收后可能导致死亡。
	**腐蚀性：**腐蚀金属、石制品和皮肤等。
	**爆炸性：**加热可能导致爆炸。
	**易燃：**很容易着火。
	**警示：**尽管与有毒和腐蚀性相似，但这是一个不太严重的危险，例如可能刺激皮肤。

G | 新的国际危险标志

F | 许多饮料中含有天然酸或人工酸。

5 食物和饮料中的酸尝起来像什么？

6 a | 说出碳酸饮料中的一种酸。
b | 为什么酸性食物不带危险标志？

7 说出下列家用化学品中应该被标记哪种国际危险标志。

a | 松节油——危害池塘生物，导致头痛和恶心，加热容易着火
b | 肥皂粉——刺激皮肤

8 磷酸以浓缩的形式被送到饮料工厂。为什么在运输前不将其稀释？

我能……

- 识别一些常用的危险标志；
- 解释为什么危险标志是必要的；
- 识别一些常用的酸。

7Fa 控制风险

做实验时，如何降低风险？

危险可能导致伤害。**风险**是指危险导致伤害的可能性。

谨慎使用化学品，注意保护自己和他人，能降低造成伤害的风险。例如，加热酸液时，一个很大的风险是飞溅。戴上护目镜和防护手套是一种明智的**预防措施**，这可以降低伤害眼睛和皮肤的风险。

A | 学校实验室中的潜在危险

1 完成下面的表格。从图 A 中找出至少六处潜在的危险，同时说说其中的风险和能够降低风险的预防措施。

B

危险	风险增加的原因	降低风险的预防措施
腐蚀性酸	瓶子放置在工作台的边缘可能被打翻，伤害到学生。	将装有腐蚀性酸的瓶子从工作台拿走并安全储存。
化学品散发的烟雾	深度吸入可能对学生的鼻子和肺造成伤害。	用手向鼻子方向轻轻扇动烟雾，再闻气味。

科学地工作

为危险和风险做计划

下面是一份给教师的指导，用来演示在糖中加入硫酸会发生什么状况。该实验中使用的是浓硫酸。“浓”意味着溶液中水极少甚至没有水。

实验方法

警示：该实验方法仅供教师演示使用。要佩戴护目镜或面罩，使用通风柜，戴化学防护手套。

A | 将一个 100 mL 的烧杯放在通风柜的白色瓷砖上。向烧杯中加入 50 g 蔗糖。

B | 加入浓硫酸，以刚好浸没蔗糖为准，不要太多。

C | 观察实验现象。当心生成的二氧化硫和一氧化碳气体。**不要触摸生成的碳**。

D | 让烧杯在通风柜中至少冷却 20 分钟（实验中烧杯的温度将超过 100 ℃）。

C | 在使用化学物质时，常用的降低伤害风险的方法包括戴手套、戴护目镜，穿实验服以及使用通风柜。

2 a | 该实验中使用的腐蚀性物质是什么？
b | 腐蚀性意味着什么？
c | 如何知道像这样的物质是有腐蚀性的？
d | 提供一种方法，降低这种物质造成伤害的风险。

3 a | 步骤 C 中存在什么危险？
b | 这个实验方法中的什么安全指导降低了发生该危险的风险？

4 a | 步骤 D 中存在什么危险？
b | 这个实验方法中的什么安全指导降低了发生该危险的风险？

我能……

- 设计和解释安全防护措施；
- 识别危险并解释如何控制风险。

7Fb 指示剂

如何利用指示剂区分溶液？

红色卷心菜可以用醋储存。腌制卷心菜的汁是红色的。如果将红色卷心菜汁中混入肥皂，其颜色会发生改变，变成蓝色；如果再加一点下水道清洁剂，液体颜色又变成黄绿色。来自植物的颜色在与不同的物质混合时，会发生变化，这种植物中的颜色被称为**指示剂**。

A | 不同的物质被滴入红色卷心菜指示剂。

酸的检验

石蕊也是一种指示剂，它提取自一种地衣。石蕊的英文名称 litmus 来源于“lit-moss”，在中世纪英语中是“彩色苔藓”的意思。石蕊可以是红色、蓝色或紫色（红色和蓝色混合在一起）。它可以是溶液，也可以是石蕊试纸。大部分的酸（如醋和果汁）会使石蕊变红，其他类型的溶液使石蕊变蓝或者变紫。

B | 石蕊地衣和石蕊指示剂颜色

1 说出两种可以被用作指示剂的植物。

2 汽车电池中的酸与下列物质混合后是什么颜色？

a | 红色卷心菜汁　　　b | 石蕊

3 在牙膏中加入几滴石蕊试剂，石蕊变蓝。这说明了牙膏的什么性质？

4 凯莉通过粉碎红色卷心菜叶子和水与酒精的混合物制造了一些红色卷心菜指示剂。然后她需要将汁与叶子分开。她可以怎么做？画一个图表解释你的方法是如何运作的。

碱的检验

在古阿拉伯，人们从火中取出灰，并将其与水混合。然后，他们将过滤得到的**液体**与动物脂肪一起煮沸，就制造出了第一块肥皂。在阿拉伯语中，灰被称作“*al quali*”。我们用碱（alkali）表示一些摸起来像肥皂的物质。然而，许多碱具有腐蚀性，非常危险，不能随便去摸。这是因为它们会与皮肤里的天然油脂反应，也就是说，你的皮肤可能会变成肥皂！

碱使石蕊试剂变蓝。像酸一样，碱可能有害或具有刺激性、腐蚀性。它在某些方面甚至更危险，尤其当其进入眼睛的时候。

烤箱清洁剂中通常含有碱。烤箱里的油脂与清洁剂反应，生成肥皂。这有利于清洗。

许多溶液既不呈酸性也不呈碱性，比如**纯净的**水以及盐和糖的溶液，它们被称为**中性**的。中性溶液不会使指示剂变色。然而并不是中性的就是安全的。一些中性溶液是**有毒**的，一些是具有腐蚀性的，但是与酸碱的腐蚀性不同。

D | 许多家用清洁剂是碱性的。

5 说明下列物质是酸性的、碱性的还是中性的。

a | 食醋　　b | 水　　c | 盐溶液
d | 柠檬汁　　e | 糖溶液　　f | 肥皂

6 甲基橙试剂遇酸变红，遇碱变黄。

a | 遇到下列物质，甲基橙试剂会变成什么颜色？
　i | 葡萄柚汁　　ii | 烤箱清洁剂
b | 如果甲基橙试剂中加入纯水，颜色会发生什么变化？为什么？

7 阿莎从灌木丛中采摘了一些紫色浆果，加入少量水后打碎。将该果汁与湿的洗衣粉混合，颜色会变红。她说：“这证明紫色浆果是一种指示剂，洗衣粉是一种碱。”她的说法正确吗？并给出理由。

C | 火燃烧的灰烬中含有碱。

事实

E

凡湖是土耳其最大的湖泊，其湖水具有很强的碱性，在自然状态下就能形成泡沫，人们可以不用肥皂，直接用它清洗。

我能……

- 说出几种用植物制成的指示剂；
- 说说如何用指示剂测试溶液呈酸性、碱性还是中性。

7Fc 酸碱度

如何测量溶液的酸碱度？

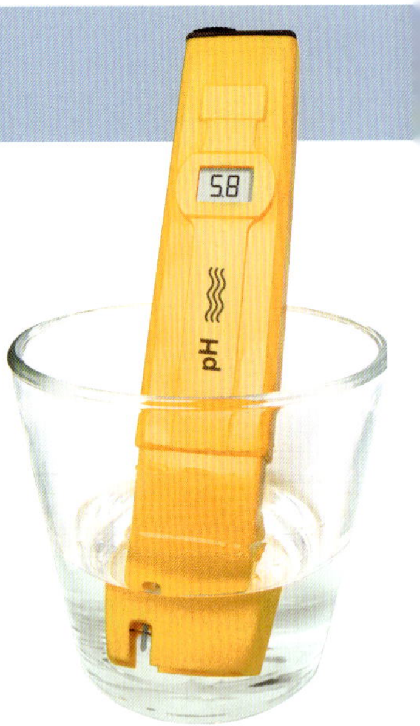

像石蕊这样的指示剂可以告诉我们物质是酸性的还是碱性的，但是它并不能告诉我们物质的酸碱度是多少。瑟伦·彼泽·瑟伦森（1868—1939）解决了这个问题。他是一位丹麦化学家，在嘉士伯啤酒厂工作，负责把控啤酒的生产质量。1909 年，他发明了酸碱度测量表，并以此来计量啤酒的酸度。这个量表用数字表示酸碱度，即 **pH 值**，这比用文字描述更准确。

pH 值的范围是 0 到 14。pH 值为 7 的物质为中性，酸性物质的 pH 值小于 7，碱性物质的 pH 值大于 7。pH 值越低，溶液的酸性越强；pH 值越高，溶液的碱性越强。

A | 通常用 pH 计或试纸来测量溶液的 pH 值。“pH”中，“p”小写，“H”大写，其中 H 是 hydrogen（氢）的缩写。

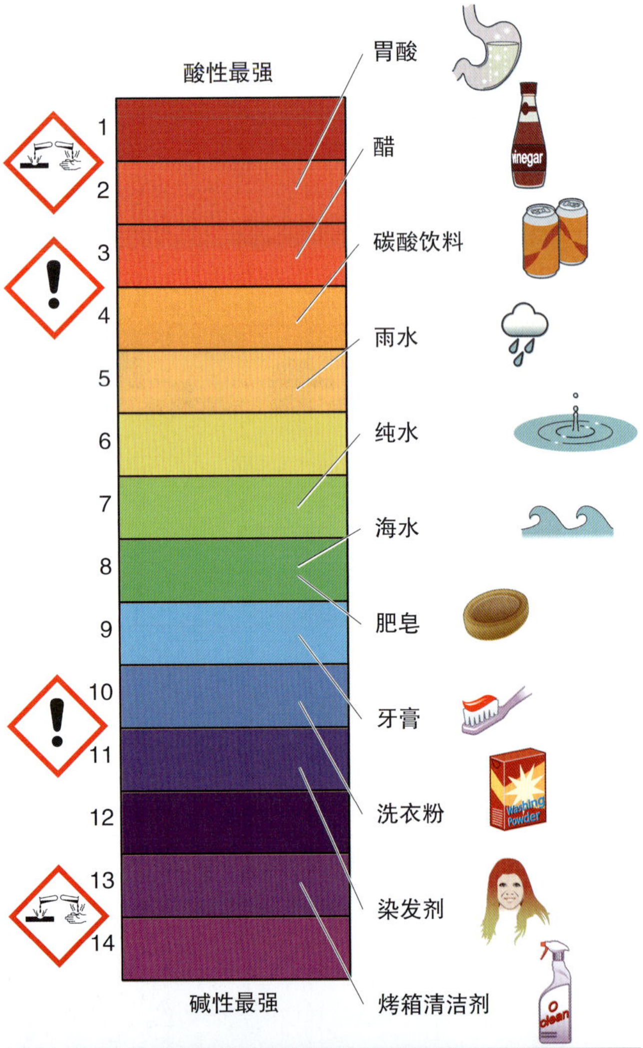

B | pH 值

我们可以用通用指示剂来测量 pH 值。通用指示剂是一种指示剂的集合体，它依照溶液的 pH 值，给出了一系列颜色。具体的颜色取决于混合物中的指示剂类型，但是大部分指示剂包括红、橙、黄、绿、蓝和紫色。图 A 所示的 pH 计能更精确测量 pH 值。不过，通用指示剂（试纸或溶液）通常能更快捷、简便地估算出 pH 值。

不只是啤酒酿造业，对许多工业来说，能够测量溶液的 pH 值都是非常重要的。在需要监测雨水和水质的环境中，pH 值的测量也非常重要。水的 pH 值需要定期测量以确保它在安全界限范围内。在会产生酸性废弃物的工厂周围，这项监测尤其重要。此类工厂排出的污染物可能导致**酸雨**，这会危害野生动物和航道。

D | 检测沼泽地里水的 pH 值

1 a | 使通用指示剂变成橙色的物质的 pH 值是多少？
b | 这种物质是酸还是碱？
c | 这种物质是强酸、强碱还是弱酸、弱碱？

2 完成表 C。

C

化学品名称	通用指示剂的颜色	酸性、碱性、中性	pH
盐酸		强酸	
			7
氢氧化钠	紫色		
二氧化碳溶液		弱酸	

许多护发产品是碱性的。比如持久性染发剂里通常含有氨，其 pH 值可以达到 11。这会伤害皮肤。氨有毒，并且气味难闻，因此生产商在努力研发不含氨的新型染发剂。然而，染发剂中仍然需要有碱，碱能帮助染料渗透进发丝。

E | 持久性染发剂里含有碱。

3 估计下列物质的 pH 值。

a | 胃酸　　b | 牙膏
c | 碳酸饮料　　d | 肥皂

4 观察图 B。描述物质 pH 值与其危害等级的关系，并给出尽量多的细节。

5 如果将一些洗衣粉加入海水中，海水的 pH 值会升高、降低还是不变？请说明原因。

6 从工厂附近的河里取的水样的 pH 值是 5。

a | 你认为，这能够说明河水存在污染问题吗？为什么？
b | 如果要得出这个结论，还需要什么证据？

7 使用持久性染发剂的好处和坏处各是什么？

我能……

- 说出一些常见的酸和碱；
- 说出什么是 pH 值以及它的用途；
- 说出如何测量 pH 值。

7Fc 写标题

如何从标题和说明文字中概括信息？

标题是非常重要的。人们经常通过标题来判断是否想读正文内容。

变色唇膏，为你提供完美色彩

追逐时尚的女孩现在有了令双唇变完美的新武器——绿色（是的，绿色！）唇膏。这支唇膏在使用时会改变颜色……变成粉色！但不只是某种特定的粉色。其中的“神奇”成分，一种叫作 Red27 的染色剂，会根据嘴唇温度和 pH 值的变化，呈现不同的粉色。所以，是不是不用再纠结怎么选择最合适的唇膏颜色了呢？我们邀请了两位勇敢的测试者来找出答案。

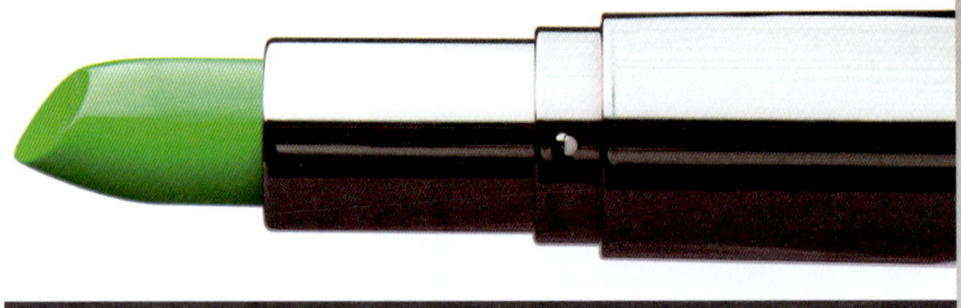

A | 因为情绪会影响嘴唇的 pH 值和温度，所以它能控制唇膏最终的颜色。

在两位测试者中，桑德拉令人印象更深刻。“这太不可思议了，我看着它不断变色，最后变成了一个非常适合我的颜色，”她说，“给嘴唇涂上唇膏后，你不用像使用普通唇膏时那样小心翼翼，因为它能维持数个小时。”

蒂娜不太适合这款唇膏。“桑德拉得到了一个非常适合她的粉色。但是很明显，我嘴唇的 pH 值不一样，我得到的是一个非常明亮的樱桃色，根本不适合我。”

好的标题应该：

- 包含关键词（能够被检索到，比如在互联网上）；
- 清楚地告诉读者报道是关于什么内容的；
- 简短（不需要是完整句）。

标题需要包含报道的关键词。这些词通常是名词（名词用来表示人、事物或者想法），因此关键词可以概括报道内容是关于什么事和什么人的。

名词通常会附加重要的扩展细节（例如“变色唇膏”“非常明亮的樱桃色”），共同构成名词短语。因此从标题或报道中找出关键名词短语是非常有帮助的，这些短语会对报道主题和涉及人物进行进一步说明。

1

a | 注意报道 A 的标题。哪一个词是说明文章主要内容的关键词？

b | 浏览文章，找出染色剂的名称。染色剂被叫作什么？

c | 浏览文章，找出测试者的名字。她们的名字是什么？

2

a | 看报道的题目。说明为什么要用“变色”来描述唇膏。

b | 在报道中，哪个名词短语指出了唇膏的目标客户？

c | 颜色根据什么而改变？找出告诉你这个答案的短语。

科学标题和说明文字

在科学领域，关键词通常是**变量**的名称、研究中使用的**方法**（如过滤）或者发现的内容。所有关键词都放标题中会使标题过长，因此需要缩短标题：

- 只包括最主要的关键词；
- 用短的、描述性的名词短语。

说明文字让你不需要阅读全文就能知道**图像**传达的信息。为了写说明文字，你可能需要认真思考能够描述图片内容的关键词。说明文字通常会将注意力吸引到图片的部分内容上。

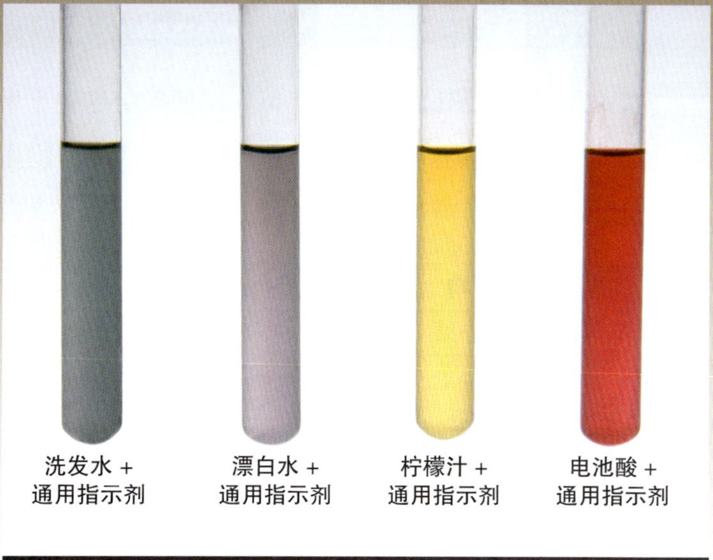

B | 试管里不同的溶液

图表标题

科学家也要为图形和表格写标题。实验中被测量的变量（**因变量**）被标注在纵轴，导致因变量变化的变量（**自变量**）被标注在横轴。整个曲线图或者图表的标题通常采用以下形式：[因变量名称] 随着 [自变量名称] 的变化。

3 下面的标题摘录于一份科学期刊。

顶级气象专家承认全球变暖的预测是错误的

a | 这篇报道关于谁？

b | 这篇报道是什么内容？

4 阅读第 94 页第一段，为它写一个标题。

5 a | 为什么图 B 的说明文字用处不大？

b | 你会用什么关键词来描述图 B ？

c | 用你的关键词为图 B 写一个更好的说明。

6 观察图表 C。为其写一个标题。

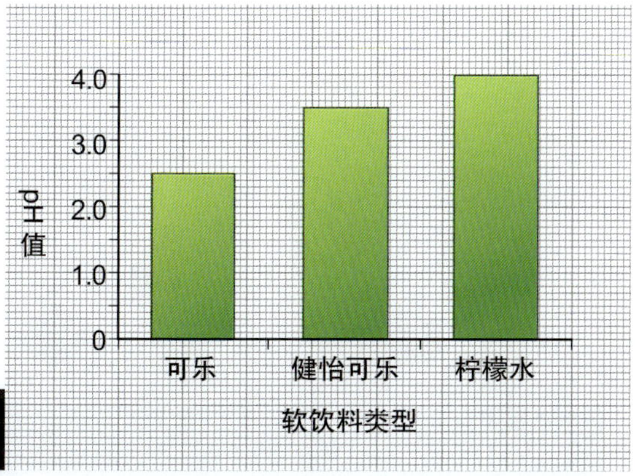

C

我能……

- 总结相关信息来写标题和说明文字；
- 找出关键词和名词短语。

7Fd 中和反应

当酸加入碱时会发生什么?

农民和园丁会测试土壤的 pH 值，以便确定这种土壤更适宜种植哪种植物。表 A 展示了一些适宜常见作物生长的 pH 值。

A

作物	最适合的 pH 范围
卷心菜	5.6—6.6
花椰菜	6.0—7.0
洋葱	6.2—6.8
韭菜	5.0—6.0
蘑菇	7.0—8.0
土豆	5.8—6.5

B | 测量土壤的 pH 值。

如果土壤酸性太强，那么农民会往地里加一种叫作石灰的碱。碱抵消酸，使土壤趋向中性，这就是**中和反应**，任何酸和碱混合都会发生中和反应。

C | 石灰被用来中和酸性土壤。

1 a | pH 值是多少，表明是酸性土壤?
b | pH 值是多少，表明是碱性土壤?

2 a | 哪种作物在中性土壤里长得好?
b | 种植哪种作物最不需要在土壤里加石灰?

如图 D 所示，中和反应可以在实验室进行。pH 值用通用指示剂来测量。将碱加入酸中时，如果添加溶液的过程足够细心，你可以发现获得中性溶液所需酸碱的精确数量。

在图 D 中，烧瓶 X 盛放着盐酸溶液。向其中加入氢氧化钠，溶液的 pH 值升高。一直加到 pH 值达到 7，在这个点时溶液是中性的。如果继续加碱，溶液将变成碱性。

D | 中和反应实验

3 a | 烧瓶 X 中，酸多还是碱多?
b | 为什么?

4 a | 烧瓶中的颜色告诉我们什么?
b | 氢氧化钠溶液的 pH 值大约是多少?

酸碱中和会生成新的物质，这是一个典型的**化学反应**。如果盐酸和氢氧化钠发生中和反应时不加入指示剂，那么反应得到的溶液将是清澈透明的。

如果该溶液蒸发，则它会留下一种白色固体，这就是氯化钠（食盐）。这个反应还生成了一种新物质——水。

这个化学反应可以写成：

盐酸 + 氢氧化钠 → 氯化钠 + 水

这叫作**文字表达式**。文字表达式被用来描述化学反应。写文字表达式的**惯例**（规则）是：

- 初始的物质，**反应物**，写在左边；
- 然后是一个箭头，指向新生成的物质；
- 新出现的物质，**生成物**，写在右边。

酸碱反应的通用文字表达式为：

酸 + 碱 → 盐 + 水

中和反应生成的新物质叫作**盐**。不同的酸和碱反应生成不同的盐。盐酸生成氯盐，硫酸生成硫酸盐，硝酸生成硝酸盐。氯化锂、硫酸钠和硝酸钾都是中和反应生成的盐。只有**氯化钠**被称为食盐。

E | 在中和反应中生成了氯化钠溶液。

5 a | pH 值多少是中性？
b | 如何判断中和反应中刚好加入了适量的碱？

6 从盐酸与氢氧化钠反应的文字表达式中找出下列物质。

a | 碱　b | 酸　c | 中性物质　d | 反应物　e | 生成物

7 完成下列文字表达式。

a | 氢氧化锂 + 盐酸 → ______ + ________
b | ________ + 硫酸 → 硫酸钠 + ________

8 哪种酸和哪种碱反应会生成硫酸铵？

9 说说怎样才能安全清除溢出的浓酸。

F | 硝酸铵化肥是用氢氧化氨和硝酸制成的盐。

我能……

- 说出中和反应过程中发生了什么；
- 写出中和反应的文字表达式；
- 解释中和反应过程中 pH 值的变化。

7Fe 日常生活中的中和反应

我们如何利用中和反应?

前文主要介绍了可溶性碱与酸在溶液中的反应，不过，**碱性物质**既有可溶的，也有**不可溶的**。凡是与酸反应生成盐和水的物质统称为碱。

酸 + 碱 → 盐 + 水

酸和碱都是常见的物质，许多中和反应就发生在自然界或者我们家中。了解这些反应是非常重要的，只有这样我们才可以正确利用这些反应。

胃中盐酸的 pH 值约是 1 或 2。如果产生过多的酸，可能导致消化不良或者胃灼热。治疗消化不良的药，例如氧化镁乳剂，被称为**抗酸药**。抗酸药中含有碱（例如氢氧化镁），能中和部分酸，帮助人体保持酸碱平衡。即：

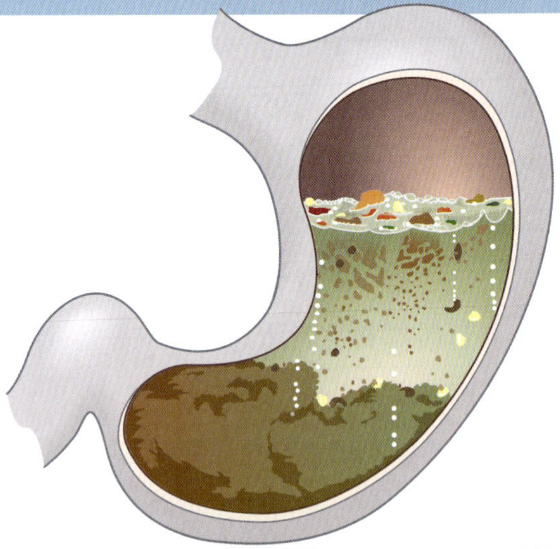

A | 胃酸帮助分解食物。

氢氧化镁 + 盐酸 → 氯化镁 + 水

治疗消化不良的药碱性不是很强（通常 pH 值约是 9），因此它们不会使胃酸减少过多。

人们吃的食物会在口腔里产生酸，从而导致龋齿。牙膏中通常含有碱，例如氢氧化镁或氢氧化钙，这些碱和口中的酸反应可降低口腔酸度。

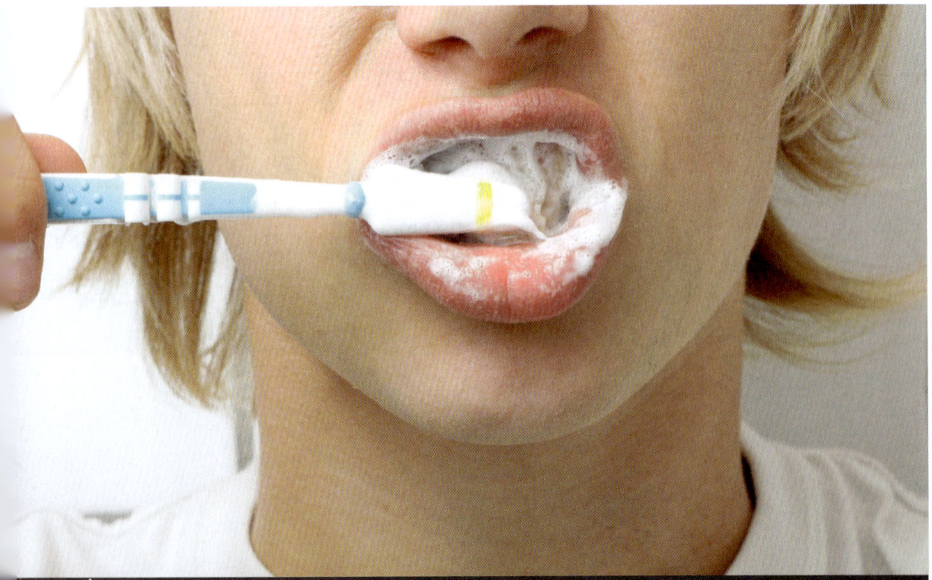

B | 牙膏能中和口腔中的酸。

1 a | 氧化镁乳剂是一种什么物质?
b | 它的 pH 值可能会是多少?

2 氢氧化镁和盐酸之间的反应被称作什么?

3 为什么不能用 pH 值为 13 的氢氧化钠去中和多余的胃酸?

4 为什么牙膏中可能含有氢氧化镁?

5 一些牙膏中含氢氧化铝，写出这种碱与盐酸反应的文字表达式。

传统的治疗蜜蜂或黄蜂蜇伤的方法也是利用了中和反应。蜜蜂的刺是酸性的，可以用弱碱来治疗，如小苏打。黄蜂的刺被认为是碱性的，可以用弱酸来治疗，如食醋。在这两个事件中，人们认为通过中和刺中的酸或碱可以缓解疼痛。现在我们知道，这些治疗方法用处并不大，因为在刺中有许多不同的有毒物质。

事实

蜜蜂的刺含有甲酸，被蜇一下就能让人感觉非常疼痛。据估计，被蜜蜂蜇 1100 次就会有致命危险。然而，刺中的酸并不是导致疼痛的真正原因，导致疼痛的是刺中 60 种危险物质的组合。

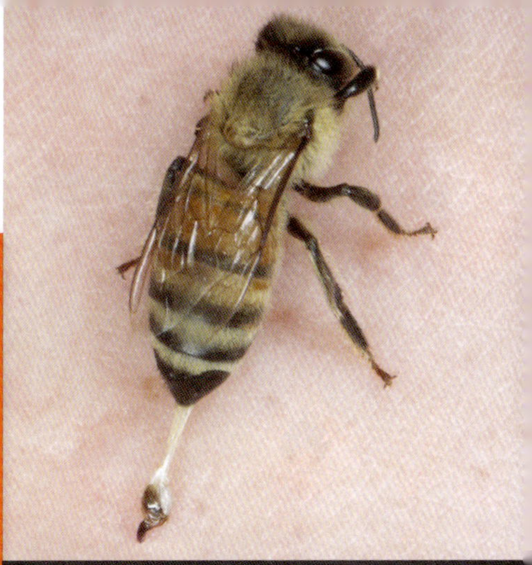

C | 有些蜜蜂的刺会留在被蜇的人的身体里，然后蜜蜂会死亡。

酸可以用来清洗**金属**。铁制品或钢制品会生锈，生成氧化铁。硫酸可以通过中和反应腐蚀铁锈，将其从物品表面去除。反应如下：

硫酸 + 氧化铁 → 硫酸铁 + 水

一些工业废气呈酸性，在废气被排入大气之前，会通过喷洒氢氧化钙对其进行中和。此举降低了产生有害**酸雨**的可能性。

D | 用酸清除铁锈。

E | 燃煤电厂排放硫酸废气。

6 解释下面两句话。
被黄蜂蜇用食醋涂擦。
被蜜蜂蜇用碳酸氢钠涂擦。

7 为什么图 D 中的人要戴手套？

8 写出氢氧化钙与电厂排出的酸性气体反应的文字表达式。

9 消食片可以降低胃的酸度。设计一个实验找出最有效的消食片，并写出实验步骤。

我能……

- 说出一些日常生活中酸和碱的例子；
- 说出并解释一些日常生活中的中和反应。

7Fe 家中的危险

家中的化学品有多危险？

在大多数家庭中，你会找到一系列不同用途的化学品。我们买这些特殊的化学品用于装饰、清洁、汽车保养和园艺等。通常我们用完一次之后，会把剩下的留存下来待下次使用。问题是许多化学品存在特定危险。我们需要了解这些化学品背后的科学知识，这样才能安全地使用和存放它们。

A | 旧版危险标志仍被广泛使用。菱形的新版国际通用标志将很快取代这些旧版标志。

B | 这是 8 岁的约瑟夫。他对化学品了解不多，但是他决定将其中几种混合在一起。突然，玻璃碗变得很烫，他扔掉了它。玻璃碗摔碎了，化学制品洒在了工作台上。很幸运这没有造成任何损害，大人安全清理了现场。

1. 描述图 A 中 i 到 iv 四种危险标志代表的危险。

2. 各说出一种下列种类的家用化学品。

   a | 酸　　b | 碱

   c | 易燃物　　d | 腐蚀物

3. a | 说说如何检测家用化学品的 pH 值。

   b | pH 值能告诉我们关于化学品的什么信息？

4. 约瑟夫混合的其中两种化学品在它们变热之前分别是氢氧化钠（下水道清洁剂）和硫酸（除锈剂）。

   a | 化学反应发生的标志是什么？

   b | 这两种化学品之间发生的是什么反应？

   c | 写出该反应的文字表达式。

5. 用本章学到的知识，为父母设计一份关于家用化学品危险性的安全信息单。

说出你的观点

一个委员会提议禁止所有 pH 值大于 10 的家用化学品。说说你对该提议的看法，列出该禁令的优点和缺点。

7Ga 垃圾分类

我们每年扔掉的东西都消耗了很多地球上的**资源**。在英国，平均每人每年制造 500 kg 生活垃圾。工业领域会制造 3 亿吨废弃物。大部分的垃圾最终会被送往垃圾填埋场。

现在，我们回收更多废弃物以节约资源和**能量**。然而，我们需要做的还有更多。

A | 墨西哥韦拉克鲁斯州一个垃圾填埋场的鸟瞰图

B | 这个标志告诉我们塑料的类型（聚丙烯）。像这样的标志可以帮助我们进行垃圾分类，进而方便回收利用。

像所有物质一样，不同状态的废弃物有不同的**性质**。**固体**废弃物最方便在垃圾填埋场处理，因为它们可以保持在固定的地方。**液体**废弃物比较难处理，因为它们会流动，容易泄漏。**气体**废弃物是最难处理的，因为它们会向所有方向扩散。

C | 垃圾分类使回收利用更方便。

1 a | 物质的三种状态是什么？

b | 根据物质状态，将下列物质分成三类。

二氧化碳，硬纸板，衣物，食用油，铜废料，食物残渣，玻璃瓶，热空气，甲烷，牛奶，油漆，汽油，塑料容器，废弃木材

2 一些可溶性固体在垃圾处理厂出现了问题，因为它们能溶解于雨水。

a | 解释上面句子中画线词语的意思。

b | 描述倾倒在垃圾填埋场的可溶性化肥是如何进入供水系统的。

3 你认为自己所生活的区域的垃圾量在将来会发生什么样的变化？为什么？

7Ga 比较

科学家如何有效地使用语言文字？

如果我们还像之前一样使用地球资源，那么有些资源可能会枯竭，有些会变得过于昂贵而无法使用。因此，必须解决自然资源逐渐减少、废弃物不断增加的问题。科学家的研究课题涉及废弃物处理与**回收利用**。然而为了做这些研究，科学家必须能够精确地使用语言文字，使其他人能够理解他研究课题中的问题并评估其方案的可行性。

A | 哪些物品可以被回收利用以节约资源？

测量、记录、报告和比较在任何科学研究中都是非常重要的方面。

想一下我们用来描述事物的形容词。有时，我们需要一系列的形容词来作比较。例如，图 B 中的丙烷气瓶，用到的形容词是大（large）、更大（larger）和最大（largest）。“larger”被称为比较级，用来比较两个事物。“largest”被称为最高级，用来比较两个以上的事物。在科学写作中，比较级和最高级用来对比和强调观点。

B | 某回收中心的丙烷气瓶

1 写出适合下列图片的形容词和它们的比较级、最高级。

C

读写与交流

一般在形容词词尾加后缀“er”和“est”或在形容词前面加“more”和“most”得到形容词的比较级和最高级。

2 观察表 D。

a | 哪些形容词的比较级和最高级是通过在词尾加后缀“er”和“est”得到的？你可以想出一些在科学领域也遵循这一原则的常用单词吗？

b | 哪些形容词的比较级和最高级是通过在词前加“more”和“most”构成的？你能想出几个在科学领域会用到的其他的这类单词吗？

3 表 D 中哪个形容词构成比较级和最高级的方式和其他形容词不一样？

表 D 给出了一些形容词及其比较级和最高级的例子，这些词在科学写作中经常用于度量和比较。

形容词	比较级	最高级
acidic	more acidic	most acidic
fast	faster	fastest
full	fuller	fullest
good	better	best
high	higher	highest
long	longer	longest
small	smaller	smallest
useful	more useful	most useful

D

阅读下方的杂志文章 E。其中用来作比较的形容词、比较级和最高级加了下划线。

It's in the can!

Aluminium, one of our most useful metals, is found in electrical cables, drinks cans, and aircraft bodies. Aluminium is valuable, as it is one of the lightest metals, and a better electrical conductor than iron. It is strong and durable. There are large deposits of aluminum ore, so limited resources are not a problem. However, it is an expensive metal to produce, as enormous quantities of electricity are required, and this is very costly. Fortunately it is fairly easy to recycle aluminium and this saves 95% of the overall costs.

We use 51 000 tonnes of aluminium cans each year in the UK. So if we could recycle a greater amount of them, we would not only save expensive energy, we would also reduce our use of ugly and wasteful landfill sites.

E | 回收利用铝有多大的作用？

4 写出下列形容词的比较级和最高级。

a | useful　b | thin　c | great　d | short

5 完成下面的表格。

形容词	比较级	最高级
useful	more useful	most useful

用杂志文章 E 中画线的词完成表格，再加两个相关的词。其中一个词已经填好了。

6 在苏格兰格林格斯的垃圾填埋场是英国最大的填埋场。再写出两个形容词的最高级，用来强调填埋场的面积。

我能……

- 分辨出句子中的形容词，形容词的比较级和形容词的最高级；
- 理解如何用形容词，形容词的比较级和形容词的最高级来度量和比较。

7Ga 固体、液体和气体

固体、液体和气体有什么不同?

回收利用或处理废弃物时，必须考虑材料的不同性质。**腐蚀性**、**易燃**和**有毒**的材料存在特定**危险**，因此必须谨慎处理。

废弃物可能以三种**物态**（固体、液体和气体）中的任意一种形式存在，并且不同物态的废弃物具有不同的性质。因此在回收利用和处置过程中，必须要区别处理。

A | 危险物质的警示标志

固体

总的来说，固体不**流动**或不改变形状。固体保持在固定的位置，除非它被推或拉。

由于大部分废弃物是固体，因此运往垃圾填埋场的废弃物大多可以保持在原地。固体废弃物，如**金属**、纸和塑料，是很方便用卡车运输的。

B | 废金属正被运去回收利用。

物体的**体积**是指物体占据空间的大小，它可以用**立方厘米**（cm^3）来度量。固体的体积变化很小，因此挤压固体时，固体也不容易被**压缩**（压成一个比较小的体积）。

> **1** 描述固体的性质。
>
> **2** 固体的什么性质使得固体废弃物可以成堆地堆在垃圾填埋场?

液体

液体能改变形状并具有流动性，所以液体呈现的是其容器的形状。然而液体的体积不会改变，也不容易被压缩。

由于液体能够流动，因此液体废弃物可以通过管道泵送。用图B那样的敞开式卡车运送液体是非常困难的。因为移动过程中，液体会晃动并且可能迸溅出车外。

C | 废弃的食用油被转化成生物柴油。

事实

来自餐馆的废弃食用油可以被转化为生物柴油。在英国，所有出售的柴油必须要包含至少5%的生物柴油。

气体

气体可以改变形状和体积。它们可以向各个方向扩散，并且很容易被压缩。图 D 中的气瓶在压力作用下可以被压缩进很多气体。在回收场，气瓶需要远离其他区域单独存放，因为气瓶中可能残留易燃气体，有可能引起爆炸或大火。

D | 气体能被压缩。

3	做一份表格，展示固体、液体和气体的不同。用下面的内容做行或列标题。 保持形状、保持体积、能够流动、能够被压缩
4	观察图 B 和图 C。为什么固体废弃物和液体废弃物需要采用不同的运输方式？

把大量废气直接排放到大气中会导致**环境**污染。燃烧**化石燃料**的工厂和电厂产生了大量的酸性气体。现在，所有生产制造都已采取措施减少有害气体的排放，**酸雨**的问题也基本得到了解决。

有时不容易根据物体的性质判断其状态。例如，沙子是固体，但因为它是由很小的颗粒组成的，所以其整体可以像液体一样流动。

E | 废气被排放到大气中。

5	一个长方体木块高 4 cm，宽 5 cm，长 10 cm。它的体积是多少？
6	在过去，英国产生的酸性气体影响到了挪威湖里的生物。解释为什么一个国家产生的气体会影响到另外一个国家。
7	如图 F 所示，海绵可以被压缩，为什么它还被归类为固体？

F

我能……

- 说出物质的三种状态并分别举例；
- 基于其性质，描述三种物态分别像什么；
- 分辨出比较难分类的固体、液体或气体。

7Gb 假设和理论

科学家如何思考和工作？

许多人注意到，在家庭垃圾回收中心，不同的物品被放置在不同的区域，因为它们的性质各不相同。然而，科学家会问，为什么特定的物品有特定的性质。

A | 如何解释液体是怎样改变形状的？

> **1** 观察图 A 中的液体，写出两种你看到的现象。

科学家通常用**科学方法**解答他们的问题（见第 24—25 页）。这可能涉及科学家关于某事如何发生以及为什么发生的想法，这个想法被称为**假设**。该假设会被用来对实验结果做出**预测**。有时，科学家也可能利用已经存在的假设或**理论**去做预测。图 B 展示了科学家运用假设和预测的一个例子。做假设的时候，常使用短语“取决于”；做预测的时候，常使用连接词“如果……那么……”。

B | 科学方法

实验结束后，对**结果**进行分析。**数据**如果与预测相符，就是假设成立的**证据**。我们会说数据支持假设。

理论

如果很多次实验的数据都支持某假设，则该假设变成理论。理论是指有很多证据支撑的一个或者一组假设。

然而，当收集的数据更多时，理论不一定会被强化。在此过程中，可能会发现一些不支持该理论的证据，这时，理论就需要修改甚至会被推翻。

2 观察图 C。

a | 这个人想要解释的实验现象是什么？

b | 她用来解释该实验现象的假设是什么？

c | 她的观点能够很好地解释该实验现象吗？

C

实验现象：如果把冰加热，冰会消失，水流出来。

想法：冰是由装着水的小盒子构成的。加热使盒子破碎，所以水流了出来。

一个好的理论是被验证过的，可以用来做预测和解释**观察**到的现象。一个理论可能结合了许多科学家的工作成果，可能包含很多假设。

3 假设和理论有什么不同？

4 画一幅流程图概括科学方法的各个阶段。

对固体、液体和气体不同性质的实验现象的解释是最重要的科学理论之一。关于物质状态的现代理论包含许多来源于实验现象的假设，如图 D—G 所示。

5 从图 D 能观察到什么？

6 写出一个关于图 E 中实验现象的科学问题。

7 为图 F 和图 G 分别写出一种实验现象和一个科学问题。

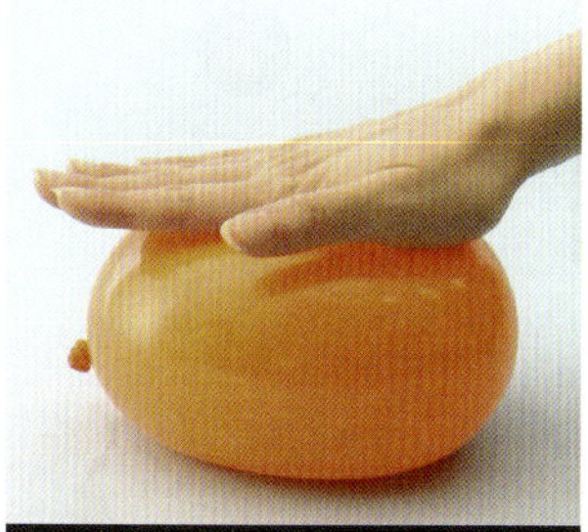

D | 气体非常容易受到压力的影响。

E | 稀释橙汁饮料时，其颜色和味道都变淡了。

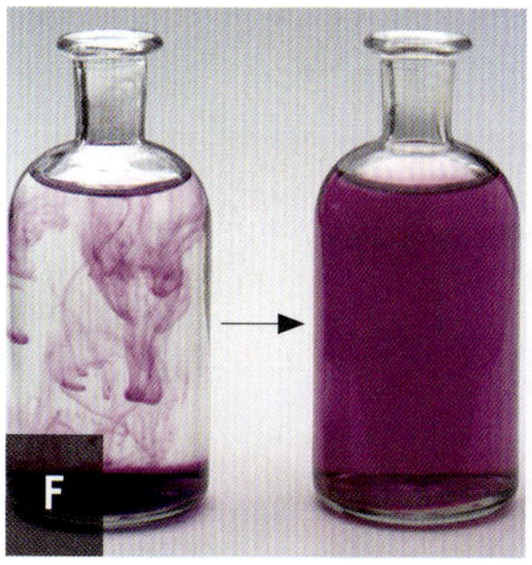

F

G

我能……

- 区分科学问题、假设和预测；
- 描述如何运用证据和实验现象将假设发展成理论；
- 解释如何用证据来支持（或不支持）某种理论。

7Gb 粒子

什么是物质的粒子理论?

科学家提出了一种理论来解释固体、液体和气体的不同性质。该理论是从多年的科学研究中提炼和总结出来并被科学研究所证明的。它被称为物质的**粒子理论**或**粒子模型**。

粒子理论表明：

- 所有物质都由微小的**粒子**构成；
- 粒子在时刻不停地运动；
- 粒子之间有互相吸引的**力**，将粒子束缚在一起；
- 在不同的物质状态下，力的强度不同。

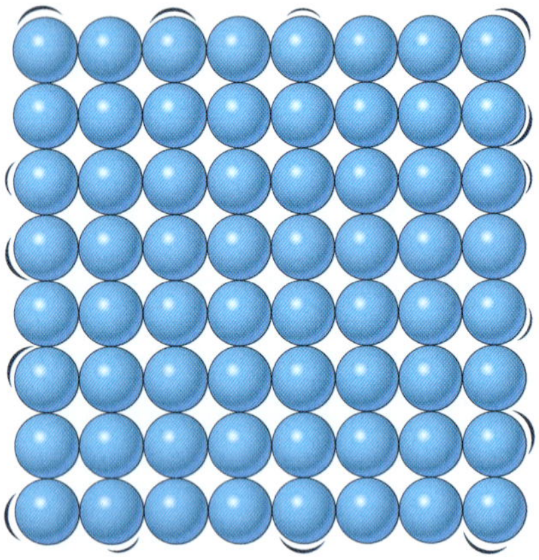

A | 固体

在固体中，粒子被强引力束缚在一起，排列紧密。粒子不能移动交换位置，但是可以前后**振动**（摇晃）。

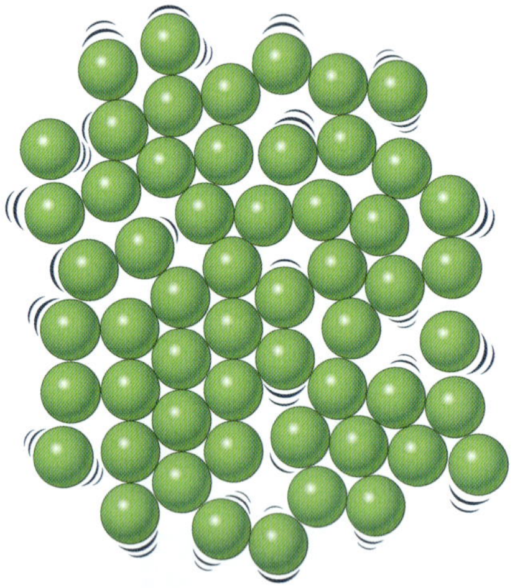

B | 液体

在液体中，粒子被相对强的引力束缚在一起，排列比较紧密。然而，液体中的粒子可以滑动。

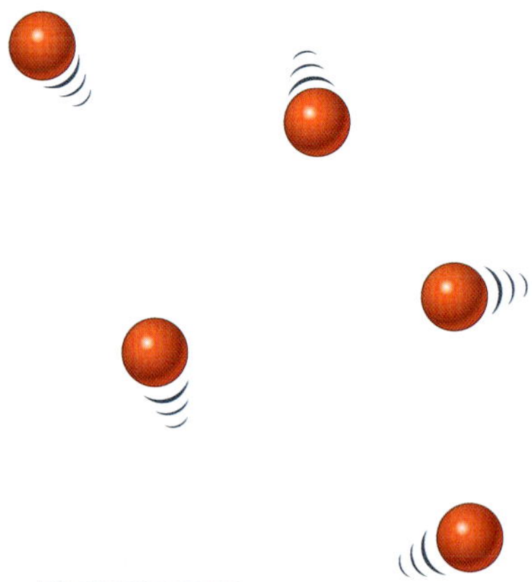

C | 气体

气体中的粒子彼此相距较远。粒子间的引力较弱，所以气体粒子可以向任意方向自由移动。

1 物质由什么构成?

2 什么决定了某种物质是固体、液体还是气体?

3 固体有固定的体积和形状。你如何用体积和形状来描述液体和气体?

事实

室温条件下，空气中的粒子向各个方向移动的速度大约是 500 m/s，比喷气式飞机还要快。

理论应用

固体有固定的形状，是因为粒子被强引力束缚在一起，排列紧密。除非施加外力，否则粒子的位置不变，固体的形状也保持不变。粒子的排列非常紧密，因此固体不能被**压缩**（把体积压小）。

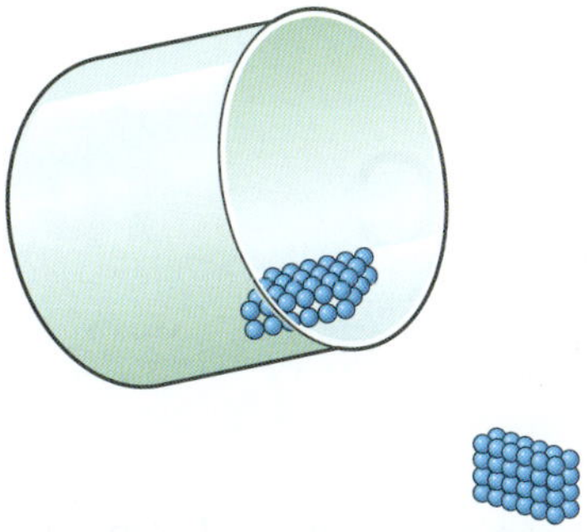

D | 固体有固定的形状。

4 大部分固体（如塑料）在加热时可以改变形状。你觉得加热是如何影响粒子的？

液体能够改变形状，因为尽管粒子被束缚在一起，但是它们可以移动。这使液体可以流动，所以液体呈现的是容器的形状。然而，因为粒子排列紧密，所以液体不能被压缩。

E | 液体能流动成不同的形状。

5 用粒子理论解释以下内容。

a | 为什么气体可以扩散充满整个容器？

b | 固体和液体的性质各是什么？

气体没有固定的形状和体积，因为它们的粒子可以向各个方向自由移动。这使气体可以扩散并充满容器的所有空间。

然而，气体很容易被压缩。它们的粒子开始时相距较远，所以能够被压缩得更紧密，从而减小总体积。

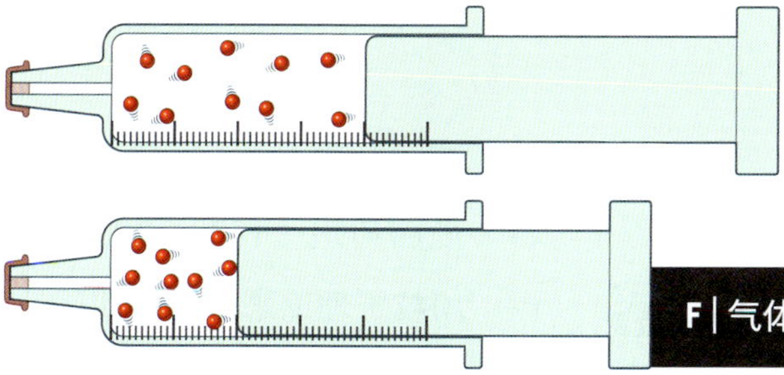

F | 气体能被压缩。

G | 固态垃圾和液态垃圾表现不同。

腐烂的垃圾可能包括三种状态的物质，因为经过一段时间后，固体可以分解形成不同的固体、液体和气体，其中固体废弃物留在原地，液体缓慢地流走，气体散逸到空气中，因此在很远的地方就能闻到气味。

6 描述固体、液体和气体中的粒子分别是如何运动的。

7 用粒子理论解释，垃圾被扔到填埋场后，液体是如何渗出垃圾的。

我能……

- 认识到所有物质均由粒子构成；
- 描述、绘制和识别固体、液体和气体中粒子的排布；
- 用粒子理论解释三种物质状态的性质。

7Gc 布朗运动

什么证据让所有科学家都接受了粒子理论？

科学理论是一直变化的。科学家通过新的实验和实验现象改进他们的想法和论述。有时，科学家甚至用过去的实验结果来进一步发展他们的想法。

1827 年，苏格兰科学家罗伯特·布朗（1773—1858）用显微镜研究水中的花粉颗粒时，发现花粉颗粒在各个方向无规则移动。他与其他科学家讨论了他的实验发现，但他们对这种运动做不出合理的解释，这种运动后来被称为**布朗运动**。

现在，人们在许多情况下都观察到了布朗运动。例如，空气中的烟尘、非水液体中的细粉尘等。

如果我们观察一个单独的花粉或烟尘颗粒，会发现它在不同方向上急促地运动。图 C 展示了单个颗粒在短时间内典型的布朗运动**轨迹**。

A | 马克·费尔和乔纳森·豪斯将“布朗运动”编成音乐。

事实

图 A 中，化学工程师和艺术家合作，将布朗运动的无规则运动编成舞曲。

1. 描述布朗运动。
2. 罗伯特·布朗为什么要同其他科学家讨论他的实验发现？

用粒子理论解释

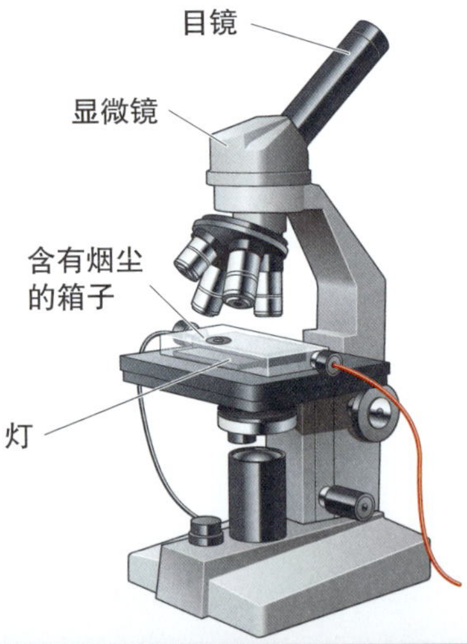

B | 利用烟尘颗粒来观察空气中的布朗运动。

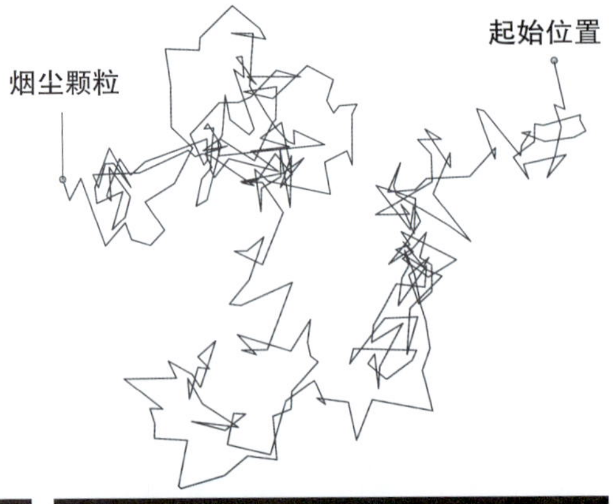

C | 绘制的烟尘颗粒轨迹可以展示布朗运动。

后来的科学家，包括阿尔伯特·爱因斯坦（1879—1955）在内，用粒子理论来解释布朗运动。这增加了很多支持粒子理论的证据，在此之前，还有很多科学家不接受这一理论。

根据粒子理论，空气中包含许多微小粒子，它们向各个方向移动。空气粒子撞击烟粒。如果许多空气粒子撞击某个烟粒的同一侧，就会将该烟粒推向相应的方向。

然而，空气粒子的运动是随机的，因此烟粒被推动的方向也一直在改变。于是我们看到的布朗运动是无规则运动。

水中的花粉颗粒也是一样。移动的水分子撞击花粉颗粒。爱因斯坦提出一种假设来解释这一现象。他用他的假设做了一个预测，预测花粉颗粒能被水**分子**撞击出多远。这一预测被 J. B. 皮兰（1870—1942）验证。他的实验数据与爱因斯坦的预测吻合，这为粒子理论提供了进一步的支持性证据。

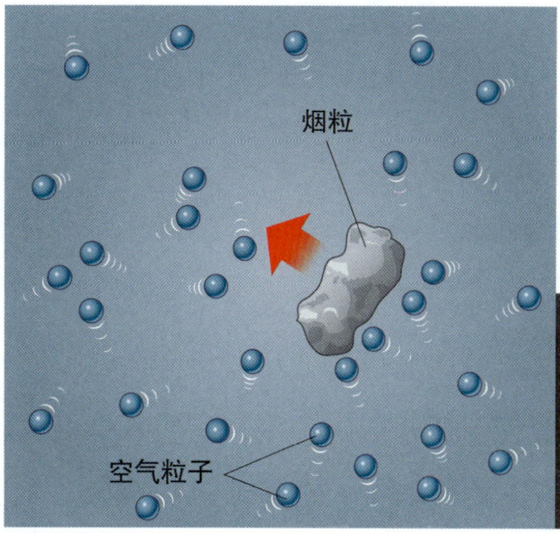

D | 移动的空气粒子持续撞击烟粒，导致其改变方向。

纳米级

尽管许多花粉颗粒和烟尘非常微小，以至于不用显微镜根本看不到，但是它们仍要比空气或水中的粒子大 100 000 倍。在处理后者这么小的粒子时，我们用纳米作为测量单位。1 纳米（nm）等于 0.000 000 001 米（m）。

事实

一个 10 cm^3 的瓶子可以容纳大约 335 000 000 000 000 000 000 000 个水粒子。

3 写一封信给罗伯特·布朗解释布朗运动。（记住，他还不了解粒子理论的知识，所以你需要详细解释）

4 布朗运动提供的证据如何影响另一种科学理论？

5 解释为什么移动的空气粒子不能像推动烟粒一样推动我们。

6 1 m 等于多少 nm？

7 图 D 是一个可以用来解释布朗运动的模型，你认为这种解释怎么样？

a | 好　b | 不好

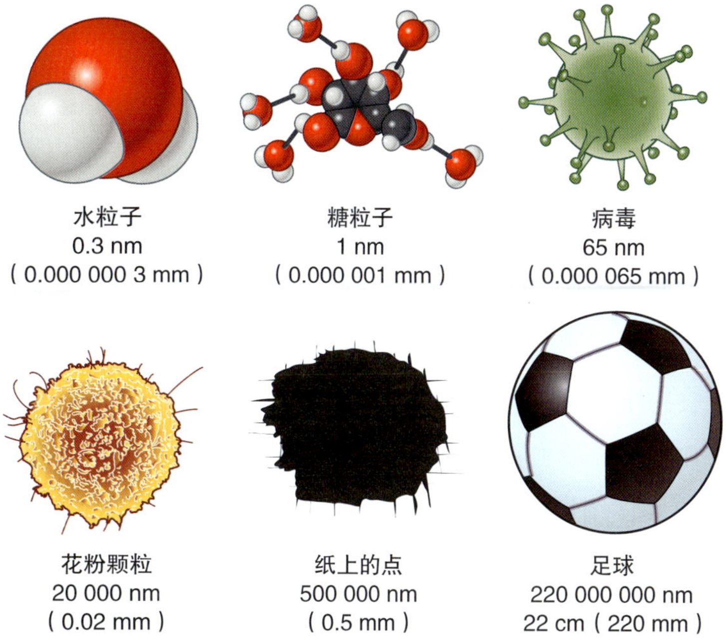

E | 用“纳米”来度量直径。

我能……

- 解释布朗运动是如何支持粒子理论的；
- 解释科学理论如何发展；
- 在纳米和米之间进行转换。

7Gd 扩散

为什么有的东西会扩散？

在英国，大部分的家庭垃圾最终会被运到垃圾填埋场。这些填埋场运营费用昂贵并占用了宝贵的土地。它们通常影响美观，有时还有臭味。即使你看不到垃圾堆，也能通过气味知道垃圾填埋场就在那儿。

垃圾腐烂时，会自然地释放气体（包括有臭味的气体）。即使没有风，这些气体也会散发到空气中。发生这一现象是因为臭味气体的粒子一直在运动。它们向各个方向运动，与空气粒子混合在一起。它们不断传播，最后抵达你的鼻子——这时你就知道了它们的存在。

当一种物质的粒子散播开来与另一种物质的粒子混合，我们称这种现象为**扩散**。当有臭味的物质的粒子进入你的鼻子，你就闻到了这种物质。只有当臭味粒子一直移动，且向各个方向传播时，这才能发生。

扩散也是人体中的一个重要过程。扩散让食物中人体必需的物质的粒子穿过**小肠**壁进入血液，然后血液携带它们到达身体各处，扩散进入体**细胞**。人体产生的废弃物也通过扩散排出。

1 a | 什么是扩散？
b | 举一个日常生活中扩散的例子。

2 在你能闻到远处垃圾的味道时，垃圾中臭味物质的粒子发生了什么？

A | 有些市政部门会对垃圾填埋场进行喷淋来降低气味。

事实

B | 禁止携带榴莲标志

在亚洲，榴莲因其奇妙的味道，被誉为“水果之王”。但在大部分公共场合，榴莲都因其难以令人接受的味道而被禁止携带。人们形容它的气味是臭鸡蛋、洋葱和运动袜气味的混合。

图 C 展示了发生在实验室的扩散。褐色气体和无色气体混合在一起，直到两个气瓶中的气体看起来一样。这幅图也展示了可以如何用粒子理论解释扩散过程中发生的现象。

3 解释气体扩散是如何发生的。

4 模型对科学家有什么用？

5 如何测算气体扩散的速度？

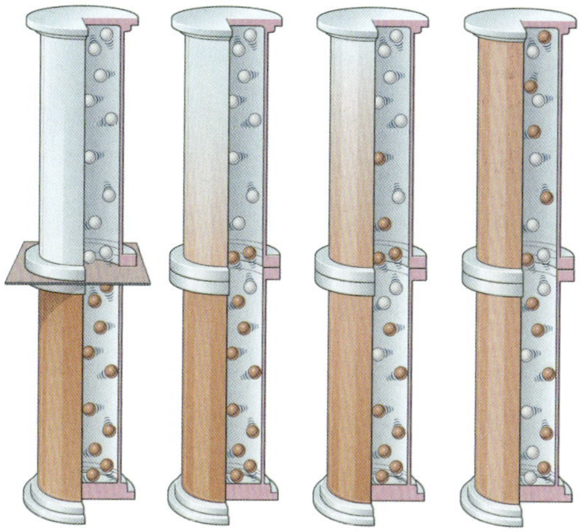

C | 我们可以用粒子理论模拟气体扩散。

D | 液体污染可以通过扩散在静水中传播。

粒子理论表明，液体中的粒子排列更紧密，且不能像气体中的粒子那样自由移动。由于扩散是一些粒子移动到其他粒子之间引起的，根据这一假设，可以预测液体的扩散比气体慢。科学家已经证明了这一预测，这更有力地支持了粒子理论。

E | 食用色素扩散进饼干的糖霜。

6 用粒子理论解释图 D 中油轮泄漏的液体将如何扩散。

7 a | 图 E 中什么状态的物质在扩散？
b | 固体的扩散比液体的快还是慢？请解释。

8 请解释扩散现象如何支持粒子理论。

我能……

- 陈述扩散的含义，并记住它的作用；
- 用粒子理论解释液体和气体的扩散；
- 用粒子理论解释为什么某些材料中的扩散比其他材料的快。

7Ge 气压

什么是气压？

我们被空气包围，空气粒子时刻都在撞击我们。**气压**就是这些粒子撞击物体表面时，其单位面积上所受的压力。通常我们感觉不到大气压强，但是它一直存在，有时我们能观察到它的作用效果。

例如，汽车轮胎中比较高的气压向外推，使轮胎保持充气状态。气压也能影响天气。高气压通常意味着干燥稳定的天气，而低气压通常意味着多云和不稳定的天气。

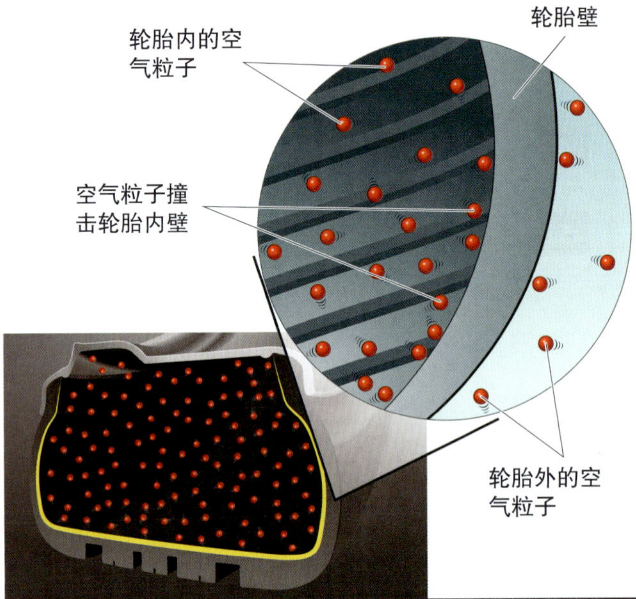

A | 因为轮胎内被泵入了更多空气，所以轮胎内的气压比轮胎外的气压高。

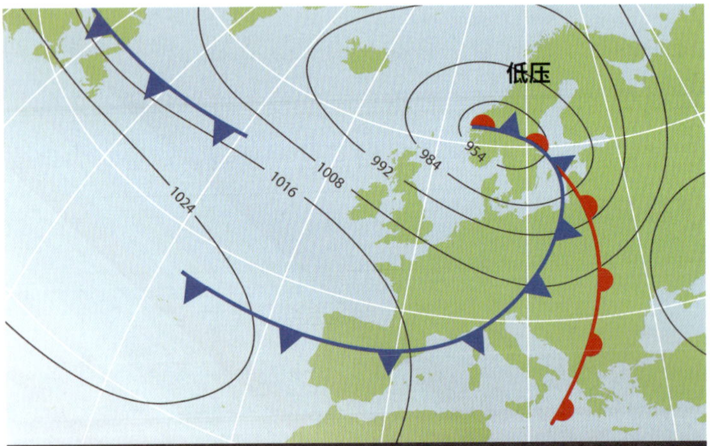

B | 气压测量被用来预报天气。

1 空气如何产生压强？

2 给轮胎打气时，为什么轮胎内气压增加？

图 C 中的真空泵能用来抽出金属罐中的空气。**真空**就是不含任何东西，甚至不含空气。空气被抽走后，金属罐被一直撞击外壁的空气粒子压瘪。

外界的气压是一直存在的，但在使用真空泵之前，罐内也充满空气，内部的气压和外部的气压达到平衡。随着内部空气的排出，外部的气压足够压瘪罐子。这是粒子理论解释日常现象的又一个例子。

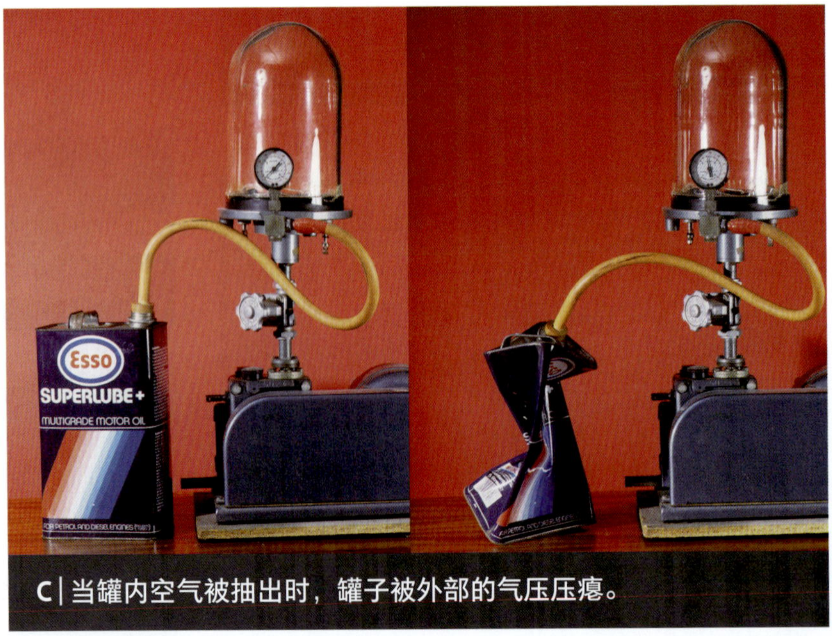

C | 当罐内空气被抽出时，罐子被外部的气压压瘪。

事实

一瓶 1 L 容量的碳酸饮料中含有接近 3 L 的压缩二氧化碳气体。该气压有时会导致瓶子发生爆炸。

D | 气压在发挥作用。

3 用粒子理论解释下列情况。

a | 为什么打气时轮胎鼓胀？

b | 为什么放气时轮胎变瘪？

c | 为什么图 C 中的罐被压瘪？

4 用自己的话解释气压如何帮助你用吸管喝东西。

用气压和粒子理论可以解释很多常见现象。人们能用吸管吸食液体是因为有气压。当你吸的时候，吸管内的气压减小，这时吸管外作用在液体上的气压比吸管内的气压大，液体被压进吸管。

不只是空气有压强。所有的气体都会在周围的物体表面产生压强。垃圾填埋场中腐烂的垃圾产生**易燃**气体甲烷。这会在许多方面产生危险。由于气体粒子向各个方向运动，甲烷可能会流过整个填埋场，然后聚集在某处。火花可能导致气体爆炸，另外，气体的累积也可能导致它上面的土地炸开或爆裂。因此排除填埋场的甲烷是非常重要的。

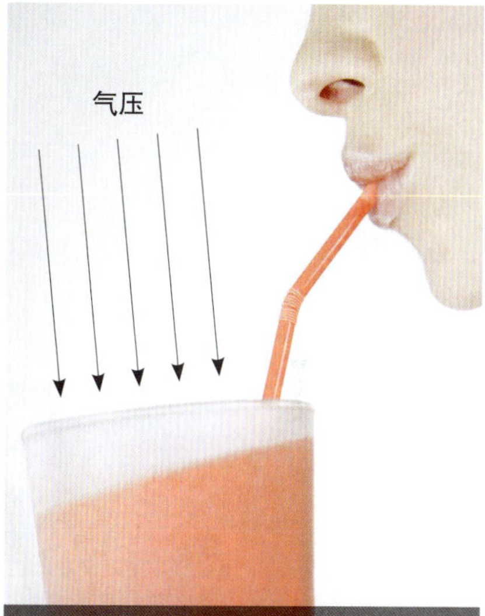

E | 气压帮助你用吸管喝饮料。

5 解释甲烷如何使垃圾填埋场的地面爆裂。

6 在特定条件下，除臭罐会爆炸。

a | 罐内的粒子如何引发爆炸？

b | 为什么满罐的比半罐的爆炸的风险大？

7 利用图 G 和粒子理论解释"吸盘"如何吸附在光滑的表面。

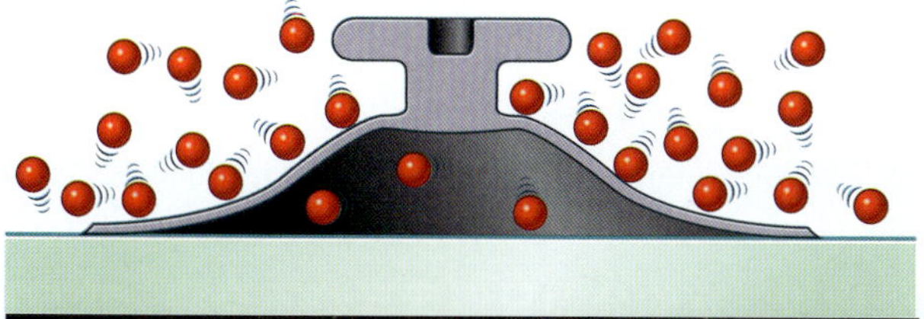

G | 当吸盘被压到物体表面时，下面的部分气体被挤出。

F | 垃圾填埋场在排放和燃烧甲烷。

我能……

- 说出气压的含义以及作用；
- 用粒子理论解释气压形成的原因。

7Ge 废弃物

我们可以用很多方法处理废弃物，但是每种方法都存在各自的问题。回收利用对环境比较友好，但是花费比较高。垃圾填埋场有利于清除大宗垃圾，但是填埋场通常影响美观且占用大量空间，并可能导致污染。

也有其他处理垃圾的方法。垃圾焚烧是在高温下烧垃圾，其释放的能量可以用在其他地方，比如发**电**。然而这也很昂贵，另外焚烧产生的气体必须加以控制，否则会引发其他问题。

A | 垃圾焚烧释放废气。

B | 玻璃可以被反复回收利用。

废弃的植物材料可以用来制成堆肥（腐烂后）。这可以大规模地进行，并且制成的肥料可以用来改善土壤，减少化肥使用。然而，制造堆肥也会产生问题。腐烂的植物材料会产生热和甲烷气体，这可能导致火灾。

C | 用水管浇肥料堆来灭火。

1 a | 垃圾焚烧主要的优点是什么？
b | 用粒子理论解释，为什么垃圾焚烧产生的气体会导致问题。

2 观察图 B。从粒子的角度解释，回收的玻璃如何成形。

3 当你通过显微镜观察火中的烟灰粒子时，为什么粒子一直在“跳舞”？

4 用问题“什么使固体、液体和气体不同？”解释通过假设、预测和实验如何得出一个科学理论。

说出你的观点

只有住户可以免费使用回收中心，公司需要缴纳垃圾处理税。有的公司只倒废弃物不交税，这被称为非法弃置废物。这种行为最高可被处以 50 000 英镑的罚款或者判处 5 年监禁。你认为这合理吗？

7Ha 我们的物质世界

地球和它的大气层包含着不同**性质**的物质的**混合物**。随着时间的推移，人们学会了用这些物质制造物品来提高生活质量。然而，有时我们滥用了这些物质。

有些物质可以直接取来使用，也可以重新塑型制成有用的物品。石头可以用作建造房屋的构件，木材可以用来制作家具。

有时，我们需要通过**物理变化**分离出混合物中的有用物质。例如，我们可以通过**蒸发**从海水中获取盐。有时我们通过物理变化将材料制成更有用的形状，例如将**金属**熔化，浇铸成不同的形状。物理变化不生成新的物质，并且把它们变回原样也很容易。

A | 我们的物质世界

B | 黏土可以被制成罐子。

C | 将金子熔化做成首饰。

化学反应生成具有不同性质和不同用途的新物质。例如，**碱**可以和脂肪反应制成肥皂。化学反应通常会生成一种或多种新物质，并且把它们恢复原样很难。

D | 几千年来，化学反应一直被用于从岩石中提炼金属。

1 所有化学反应中都会发生的现象是什么？

2 下列变化是物理变化还是化学变化？

a | 将水烧开变成蒸汽
b | 将沙子和水混合
c | 煎鸡蛋
d | 铁栏杆在雨水中生锈
e | 冬天水结冰

3 解释为什么液态金能流动而固态金不能。

4 说说如何从海水中得到盐。

7Ha 资源数据分类

如何记录和展示科学数据？

科学家通过进行科学研究和收集**数据**来回答问题。数据可以是**定性**（用文字表达）的，也可以是**定量**（用数字表达）的。定量的数据可能是**离散**（有限的数量选择）的，也可能是**连续**（区间内所有数）的。

为了使数据有意义，要对数据进行记录、整理和展示。展示的方式取决于**变量**的类型以及要展示的内容。常用的展示方式见表格 B。

A | 数据的不同类型

B

展示方式	用途
表格	表达精确值 / 做清单 / 显示最佳和最差 / 将数据分组
柱状图	比较定性或离散的变量 / 比较分组的连续数据
饼状图	表示不同的项目在总体中所占的比例
曲线图	表示一个变量随另一个相关变量（如时间）的变化
散点图	寻找两个定量变量间的关系（联系）

空气中含有多种**气体**的混合物，这些气体有不同的用途。图 C 用不同的方式呈现了这些数据。柱状图和饼状图比表格更直观，对各类气体所占比例给出了直观印象。然而，表格给出了气体组分的精确比例，在数据差别较大时，这种表达方式更好用。例如，表格中囊括了饼状图和柱状图没有显示的部分气体数据。

空气中的气体	百分比（%）
氮气	78.08
氧气	20.95
氩气	0.93
二氧化碳	0.039
氖气	0.002
氦气	0.0005

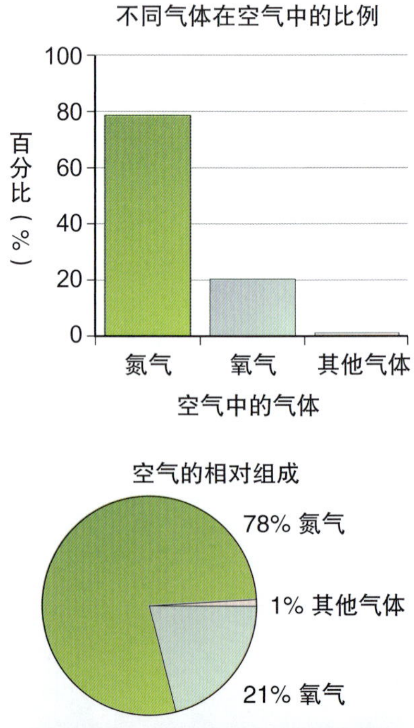

C | 关于空气信息的展示

1 解释为什么空气中二氧化碳的含量在饼状图和柱状图中不容易显示。

2 表 D 显示了按照我们当前的使用速度，某些金属资源的剩余使用年限。

a | 如何整理表格中的数据？

b | 根据表格中的数据，画柱状图。

c | 解释为什么不用曲线图表示表格中的数据。

d | 用数据解释，为什么需要回收利用更多金属。

D

金属	剩余年限
镍	90
铜	61
银	29
锌	46

科学地工作

研究空气

蜡烛燃烧要消耗空气中的**氧气**。当氧气用完时，蜡烛熄灭。这里给出了蜡烛在不同**体积**的空气（不同大小的烧杯）中燃烧的实验方法，实验装置如图 E 所示。该实验研究空气体积对蜡烛燃烧时间的影响。

方法

A | 在隔热垫上放一盏茶灯或者一根蜡烛。

B | 点燃蜡烛，然后立即小心地用烧杯罩住蜡烛。

C | 记录蜡烛燃烧的时间。

D | 记录烧杯体积。

E | 换不同体积的烧杯，重复步骤 A 到 D。

3 蜡烛燃烧实验是在探寻两个变量间的关系。

a | 这些变量是定量的还是定性的？

b | 哪种展示结果的方式最合适？为什么？

E | 蜡烛燃烧实验

结果

为了分析实验结果，先将实验结果记录在表格中，然后转化成散点图。

烧杯中空气的体积（cm^3）	蜡烛燃烧的时间（s）
100	5.1
200	7.5
400	13.0
600	17.9

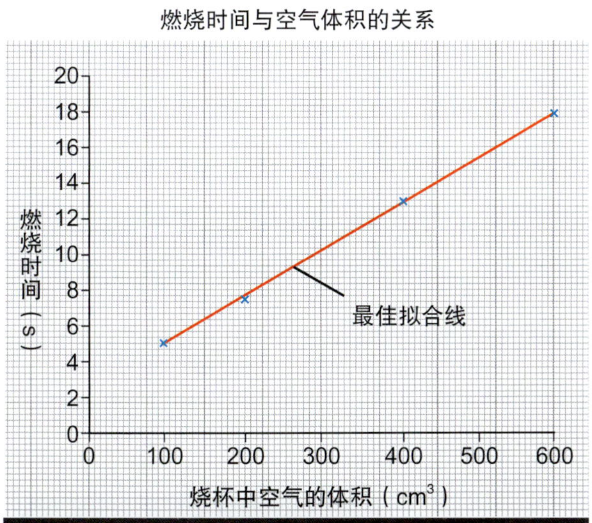

F | 实验结果的表格和散点图

结论

散点图上的点遵循同一模式，因此它们之间存在一种**关系**。这种关系可以用**最佳拟合线**来清楚展示（图 F）。

4 空气体积和蜡烛燃烧时间之间是什么关系？

5 说说如何画出最佳拟合线。

6 如何改进实验，让实验结果更明确？

我能……

- 绘制、使用和解释表格、柱状图、饼状图和散点图；
- 为不同类型的数据选择最合适的展示方法。

7Ha 我们呼吸的空气

空气中是什么类型的粒子？

像所有物质一样，空气也由微小**粒子**构成。

然而，我们呼吸的空气不是**纯净的**。它包含了多种气体的混合物，包括氮气、氧气、氩气和**二氧化碳**。这些不同的物质分别有不同的性质，因为它们由不同的粒子构成。

构成物质的最小粒子被称为**原子**。我们可以把原子想象成一个微小的球。氩气由如图 B 所示的原子构成。

在许多物质中，原子被聚集在一起构成**分子**。氧气和氮气是由两个原子结合构成的分子。一种物质的所有分子都是由相同种类和数量的原子构成的。

所有的物质都由原子构成。如果物质由一种原子构成，如氩气、氧气和氮气，那么这种物质被称为**单质**。原子是所有物质的基本构成单位，同一类原子统称为一种**元素**。自然界只有约 90 种不同类型的原子，因此自然界也只存在约 90 种元素。它们都被排列在一个表格中，叫作**元素周期表**（见第 206 页）。

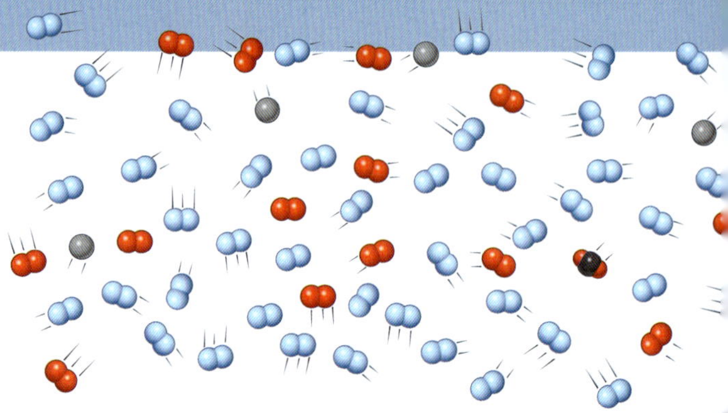

A | 空气是各种粒子的混合物。

1 描述气体中粒子的排布。

2 a | 利用第 120 页的信息，说出图 A 中每种气体所占的比例。

b | 为什么在科学中，“纯空气”这种表述是错误的？

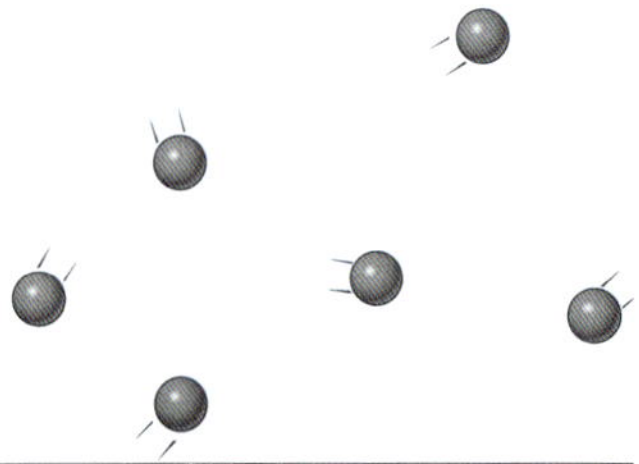

B | 氩原子

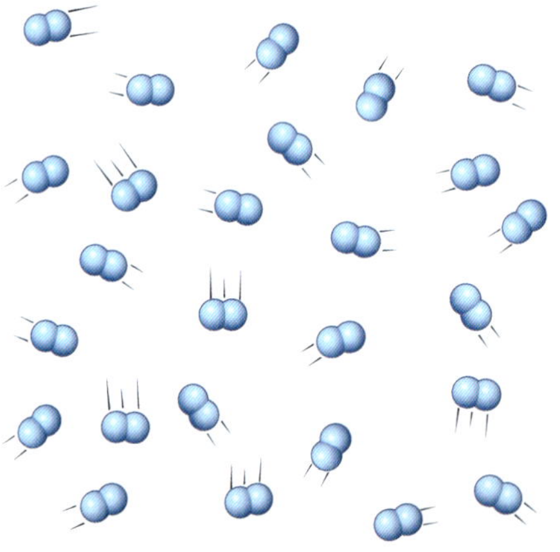

C | 氮气分子

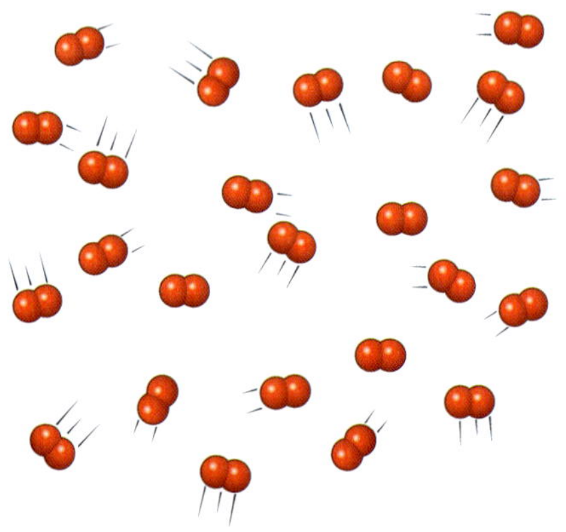

D | 氧气分子

“元”是基本的意思，这也意味着元素是简单的物质，一般化学反应不能使之分解成更简单的物质。然而，大部分物质包含两种或两种以上原子，因此它们能够在化学反应中被分解。如果不同种类的原子结合形成一种物质，那么这种物质被称为**化合物**。空气中的四种重要气体中，只有二氧化碳是化合物，它的分子由两种原子（碳和氧）构成。

E | 二氧化碳化合物的分子

要形成化合物，不同元素的原子必须结合在一起。如果它们没有结合，那么就只是不同单质的混合物。图 F 展示了不同单质的混合物（左图）与化合物（右图）的区别。

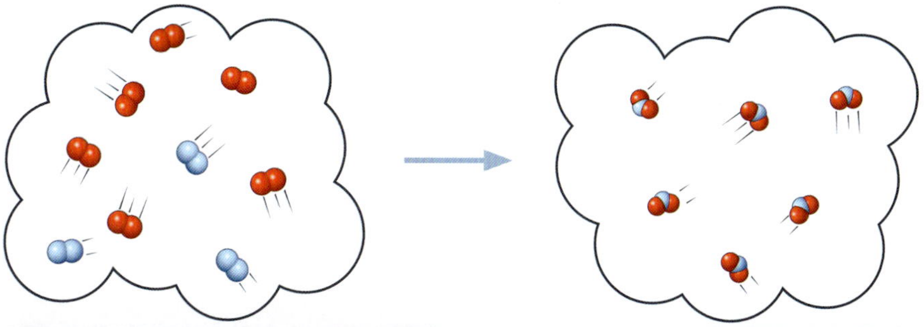

F | 氮和氧可以形成一种叫作二氧化氮的化合物。

3　利用第 206 页的元素周期表找出下列物质中的单质。

锌、塑料、海水、氯、金、铅、木头、镁、花岗岩、碘

4　说出下列物质的区别。

a | 单质和化合物

b | 原子和分子

5　图 A 中，有多少种不同的原子？

尽管地球上只有约 90 种元素，但它们形成了数百万种不同的物质。90 种元素以不同的方式结合形成许多不同的化合物，就像字母表中 26 个字母可以组成数百万个不同的单词。

事实

现在，元素周期表中除了 90 种天然元素，还有 28 种人造元素。

G　金　方铅矿（硫化铅）　硫　水

6　图 G 中，哪种物质是单质？哪种是化合物？请简单解释。

7　海洋中的水覆盖了地球表面一半以上的面积。每个水粒子由两个氢原子和一个氧原子结合而成。海洋中也含有一些溶解的物质，如氯化钠（食盐）和氧气，它们供养着海洋生物。

用前面学的物质的例子，解释纯净物和混合物、单质和化合物、原子和分子的区别。

我能……

- 区分原子和分子的不同；
- 根据描述和粒子图，区分单质、混合物和化合物。

7Hb 地球上的元素

为什么不同的元素被用于不同的目的？

位于第 206 页的元素周期表列出了所有已知元素的名称和**符号**。化学符号由一个或两个字母组成，第一个字母大写。有些化学符号很简单，是元素英文名的首字母。然而，由于化学符号是国际通用的符号，有些就取自其他语言的元素名。

图 A 显示了**地壳**中各元素的符号和含量。

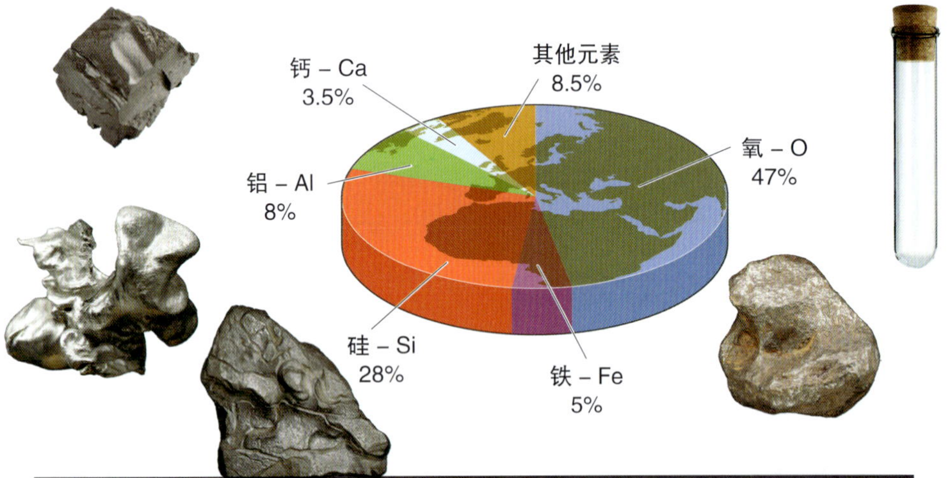

A | 地壳中的元素

事实

约翰·道尔顿（1766—1844）发明了一系列的符号，用圆圈、记号和字母来代表元素。当时其他科学家发现他的符号很难用，所以道尔顿的符号没有被广泛使用。

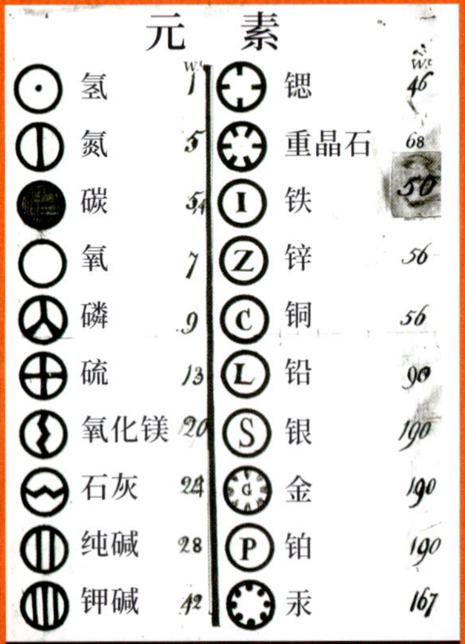

B | 道尔顿的元素符号表

天然元素通常以化合物的形式存在，少数（比如金）以单质的形式存在。还有些元素（如铜、锡）可以通过简单的化学反应从化合物中分离出来。几千年前，人们就已经开始认识和使用这些元素了。

1. 物质都是由什么构成的？
2. 单质的混合物与化合物的区别是什么？
3. 地壳中总占比达 75% 的两种元素的元素符号是什么？

一种元素的状态、外观如何以及元素如何变化被称为元素的性质。科学家不断发现元素新的性质和用途。1864 年，铟首次被提纯出来，但是之后很长时间用途寥寥。20 世纪 80 年代，人们发现铟可以帮助制造出色的触摸屏。现在铟被大量使用，地壳中的铟可供人类使用的时间大约还有 20 年。

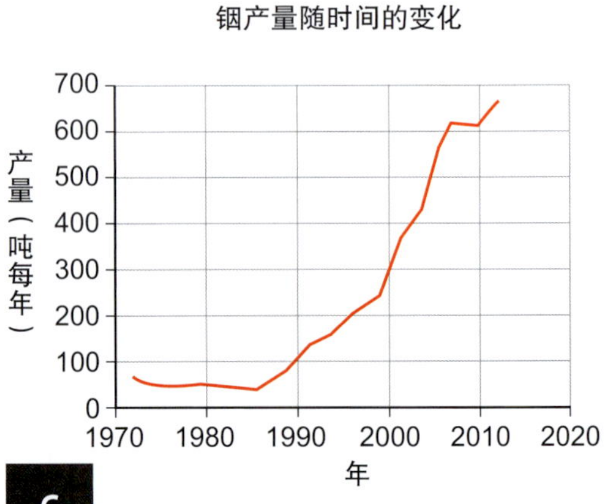

C

4 道尔顿的下列符号代表什么元素？

a | 圆圈内一个十字

b | 圆圈内一个倒置的 Y

c | 圆圈内一个点

5 钠元素被发现于 1807 年，铁大概被发现于 4000 年前。说说什么原因导致了发现这两种元素的时间相距如此远。

D | 智能手机中的元素

现代技术使用了许多不同的元素。图 D 展示了制造一部智能手机所需的元素。这些元素中，像铟、镓和锑，现在都供应紧张。如果仍以当前的速度使用这些元素，不久的将来这些资源就会被耗尽。减少浪费和增加**回收利用**是节约**资源**的一种途径。例如，在英国，废弃的手机中就含有价值 1.5 亿英镑的贵重金属。

元素的性质取决于它的原子和原子排列方式。元素的用途和性质有关。

碳元素就以不同的形式存在于钻石和石墨中。虽然它们都由相同的原子构成，但钻石是最硬的天然物质之一，而石墨则是比较软的**固体**，可以用作铅笔芯。这些不同的性质取决于原子不同的结合方式。

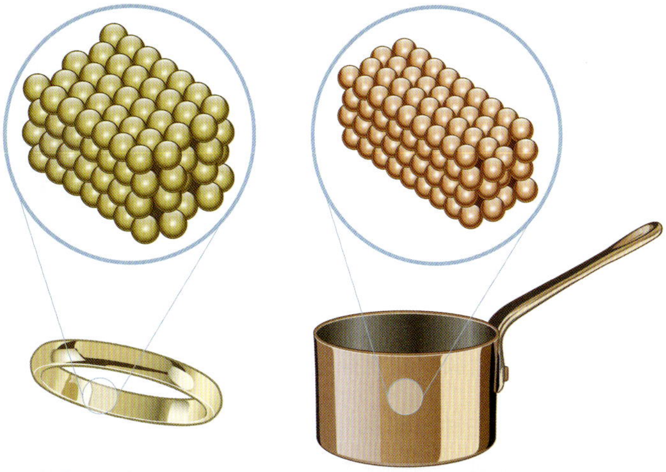

E | 元素（如金和铜）的用途取决于它们原子的性质。

F | 碳元素的不同形式

6 a | 用两种不同的方式定义一种元素。

b | 以一种元素为例，解释为什么要增加元素的回收利用。

7 下面的用途利用了元素的什么性质？

a | 金子制造首饰

b | 钻石制成玻璃刀

我能……

- 使用常用元素的化学符号，并解释为什么它们是国际化符号；
- 记住不同元素具有的不同性质和用途；
- 解释元素资源是有限的，会被用完。

7HC 金属和非金属

金属和非金属有什么区别?

化学家根据元素的性质，把它们分成**金属**和**非金属**两大类，其中金属元素约占四分之三。

当看到一些元素时，人们通常会推断一下它是金属还是非金属。金属经常呈灰色或银白色。但是外观有时会误导人们的判断，不是所有灰色固体都是金属，例如第124页的硅。

1 多数金属的外观有什么相似之处?

2 列举三种金属和三种非金属的名称和符号。

A | 蒸汽式火车和轨道都是用金属制造的，主要是铁。烟中的黑色物质主要是由非金属碳产生的。

大多数金属的共性：

- 是熔点高的固体
- 强度高、有**韧性**
- 有**可塑性**
- 有光泽（打磨后）
- 是热的良**导体**
- 是电的良导体

除了上述共性，一些金属还具有自己的特性。大部分金属不会被磁铁磁化，但铁、镍和钴可以被磁化，然后彼此吸引，它们是**磁性物质**。

3 写出大多数金属具有的三种性质。

4 下列应用利用了金属的什么性质?

a | 用铝制作避雷针 b | 用铁制造暖气片

非金属的性质与金属的差异很大，大部分非金属：

- 熔点低
- 是**脆性的**（处于固体状态时）
- 无光泽
- 是热的不良导体
- 是电的不良导体

B | 在菲律宾首都马尼拉以北的三描礼士省，年轻的工人正在用大型磁铁从沙子中提取铁。在这里提取铁非常简单，但是这会破坏海滩。

硫是一种典型的非金属，为黄色易碎固体，熔点 115 ℃，不易导热和导电。大部分硫以化合物（如硫酸）的形式被利用。硫也被用在火柴上，它燃烧时产生淡蓝色火焰，生成酸性气体二氧化硫，这就是你在划火柴时闻到的气体。

5 说出图 C 中显示的硫的两种性质。

6 碘是一种深蓝色或暗黑色非金属固体，它在医学上有多种用途。说出碘元素可能具有的三种性质。

每种元素都有其独特的性质和用途，但不是所有的金属和非金属都具有其类别的所有共性。图 D、E 和 F 分别展示了一些独特的元素。

C | 正在燃烧的熔化的硫流进火山内。

D | 水银是唯一在室温下呈液态的金属元素。由于水银在很大的温度范围内都呈液态，因此被用于温度计中。

E | 非金属元素硅具有金属光泽。它还有一些独特的传导性质，被用于制造电子工业中的硅片。

F | 石墨和钻石是两种形式的碳，作为非金属来说，它们的熔点都非常高。和大部分非金属不同，石墨导电，并被用在电池和电动机上。

7 分别选出一种适合制造下列物品的元素，并说出它适合下列物品用途的两种性质。

a | 电缆中的电线　　b | 吸起废铁的强力磁铁

8 下表是 X 和 Y 两种元素的性质对比。

性质	X	Y
熔点	1083 ℃	98 ℃
沸点	2567 ℃	883 ℃
反应性	不反应	与水反应
导热性	好	好
导电性	极好	好

a | 解释如何判断 X 和 Y 是金属还是非金属。

b | 哪种元素更适合用来制造烹饪用的锅？说出两点理由。

事实

在 19 世纪晚期，生产铝比生产金还昂贵，于是铝被称为金属之王。现在人们知道了如何廉价地生产铝，每年约 4750 亿个饮料罐是由铝制成的。

我能……

- 通过性质描述并区分金属和非金属；
- 将元素的用途和性质联系起来。

7HC 事实和观点

什么是事实，什么是观点？

我们通常将反复被证实为正确的事情称为**事实**。然而，在科学研究中我们必须时刻准备接受“事实”被证明是错误的这个现实。直到 1780 年，科学家们仍认为水是一种单质，但之后安托万·拉瓦锡和其他科学家证明了水是一种化合物。

关于事情如何以及为什么发生，科学家会用实验去验证和发展他们的观点。这些观点被称为**假设**。如果有许多**证据**支持一种假设，那么该假设就可以被称为**理论**。一些人可能会把它当作“事实”。假设没有理论那么确定。随着时间的推移，许多理论和假设不得不进行修改甚至会被完全推翻。

观点是对某件事的看法或判断，通常是基于感觉和经验形成的。观点是我们自己认为正确的看法，但观点通常不能被证明或推翻。

例如，“X 元素是金属元素”是一个事实，而“X 元素看起来很漂亮”是一种观点。

A | 事实和假设不是一成不变的。

> **1** a | 事实和假设的区别是什么？
> b | 假设和理论的区别是什么？
>
> **2** 观察图 B。
> a | 解释为什么这些陈述都是观点。
> b | 陈述关于金属的两个事实并解释为什么它们是事实。

> 事实是已被反复验证为正确的陈述或**观察**结果。
> 观点是一个人认为正确的看法，通常不能被证明或推翻。

我们可以用事实来支持我们的观点或劝说其他人。但即使事实是真的，也并不意味着我们的观点就是正确的。

例如，“钻石是碳元素组成的，因此它不可能漂亮”，这是一种不被事实支持的观点。

专家意见是由在某一特定领域经过训练、知识丰富的人给出的，它更像是假设。比如医生对某一问题的**诊断**就是一种专家意见。专家意见比其他人的观点更容易被相信，换句话说，专家意见更有“分量”。

事实经常被用在广告中以说服消费者购买商品或改变生活方式。

B | 科学家有不同的观点。

铝的回收利用

- 大部分饮料罐都是用铝制造的，铝是一种昂贵的金属。
- 每年有数十亿的铝饮料罐被使用。
- 用作饮料罐的金属是 100% 可回收利用的。
- 它可以被反复地回收利用，生产更多的饮料罐或其他物品（如汽车）。
- 如今，很大比例的铝制品被再利用。
- 回收利用铝罐可以节约能量和金钱。

C | 事实可以用来劝说别人。

3 a | 为什么一些人关于车的观点可能是错的？
b | 关于汽车谁能给出专家级的观点？

4 观察海报 C。

a | 解释为什么这些陈述都是事实。
b | 这些广告在极力劝我们做什么？

5 观察海报 D。列出海报给出的事实和观点。

6 你认为广告商为什么经常引用科学家的观点？

7 观察图 E。写出关于硫元素的一个事实和一种观点。

E | 在火山附近可以找到硫。

全新的阳光恶魔 SD3

新型 SD3 棱角分明的设计在城乡都好看。

SD3 自重轻，因为它采用了铝框架。

真皮内饰优雅而舒服。

从 0 提速到 96 km/h 只需 6.4 s。

使用的铝主要是回收利用的金属。

D

8 下面这段话引用自美国政治家伯纳德·M. 巴鲁克（1870—1965），请对其进行解释：“每个人都有持有错误观点的权利，但没有人有权利在事实上犯错。”

我能……

- 区分和解释事实与观点的不同；
- 理解为什么事实和观点被用来劝说别人。

7Hd 制造化合物

元素如何形成化合物？

我们周围的陆地和海洋中的大部分物质都是由化合物构成的。地壳中最常见的化合物是二氧化硅。像大部分天然物质一样，它通常与其他化合物混合在一起，以几种不同的形式存在。

事实

碳元素的化合物比其他所有元素构成的化合物的总和都多。碳化合物是生命的基础，目前已发现了超过 1000 万种不同的含碳化合物。

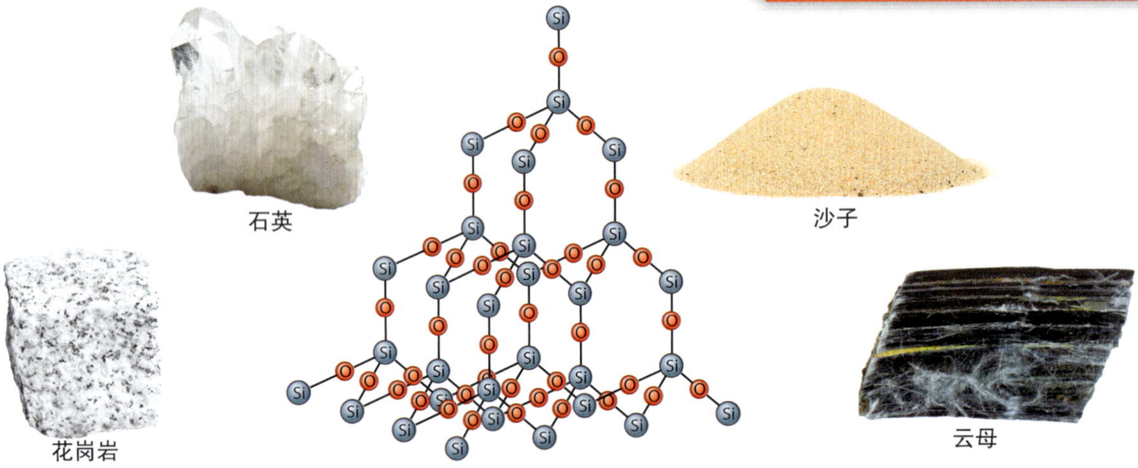

A | 所有这些材料都由二氧化硅组成，这是一种硅原子和氧原子构成的化合物。多种形式的二氧化硅被用作建筑材料。

形成化合物

生成化合物的第一阶段通常需要加热单质混合物。尽管不是所有化合物都是通过多种单质反应生成的，但大部分是。例如，铁和硫很容易发生反应：起初需要加热来使之开始反应，但反应一旦发生，就可以将试管从火焰上移开，它会持续发光和发热。单质反应生成化合物时，通常会释放**能量**。

在反应过程中，铁原子和硫原子结合在一起，生成一种叫作硫化铁的化合物。反应结束后，铁原子和硫原子被结合在了一起。我们说原子间形成了**键**，原子被键合在一起。

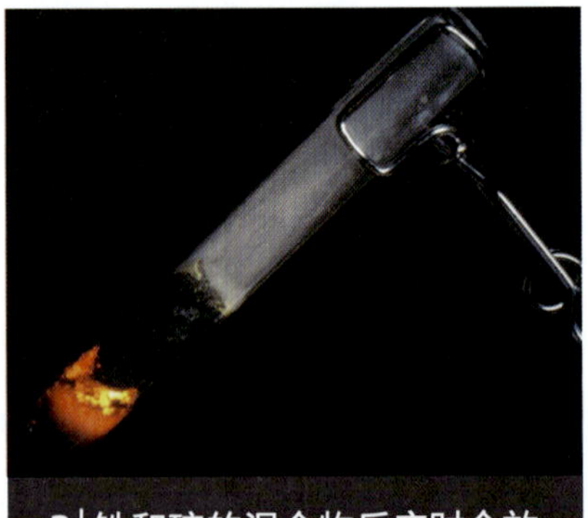

B | 铁和硫的混合物反应时会放热，同时还会发出明亮的光。

1. 硅和氧占地壳物质的百分比是多少？（见第 124 页）
2. 描述二氧化硅和其组成元素之一的单质之间的区别。
3. 铁和硫被加热后，观察到什么现象可以表示反应已经开始了？

注意图 C，硫化铁中的原子被结合在一起形成了一个大的规则结构。一小块硫化铁中就有数以亿计的原子被键合在一起。

像大部分化合物一样，硫化铁和其组成元素的单质差异很大。它们看起来不同，性质也不同。

4 为什么硫化铁的结构不能被描述为分子？

5 铁原子和硫原子在混合物和在化合物中分别有什么不同？

6 硫化铁和其组成元素的单质在下述方面有什么不同？

a | 外观　　b | 性质

C | 铁和硫之间的反应将它们的原子键合在一起。

D | 可以用磁铁将铁和硫分开。硫化铁不具有磁性。

地球上发现的大部分化合物，包括**金属矿石**等有用的化合物，都形成于数百万年前。

铜蓝是一种包含铜和硫的化合物的矿石。

锡石是一种包含锡和氧的化合物的矿石。

方铅矿是一种包含硫和铅的化合物的矿石。

E | 这些金属矿石是生产金属的原材料。

化合物命名

化合物通常以它们的组成元素命名：

- 如果化合物的组成元素之一是金属，那么金属的名字放在后面；
- 化合物中的一个非金属元素和另一个元素间用“化”字连接。

例如，氯和铜反应生成氯化铜。硅和氢都是非金属，它们反应生成四氢化硅。

7 为什么金属矿石是有用的？

8 图 E 展示的金属矿石的化学名是什么？

9 当铝粉和碘晶体混合时，不发生反应。如果加几滴温水则会产生火焰和紫色的烟，并生成白色固体。

a | 如何判断反应已经开始？
b | 形成的化合物名称是什么？

我能……

- 描述化合物生成过程中可能观察到的变化；
- 通过文字描述和粒子图区别单质、化合物和混合物；
- 命名简单的化合物。

7He 化学反应

如何利用化学反应？

化学反应通常会形成一种或多种新物质。化学反应的典型标志包括颜色变化、产生气体、生成固体或者放热等。我们可以利用这些标志作为**标准**，来判断化学反应是否已经发生。

日常生活中每天都会发生许多化学反应。有些反应只要将两种物质混合在一起就能发生，有些需要输入能量使反应开始，还有些需要持续的能量输入来维持反应的进行。图 A 展示了一些化学反应。

A | 燃烧、烹饪和锈蚀过程中发生的反应。

1 所有化学反应中都会发生的是什么？

2 观察图 A 展示的化学反应，回答下列问题。

a | 哪个反应需要持续的能量供应？

b | 哪个反应只在开始时需要能量？

c | 哪个反应不需要任何能量输入就可以进行？

化学反应可以用叫作**文字表达式**的模型来表示。**反应物**（用来发生反应的物质）写在表达式左边，**生成物**（形成的新物质）写在表达式右边，箭头指向生成物。金属铁和硫粉反应的文字表达式为：

铁 + 硫 → 硫化铁

反应物　　生成物

注意，文字表达式中只含有化学名称。

3 写出下列反应的文字表达式。

a | 热的金属铜和氯气反应生成绿色的氯化铜固体。

b | 非金属碳在氧气中充分燃烧形成了二氧化碳气体。

热分解

在化学反应中，单质可以生成化合物，反过来化合物也可以生成单质。当通过加热来分解化合物时，这个反应被称为**热分解**。这种反应被应用于许多工业领域，包括从化合物（矿石）中提炼金属。

当氧化汞被加热时（图 B），在试管壁上可以看到液态汞珠，并有氧气从试管中释放出来。这个反应的文字表达式为：

氧化汞 → 汞 + 氧气

4	图 B 所示的反应的生成物是什么？
5	a丨如何热分解氧化银？ b丨写出这个反应的文字表达式。

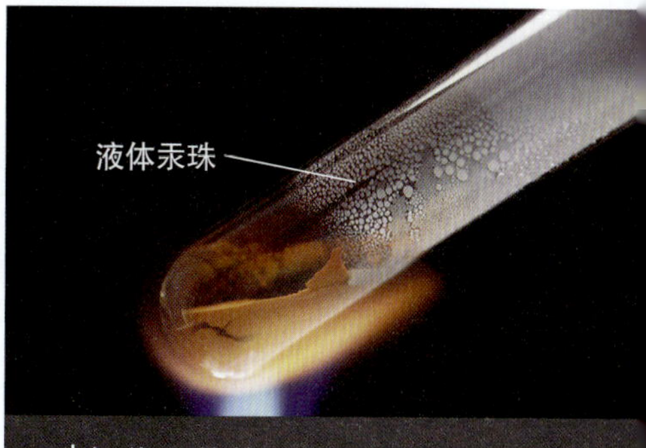

B丨氧化汞的热分解

一些化合物能分解形成其他化合物。金属**碳酸盐**就是这样，它们是包含金属、碳和氧的化合物。许多金属碳酸盐被发现于自然界中，它们用途广泛。例如，碳酸钙存在于石灰岩、白垩和大理岩中。

C丨这些悬崖主要是碳酸钙。

图 D 是用来研究碳酸铜热分解反应的**仪器装置**。如果生成二氧化碳，石灰水会变成乳白色（这可以用来检测二氧化碳）。这个反应的文字表达式为：

碳酸铜 → 氧化铜 + 二氧化碳

许多金属碳酸盐都能分解生成简单产物。

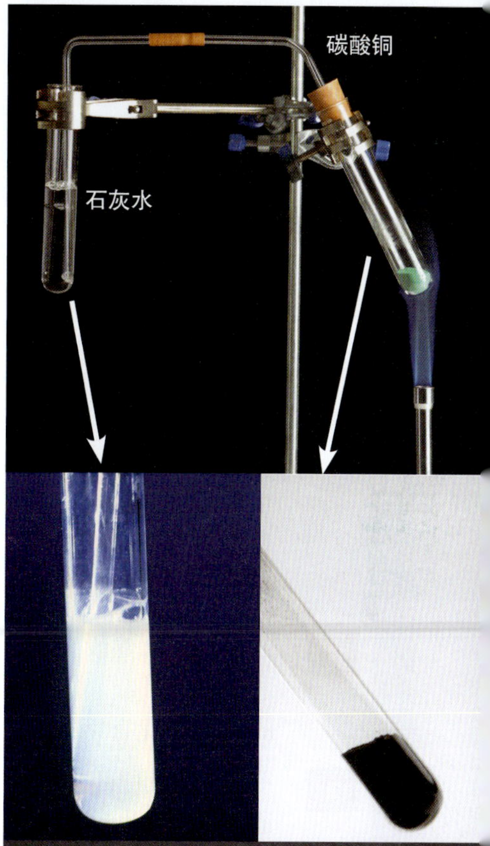

D丨加热碳酸铜时会形成黑色的氧化铜和二氧化碳气体。

关于命名的更多规则

如果一种化合物含有氧和其他两种元素，那么其中的金属元素名放最后，另一种元素和氧一起称为“某酸”。例如，锌、硫和氧的化合物被命名为硫酸锌。

6	a丨图 D 所示的反应的生成物是什么？ b丨说出该反应发生的两个标志。
7	下面的化合物中包含哪些元素？ a丨磷酸钠　b丨硝酸铅
8	写出碳酸钙发生热分解反应的文字表达式。

我能……

- 应用和理解化学反应的文字表达式；
- 说出分解反应的实例和应用。

7He 元素使用的问题

使用元素过程中可能产生什么问题？

金属的开采和提炼是至关重要的，因为它不仅能够提供经济收入，为人们提供工作和培训；还能带来新的技术，促进运输系统和服务系统（如水和**电**的供应）的发展。

A | 在铅生产过程中，工人暴露在铅尘和其他有毒物质中。

B | 铅也被用作屋顶材料。

铅主要用来制造电池。铅矿石中通常含有硫酸铅和氧化铅，铅的提炼过程通常包含以下几个步骤：首先通过化学反应去除杂质（如硫），并从化合物中释放出铅；再在非常高的温度下提取纯铅。该过程会释放出铅尘和烟，同时产生矿渣，矿渣中含有铅和砷、汞等**有毒**金属。

C | 在一些国家，儿童在金属生产行业工作。他们需要面对非常危险的工作环境。

1 a | 说出本页这段文字提及的所有元素和化合物的名称。
b | 单质和化合物有什么区别？

2 写出下列反应的文字表达式：硫酸铅和氧气反应生成氧化铅固体和二氧化硫气体。

3 通过加热分解一个化合物的反应叫什么？

4 为什么铅提纯过程中产生的矿渣非常危险？

5 生产铅会带来什么好处和问题？将你的想法写在下面的表格中。

D

生产铅带来的好处	生产铅带来的问题

说出你的观点

一些人认为，采掘和提炼金属的行业存在剥削工人的问题。你认为我们需要寻找这些金属的替代资源吗？

7|a 能量和转化

A

在主题乐园中，很多事情在发生。发生的每一件事情都以不同的方式涉及**能量**。例如，人的身体需要能量来维持生命和进行活动。主题公园里的游乐设施需要能量来运转。所需能量被储存在食物和燃料（比如汽油）中。

B | 食物储存能量。

1 观察图 A 中的游乐设施。哪个需要的能量最多？哪个需要的能量最少？为什么？

2 a | 写出图 A 和图 B 中正在发生的五件需要能量的事情。
b | 能量是如何提供给这些正在发生的事情的？

3 a | 写出你昨天做的五件需要能量的事情。
b | 这些事情中，做哪件事情需要的能量最多？做哪件事情需要的能量最少？为什么？

7Ia 来自食物的能量

身体如何使用能量？

人和动物都需要能量来维持生命。我们需要能量来帮助我们生长、修复身体、活动和保持体温。我们的身体将食物作为能量的来源。

测量能量的单位是**焦耳**（**J**）。将一个苹果从地板拿到桌子上需要的能量大概是 1 J。大部分食物中含有的能量比这个多得多，所以我们计量食物中的能量时通常用**千焦**（**kJ**）作为单位。1 kJ = 1000 J。

营养信息		
主要成分	每个面包（65 g）	每 100 g
能量	544 kJ/130 kcal	837 kJ/200 kcal
蛋白质	6 g	9.2 g
碳水化合物 （碳水化合物中的糖）	21 g （4 g）	32.3 g （6.2 g）
脂肪 （脂肪中的饱和脂肪）	2.5 g （0 g）	3.85 g （0 g）
纤维	1.2 g	1.8 g
钠	0.2 g	0.3 g

营养信息		
主要成分	每个热狗肠（50 g）	每 100 g
能量	628 kJ/150 kcal	1256 kJ/300 kcal
蛋白质	9 g	18 g
碳水化合物 （碳水化合物中的糖）	0.8 g （0 g）	1.6 g （0 g）
脂肪 （脂肪中的饱和脂肪）	15 g （4 g）	30 g （8 g）
纤维	0 g	0 g
钠	0.4 g	0.8 g

A | 营养信息标签显示食物中储存了多少能量。

1 为什么身体需要食物？

2 a | 100 g 热狗肠含有多少能量？以千焦为单位回答。

b | 马克吃了两个热狗（一个热狗是一个面包夹一根热狗肠）。他吃的食物里含有多少能量？

不同的人需要的能量的多少不同。身体需要能量来帮助它生长，你也需要能量来进行活动。如果你去做大量运动，那你一定比大部分时间都在看电视的时候需要的能量多。

B

合理的**膳食**能够恰好提供人体所需的能量。如果饮食中含有的能量大于人体所需的能量，那么身体将以脂肪的形式储存能量，从而使人体**重量**增加。如果饮食中含有的能量小于人体消耗的能量，那么人的体重减轻，人将变瘦。好的均衡的膳食还提供保持人体健康所需要的所有**养分**，是各种食物的**混合物**。

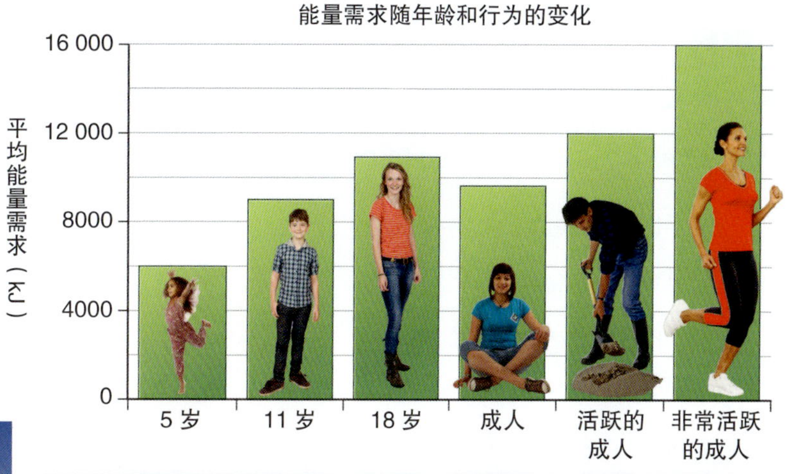

C | 不同的人每天的能量需求不同。

D | 登山运动员在登山时需要随身携带食物。他们携带的食物要保证每天能够提供大约 19 000 kJ 的能量。

事实

E

考拉生活在澳大利亚，以桉树叶为食。桉树叶不能提供太多能量，所以考拉每天睡大约 20 个小时。

3 a | 为什么一个青少年比一个 5 岁的儿童需要的能量多？

b | 为什么怀孕的女性比未怀孕的女性需要从食物中获取更多的能量？

4 a | 按照能量需求由少到多的顺序对下列人群进行排序。

婴儿　消防员　秘书　11 岁儿童

b | 解释 a 部分中你给出的答案。

5 a | 一个 5 岁的儿童只吃小面包，那他每天需要吃几个才能满足身体对能量的需求？

b | 如果他只吃热狗肠，则每天需要吃几根？

c | 为什么人不应该一直只吃一种食物呢？

6 一个人吃的食物的数量、他的活动量和体重变化三者之间的关系如何？

7 观察图 E，考拉睡觉的时间对它们需要寻觅的食物数量有何影响？

8 科学家可以测出不同食物所含有的能量，这些知识对登山运动员和探险家有什么好处？

我能……

- 记住我们的身体需要能量，我们从食物中获取能量；
- 解释为什么不同的人需要的能量的多少不同；
- 记住能量的测量单位是焦耳（J）或者千焦（kJ），1 kJ= 1000 J。

7Ia 公平的比较和比（例）

如何比较不同食物中储存的能量？

可以通过燃烧食物来比较不同食物中含有的能量的多少。图B展示了实验所需要的**仪器装置**。用燃烧食物释放的能量来加热沸腾管中的水。水的温度越高，说明燃烧食物释放的能量越多。

A | 不同的食物含有的能量的多少不同。

B

方法

A | 称食物的质量。

B | 认真将食物固定在大头针上（大头针另一端插进软木塞）。

C | 在沸腾管中加入 10 cm^3 的水，并记录温度。

D | 用本生灯点燃食物，将燃烧的食物放置在沸腾管下。确保火焰接触到沸腾管。

E | 当食物燃尽，再次记录水的温度。

F | 让食物冷却，然后认真清理大头针上残留的食物，并称重。如果没有残留，质量一栏就写 0 g。

G | 换一种食物，重复步骤 A—F。

戴护目镜。
不要吃实验食物。
不要用坚果。

科学地工作

表 C 记录了一项实验结果。学生用实验开始时食物的质量和最终剩余的残渣的质量算出了每种食物燃烧掉的**质量**，并算出了温度的变化。

C 使用的食物	食物燃烧的质量（g）	升高的温度（℃）
面包	2.0	4.0
奶酪	4.0	16.0
玉米片	4.0	14.0
饼干	1.0	4.5

燃烧 4 g 奶酪使水温升高 16℃。如果只燃烧 1 g 奶酪，水温升高多少？

1 观察表 C 和表 D。

a | 按使温度升高多少的顺序写下食物名称，从使温度升高最少的（面包）开始。

b | 按照每克食物使温度升高多少的顺序写下食物名称，从使温度升高最少的开始。

c | 这两种方式哪个更好地比较了不同食物储存的能量？为什么？

比（例）

比可以帮助我们比较不同食物中储存的能量。实验表明，燃烧 1 g 面包使水温升高 2℃，燃烧 1 g 奶酪使水温升高 4℃。我们可以用比的形式写下这些数字：

燃烧 1 g 面包使水升高的温度（℃）		燃烧 1 g 奶酪使水升高的温度（℃）
2	:	4
1	:	2

如果两个数中的一个是 1，那么比就更好理解了。两侧同时除以两个数中比较小的一个，使其中一侧变成 1，就可以简化比。

所以我们可以把这个比写为 1∶2。这表明同等条件下，奶酪能升高的水温是面包能升高的水温的两倍。

结果比较

表 C 表明，燃烧奶酪对水温的影响最大。然而，这个实验并不合理，因为每种食物燃烧的质量不同。

我们可以通过计算燃烧每**克**（g）食物使水温升高的度数来对结果进行公平的比较，即用温度差除以燃烧的食物质量。表 D 显示了计算结果。

D 使用的食物	每克食物使温度升高的度数（℃/g）
面包	2.0
奶酪	4.0
玉米片	3.5
饼干	4.5

2 学生在研究中还实验了脆面包片。每克脆面包片可以使温度升高 1.0℃。脆面包片和下列物质比较，引起的温度升高比是多少？

a | 面包　　b | 奶酪

3 一个学生说“我吃 50 g 面包和吃 25 g 奶酪获得的能量相同”。他说的对吗？为什么？

4 水果中，100 g 梨含有 175 kJ 能量，100 g 香蕉含有 350 kJ 能量。算出这两种水果储存的能量比。

我能……

- 对结果做一个公平的比较；
- 计算比值。

7Ib 能量的传递和储存

能量如何储存和传递？

能量可以被储存。例如能量可以被储存在食物、汽油和**电池**等的化学物质中，我们称之为**化学能**。当能量从储存物质中转移时，变化就发生了。我们称之为能量的**传递**。

传递可能会通过下列形式发生。

- 热
- 光
- 声
- **电**
- **力**

> **1** 写出以下三种情况的一些实例。
>
> a | 通过热和光传递能量
>
> b | 通过声音传递能量
>
> c | 使用通过电传递的能量

许多机械可以将一种形式的能量转化成其他形式储存的能量。例如，运动中的物体储存能量，我们将其称为**动能**。

能量在传递时并不是被消耗掉了。能量不能被创造或消灭，它只能被传递然后以不同的形式被储存起来。这叫作**能量守恒定律**。

> **2** 柴油以化学形式储存能量。再写出三种以化学形式储存能量的物质。

A | 烟花筒里的化学物质储存着能量。放烟花时，能量转化为光、声和热。

能量储存在构成柴油的化学物质中 → 露天游乐场设施以电和力的形式传递能量 → 能量被储存在移动的游乐设施和人体中（“动能”）

B | 柴油发电机为这些游乐设施提供动力。能量被储存在柴油的组成物质中。燃料燃烧的能量通过电和力的形式传输给游乐设施。上面的流程图显示了能量的传递过程。

能量可以以其他形式被储存起来。热的物体储存**热能**。

有弹性的物体在被压缩、拉伸、弯折或扭曲时都会储存能量，我们称之为**应变能**或**弹性势能**。拉长的弹性带子就是以这种形式储存能量的。

位于高处的物体也储存能量，我们称之为**重力势能**。将物体移到高处需要能量，当物体落下时，这些能量可以传递回来。

能量储存在所有物质中。一些物质可以在核电站传递这些能量，我们称之为**核能**（或**原子能**）。这些能量不能通过燃烧传递。核电站用这些能量来发电。太阳蕴含着巨大的核能，其中一部分会通过光和热传递到地球。

C | 厢座被系在两根橡皮（有弹性）绳索上。厢座被拉下，能量储存在被拉长的橡皮绳索中。橡皮绳索被放开时，能量通过力转化为动能。

3 写下储存应变能的三种不同方式。

4 观察图 C，完成下列表示能量传递的流程图。

[能量储存在 ________ 中] —— 能量通过力 ____ → [能量储存在厢座的 ________ 中]

5 下面的流程图表示用电暖气加热房间的过程中能量的传递和转化。电来自核电站。

[ ] —— 能量通过 ____ 和 ____ 传递 → [ ]

a | 模仿上面的流程图，在方框里填入两种能量储存的方式，在箭头上填入两种能量传递的方式。

b | 每秒有 2000 J 的能量进入电暖器，那传递出去的能量有多少？为什么？

c | 模仿上面的流程图，画出汽车在高速公路上行驶时的能量传递流程图。

D | 乘坐台在轨道顶端时会储存重力势能。

我能……

- 说出能量传递的不同方式；
- 说出能量储存的不同方式；
- 记住能量守恒定律。

7Ic 燃料

燃料来自哪里?

燃料是一种蕴含大量容易传递的化学能或核能的物质。大部分燃料通过燃烧释放它们储存的能量，能量以热的方式传递给周围的事物。燃料燃烧不生成能量，只传递能量。**核燃料**，比如**铀**，通过一种不同的方式释放能量。

电厂使用的燃料中的能量以电的方式传递到家庭、学校、工厂和办公室。电是电厂生产出来的。

1 a | 什么是燃料?　　b | 说出三种燃料。

2 写出人类需要利用燃料来做的三件事。

A | 灯光的能量以电的方式从电厂传输过来。

事实

1 kg 核燃料储存的能量大约是 1 kg 煤储存的能量的 3 500 000 倍。

化石燃料

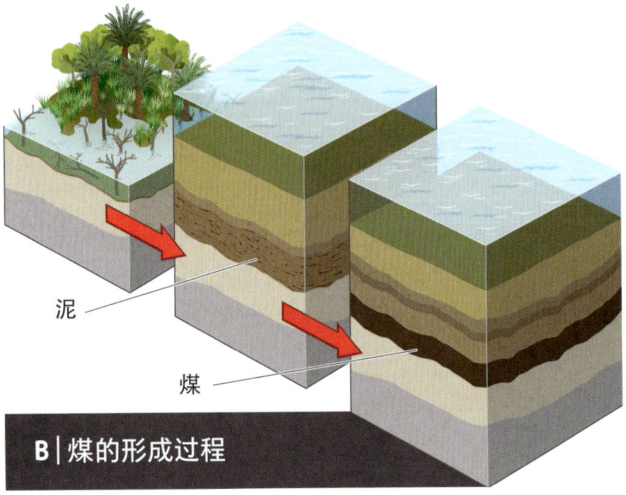

B | 煤的形成过程

化石燃料由数百万年前的**生物**遗骸形成。**煤**由数百万年前的植物形成。植物因死后被埋入泥土中而未造成其腐烂。一层层的泥土压在植物残骸上，这些挤压以及来自地球内部的地热将泥土变成了岩石，也将植物遗骸变成了煤。

石油和**天然气**是由数百万年前生活在海里的微小动植物形成的。它们死后沉入海底，被埋在泥或沙子里。一层层的泥和砂沉下来压住它们，将它们变成原油和天然气。汽油和柴油这些燃料都以石油为原料。

C | 快餐车使用的是储存在罐装液化气中的化学品里的能量。这种气体由石油制成。

煤、石油和天然气都是**不可再生**燃料，因为它们的再生速度赶不上人类的使用速度。它们需要数百万年才能形成，因此人类最终将耗尽这些燃料。

3 观察图 D。

a | 哪种化石燃料将首先被耗尽？

b | 为什么图中的图柱没有明确的末端？

4 a | 写出煤和石油形成过程中的两个相似点。

b | 写出一个不同点。

其他燃料

生物燃料由植物或动物粪便制成。它们是**可再生**燃料，因为人类可以种植更多植物来生产更多的燃料。

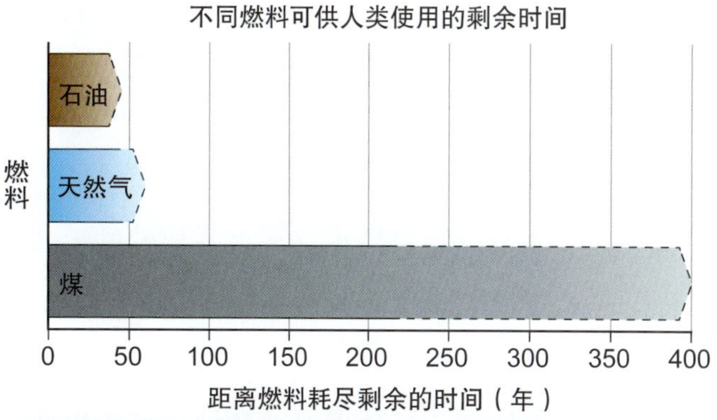

D | 科学家不确定各种不可再生燃料还可用多久。这取决于人类的使用速度以及是否能发现更多的资源。

E | 农作物也可用来制造生物燃料。一些生物燃料来源于废弃的食用油，其最初也来自植物。

F | 在一些国家，动物粪便晒干后被用作**固体**燃料。动物、植物废弃物也可以被用来生成甲烷，甲烷是天然气中的主要物质。

气体，例如**氢气**，也可以作为燃料。当前，大部分的氢气是由天然气制成的，科学家正在探寻用水便宜地生产氢气的方法。

G | 这辆车有一台电动机。车里的燃料电池利用氢和空气中的氧反应来发电。

5 你的一个朋友说“电是一种燃料”。为什么他说的不对？

6 今天仍有化石燃料在地球上缓慢形成，但为什么化石燃料仍被称为不可再生燃料？

我能……

- 说出什么是化石燃料以及它们是如何形成的；
- 解释为什么化石燃料是不可再生的；
- 说出几种可再生燃料。

7Ic 概括

我们如何概括信息？

科学家通过写**科技论文**来报告他们的工作。论文被发表在**专业期刊**上。所有科学家通过阅读科技论文来了解其他科学家做了什么。

论文以**摘要**（一种概要）开始。科学家通过摘要来了解论文的大致内容，而不必阅读全文。然后他们可以快速决定论文是否值得继续读下去。

A | 这期《科学》杂志发布了粒子物理领域的一个重大发现。

不同燃料释放的能量

埃米·斯蒂芬斯（Amy Stephens）
扎克·特伦特（Zack Trent）

摘要

多种常见液体燃料可用于酒精炉和野营灯。这些燃料燃烧时单位质量释放的能量不同。本研究测量了四种不同燃料单位质量释放的能量，同时指出了影响这些燃料适用于野营炉灶的其他因素。研究发现，单位质量的汽油释放的能量最多。

B | 科技论文通常以摘要开始。

概括信息也广泛用于其他方面。它能帮助我们做复习笔记，记住来自广播或杂志文章的重要信息。

1

a | 为什么科技论文总是以摘要开始？

b | 给出另外一种能有效概括文章的方法。

识别关键信息

为了概括一篇文章，首先要识别一篇文章的关键信息。下面是几种常用方法。

a | 首先浏览文章，对文章的内容有大致的认识。寻找主要名词，它可以告诉你这篇文章是关于什么人、什么事的。

b | 找出你需要概括的段落的**主题句**。主题句给出段落的主要观点，它通常是段落的第一句。

c | 用荧光笔或彩色铅笔画出关键词，或者摘录能够表明主要观点的要点。

读写与交流

当地居民反对一家英国石油和天然气公司的地下天然气勘探计划。该计划将勘探地点选在了下欧弗顿附近的乡村。记者询问当地居民对该计划的看法。杰迈玛·史密斯夫人说："这是个令人厌恶的计划，关于这件事，我们将给我们的国会议员写信。"英格尔顿先生说："有足够的天然气用来生活很重要，但是乡村和野生动物也很重要。"范泽顿小姐说："我的旅店生意受到了影响，我的客人们最不希望窗外有片正在施工的工地，还有个巨大的天然气钻机。"

第一句是主题句。它给出段落的主要观点。

当地居民反对天然气勘探计划，他们表示这个计划将破坏他们村庄的景观，影响他们的旅游生意。

这篇新闻报道可以这样概括。这里给出了主要观点，且不含例子和额外信息。

写概要

d | 将所有要点结合起来，组成一个单独的段落。

e | 以主题句作为开始，给出段落的主要观点。

f | 将主要观点用"但是""然而""因此""所以"等关联词连接起来。

g | 检查概要是否已经涵盖了所有重要观点，且不含例子和额外信息。

h | 确保你的概要比原文简短！

报纸文章的概要非常短，因为文章本身包含的观点比较少。不过有些情况下概要可以长些。

2 什么是主题句？

3 再次阅读第 144 页的前三段，写一两句话解释为什么概括是一项有用的技能。

4 阅读第 142 页和第 143 页第一段，写一段不超过 75 字的话来概括信息。

我能……

- 概括一篇文章的主要观点。

7Id 其他能源

还有什么能源可以利用？

生物燃料是一种可再生能量**资源**。有些生物燃料被用于汽车和其他的交通工具，还有些被用于供暖、烹饪或者发电。

1	为什么说生物燃料是可再生资源？

其他可再生能源可以被用来提供热量，但是大部分被用于发电。

太阳能利用太阳传递过来的能量。**太阳能电池板**由许多装满水的管子构成，可以加热水；将其置于屋顶，其中的热水可以用来供暖或者洗漱。**太阳能电池**用光传输的能量直接发电。在**太阳能发电站**，太阳能也可以利用镜子来发电。

A | 这项游乐设施使用的是生物柴油。

B | 这些太阳能电池为德国鲁斯特的欧洲乐园供电。

C | 这个太阳能发电站位于西班牙的塞维利亚附近。

事实

即使将英国怀特岛整个岛上都安装上风力发电机，其发的电才相当于一座核电站发的电量。

风力机利用风去转动巨大的叶片，叶片再转动发电机。在**水力发电**站，流动的水被用来发电。波浪和潮汐也可以被用来发电。

在一些地方，地下的岩石是热的。将水泵入地下，流过这些岩石层，水就会被加热。这被称为**地热能**。

大部分可再生资源并非全时段可用，因为它们的使用取决于天气。只有水电和地热能在任意时间都可获得。然而，这两种能源只能在特定的地点使用，即有合适的位置建水库或地下有热岩的地方。

2 写出太阳能被利用的三种方式。

3 写出用水发电的三个例子。

来自太阳的核能

我们使用的几乎所有能源最初都来自太阳。太阳储存着巨大的核能，其中的一部分被转换成光和热。太阳能电池板和太阳能电池直接利用其中的部分能量。

阳光为植物的生长提供能量。**光合作用**需要能量。植物通过光合作用利用大气中的**二氧化碳**为自己制造养料。

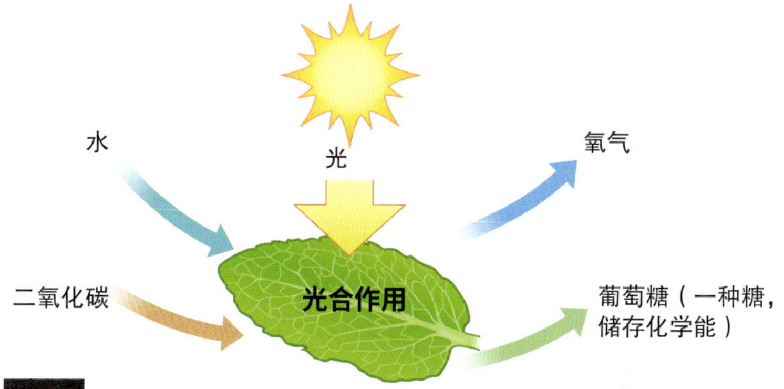

D

植物和动物的遗骸形成了化石燃料，因此化石燃料中的能量来源于动植物的遗体。动物从它们吃的植物中获得能量，植物从太阳那里获取能量。

水利用太阳的热蒸发形成云，最终又以雨的形式回到地球。因此，水力发电归根结底也依靠太阳。来自太阳的能量还导致了风和波浪的形成。我们使用的不依赖太阳的能源仅有核能、潮汐能和地热能。

事实

E

来自太阳的能量甚至被用来驱动飞机。

4 玉米片和牛奶中储存的能量最初都来自太阳。解释太阳能是如何进入玉米片和牛奶的。

5 本生灯使用的能量储存在天然气中。解释该能量最初来自哪里，以及这些能量是如何被储存到天然气中的。

6 大部分可再生资源并非所有时间都能使用。写出符合下列条件的可再生资源。

a | 依赖天气
b | 任意时间都可获得
c | 只能在白天或晚上的特定时间获得

我能……

- 举出一些可再生能源的例子；
- 解释为什么太阳是我们大部分能源的最初来源；
- 记住哪些能源不依赖太阳。

7Ie 使用资源

我们应该使用哪些能源？

能源是指我们能够利用的能量储备。可再生资源和不可再生资源有各自的优缺点。

能源	优点	缺点
化石燃料 （用于发电、交通和供暖）	■ 比其他资源便宜 ■ 方便用于汽车或其他交通工具	■ 燃烧时释放污染性气体 ■ 不可再生
核能 （用于发电）	■ 不产生污染气体	■ 电站建造成本高 ■ 生成危险废弃物 ■ 不可再生
可再生资源 （主要用于发电）	■ 不产生污染气体 ■ 可再生	■ 大部分不能全时段使用

A | 不同种类能源的部分优点和缺点。

B | 一些人反对建设风电场，他们认为这会导致大量鸟类死亡。

气候变化

在英国，人们使用的大部分能量来自燃烧的化石燃料。多数研究气候的科学家认为化石燃料正在使地球变暖，因为它们燃烧时会释放二氧化碳气体，这些额外的二氧化碳进入大气，使地球变暖。

我们可以通过减少使用化石燃料来降低二氧化碳的排放，这也可以使化石燃料的供应持续更长的时间。

1 不可再生是什么意思？

2 a | 说出两种非全时段可用的可再生能源。
b | 解释它们为什么不是全时段可用。

效率

能量不能被创造或消灭，但并非所有由机械传递的能量最终都成了有用的能量储备。一部分能量被浪费了。下页图 D 所示的车厢正在利用电动机移动到轨道的最高点，流程图 E 展示了其能量的传递过程。

能量不能被创造或消灭，因此所有通过电传递的能量仍然都存在。浪费的能量被散放到了周围的环境中。

C

冬天，在室内穿上针织衫，而不是将室温调得很高。

减少使用……

步行、骑自行车或乘坐公共交通工具代替使用私家车。

尽量使用高效的设备。设备上的标签会标明它们的效率。

给房屋加保温层以减少能量以热的形式损耗。

> **3** a | 说出三种我们可以减少化石燃料使用的方式。
>
> b | 为什么减少使用化石燃料非常重要？说出两点理由。

效率是指有多少通过机械转换的能量变成了有用的能量。效率高的机械不会浪费很多能量。如果你使用一台效率更高的机器，那么浪费的能量会更少。这意味着，该机器需要更少的化石燃料来燃烧发电以维持其运转，你的电费也将减少。

> **4** 史密斯先生买了太阳能电池板来为房子提供热水。解释这将如何实现以下两点？
>
> a | 帮助减少煤气费用　b | 帮助保护环境
>
> **5** 两个电灯泡每个每秒接收 20 J 能量。灯泡 A 每秒将能量转化成 18 J 的光能；灯泡 B 每秒将能量转化成 4 J 的光能。哪个灯泡效率更高？为什么？

D

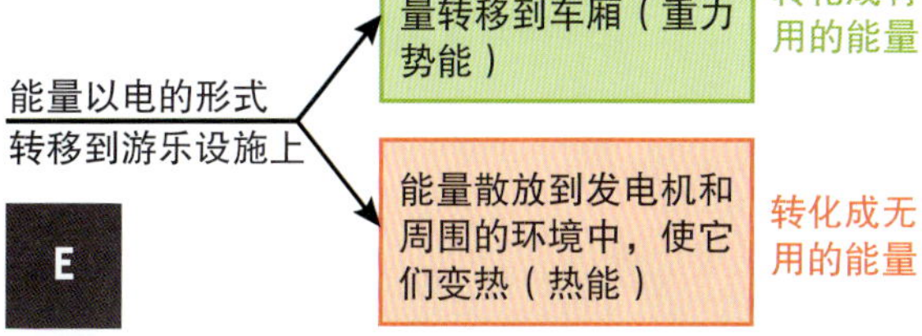

E

我能……

- 描述不同能源的优点和缺点；
- 说出一些减少使用化石燃料的方法；
- 解释效率的含义。

7le 做出改变

如何节约化石燃料？

我们生活中需要很多能量——用于取暖、交通运输和发电等。路上奔跑的车辆使用的燃料几乎都来源于石油，超过75%的电通过燃烧化石燃料产生。

我们应该减少使用化石燃料，这一方面是因为它们是不可再生资源，另一方面是因为燃烧化石燃料会污染**环境**。但是我们要如何改变呢？

1. 观察图A。描述图中的能量储存方式和能量转化方式。
2. 观察图B。这个人采用的方式是否正确？

   a | 正确　b | 错误
3. 为什么你认为我们国家使用的电大都产生自不可再生资源？说出尽量多的理由。
4. a | 解释我们为什么应该少用化石燃料。

   b | 观察图C。说出图中的人可以做出改变的五种方式。
5. 水壶用电。画出水壶烧水时能量储存和转化的流程图，从太阳开始。假设电来自以下两地。

   a | 燃煤电厂　b | 水力发电站

说出你的观点

谁应该为减少使用化石燃料负责——个人、企业还是政府？

7Ja 电的发现

几千年前，人们就知道了**静电**的作用。古希腊人知道某些材料可以通过摩擦带电。他们还利用来自鲇鱼或其他动物的电击来治疗头疼和其他一些疾病。

早期的科学家用闪电做了一些**电**学实验，但这是非常危险的。在 17 世纪，科学家发明了可以产生静电的机器。这些机器一部分被用于科学研究，一部分被用于娱乐和医疗。直到 1800 年亚历山德罗·伏特发明**电池**，科学家才有了持续不断的电力供应来进行实验。

今天我们所做的几乎所有事情都在某种程度上依赖于电。在学校，你可以通过组装电路并用电池或**电源组**供电来研究电。

A | 静电使这个小孩的头发都竖了起来。他的衣服摩擦滑梯时，产生了该现象。

B | 图片表明在 1882 年电被用来治疗神经紊乱。

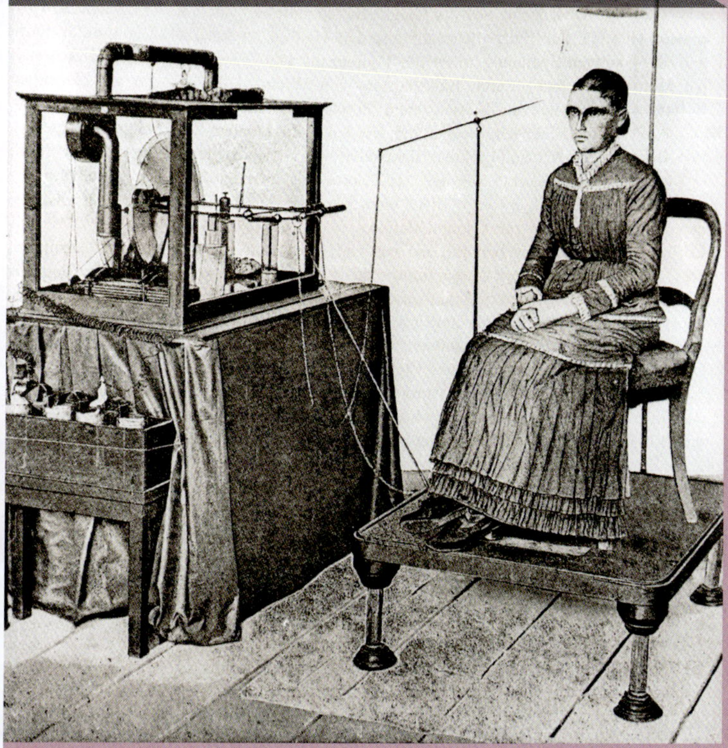

1 电路中使用的电线由金属制成，但外面包着塑料皮。解释为什么用了这些材料。

2 图 C 是一个可以打开和关闭灯泡的电路。

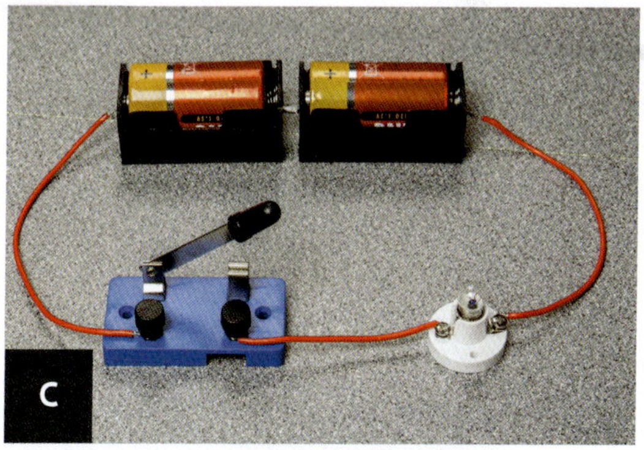

C

a | 写出组成这个电路的元件清单。

b | 用标准符号画出该电路的电路图。

7Ja 开关和电流

如何测量电?

电流指电路中流动的电的量。电流给灯泡或其他**元件**输送**能量**。在电学实验中，电路中的电流由电池或电源组提供。电路必须是一个完整的回路，否则电流不能流动。

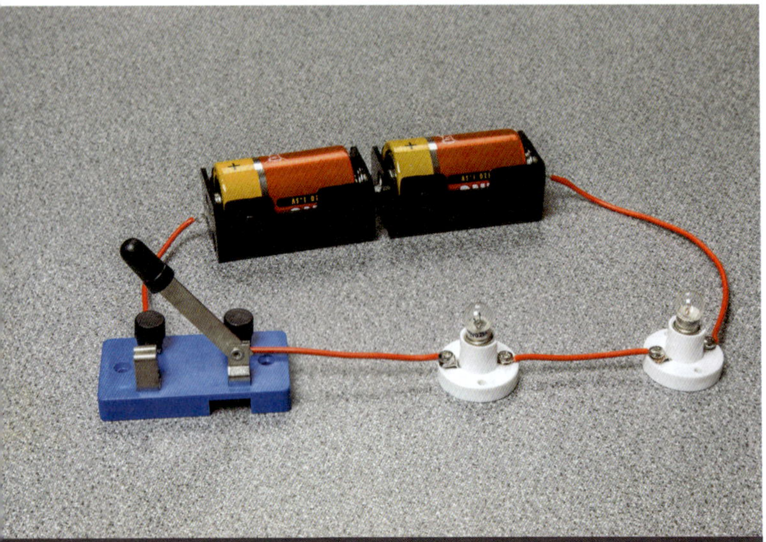

B | 灯泡没有亮，因为电路是断开的。

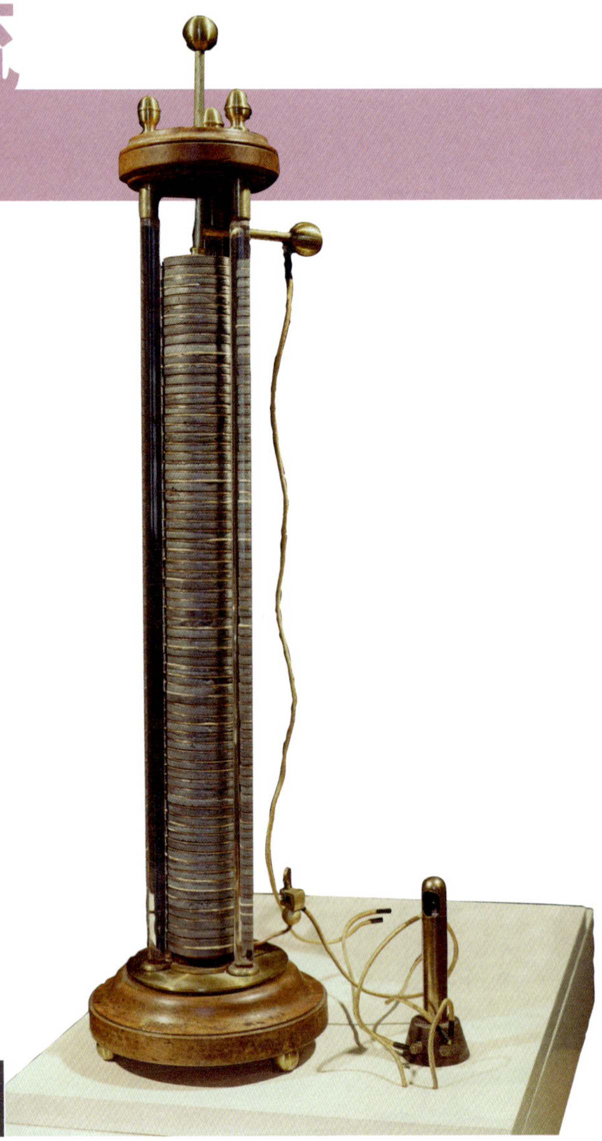

A

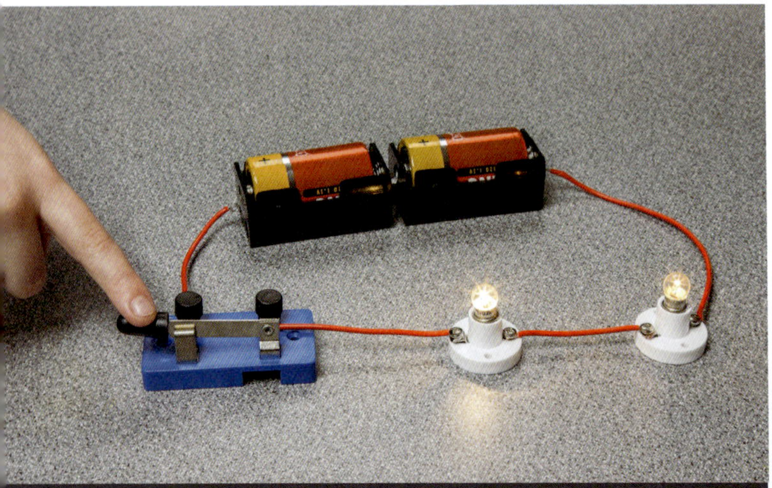

C | 压下开关连接金属导线，电流就可以在电路中流动。这时，两个灯泡都发亮。

事实

1800 年，亚历山德罗 · 伏特发明了最初的电池。

如果电路 C 中的一个灯泡坏了，那么另一个也将熄灭。这是因为坏的灯泡使电路断开了。

1 观察电路 B。解释开关如何点亮和熄灭灯泡。

2 观察电路 C。如果你将一个灯泡从底座上取下，然后压下开关，会发生什么现象?

灯泡亮起来是因为电流流经它们，使**灯丝**发亮。如果在电路中加入更多的灯泡，那么电路中所有灯泡的亮度都会降低。

D | 灯泡中的电流要流经一段非常细的金属丝，这段金属丝叫作灯丝。

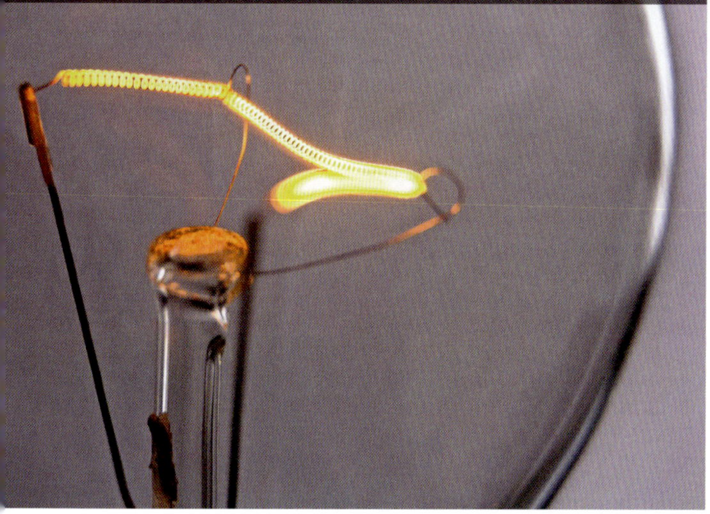

测量电流

我们用**电流表**来测量电流。电流的单位是**安培**（**A**）。电流表可以装在电路的任意位置。电流在沿着电路流动时不会被消耗，因此电流在任意位置都是相同的。

5 a | 电流表用来测量什么？
b | 画出电流表的符号。

6 观察电路 F。

F

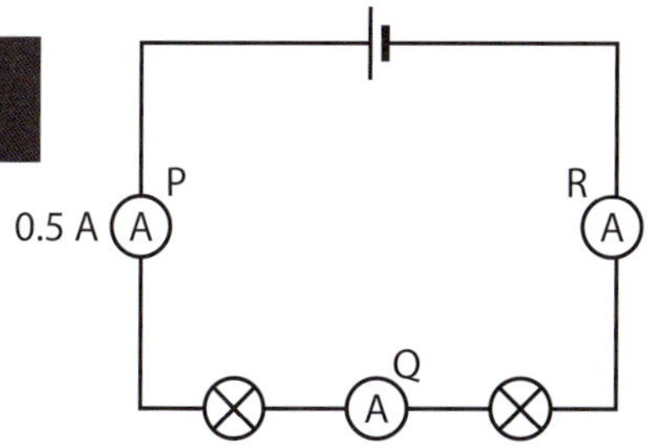

a | 电流表 Q 显示的电流会是多少？
b | 电流表 R 显示的电流会是多少？

7 手电筒不亮了，写出所有可能导致它不亮的原因。

3 说说如何设计一个可以展示电路中灯泡数量增加时，灯泡亮度变化的实验。列出所需元件清单。

4 观察电路 C。另一个电路比它少一个灯泡，其他部分都一样。

a | 两个电路中灯泡的亮度有什么不同？
b | 如果在电路 C 中再加一个灯泡，那么电路中灯泡的亮度将如何变化？
c | 如果电路 C 中的一个灯泡坏了，说说另外一个灯泡会如何。

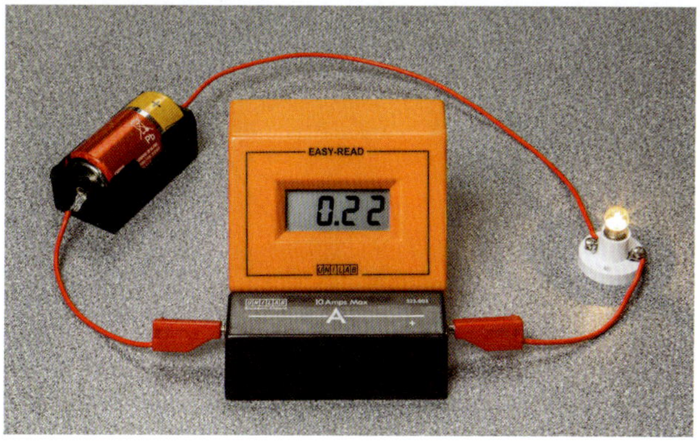

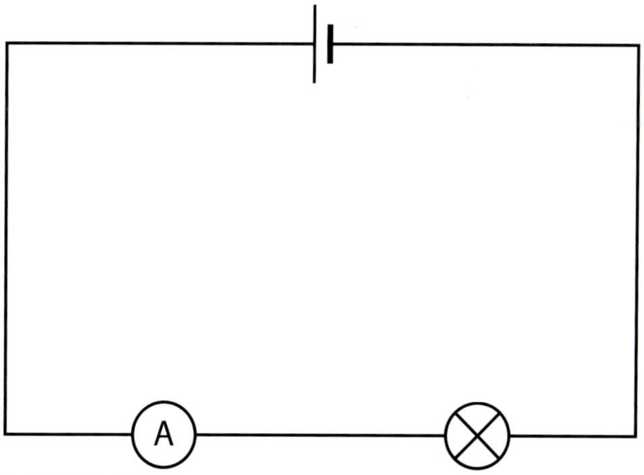

E | 电路中有一个电流表。上图显示了电流表的符号。

我能……

- 解释开关如何工作；
- 描述电路中灯泡数量变化时会发生什么现象；
- 描述什么是电流以及如何测量电流。

7Jb 科学模型

科学研究中如何使用模型？

如果让你解释**模型**是什么，你可能会想到飞机模型或者沙盘模型。这些都是模型，但是还有很多其他类型的模型。模型是一种表达或说明事情的方法。在科学上，我们用模型来帮助我们思考和探究。

我们可以利用模型来帮我们思考电路里发生了什么。下图展示了两种模型。学生们想搭建这两种模型帮助他们思考电路。模型中的不同部分代表电路中的不同部分。

A | 萨姆的模型

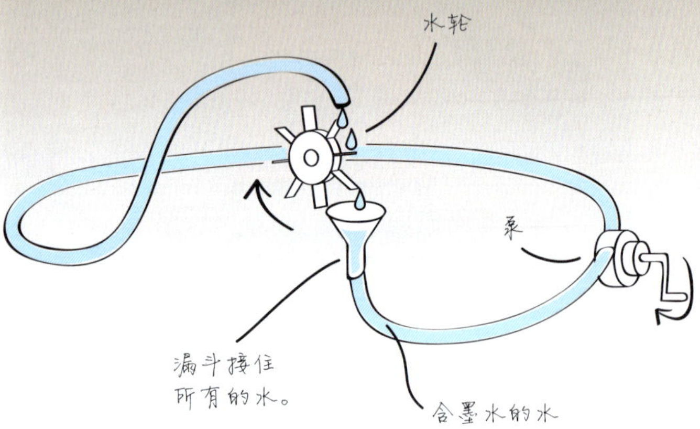

B | 纳特的模型

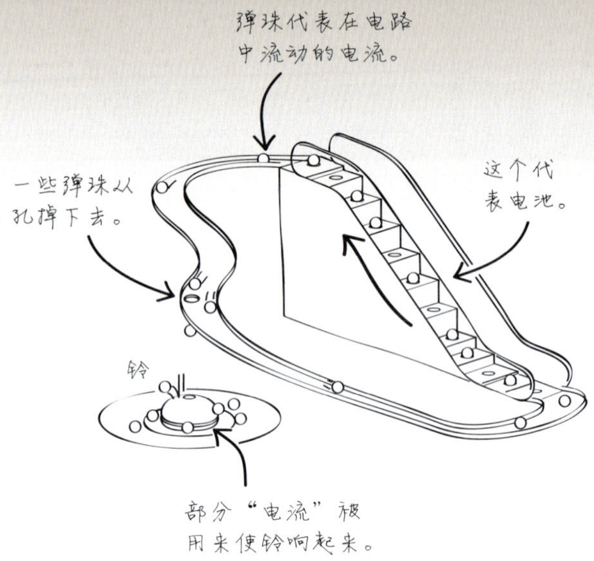

1 观察图 A。萨姆的模型中，哪一部分代表以下元件？

a | 电池

b | 电流

c | 灯泡或电动机

2 解释第 1 题的答案。

3 “电流”在两组模型中流动时，大小如何变化？

a | 在萨姆的模型（图 A）中

b | 在纳特的模型（图 B）中

好的模型运行起来和真实情况相似。在这个例子中，比较好的模型中的“电流”会像真实电路中的电流一样运行。科学家可以用一个好的模型来预测他们在实验中可能会发现什么。

检验模型

萨姆和纳特需要核查真实电路中发生的现象，以确定哪个模型更好。

4 萨姆和纳特可以通过什么样的实验来确定哪个模型更好？

a | 写下他们需要的元件清单。

b | 画出电路图展示他们要如何组装元件。

c | 描述他们要使用的方法，详细写出每个步骤。

5 预测下列情况下的实验结果。

a | 如果萨姆的模型更好

b | 如果纳特的模型更好

6 用你所了解的电路中电流的知识来解释哪一个模型更好。

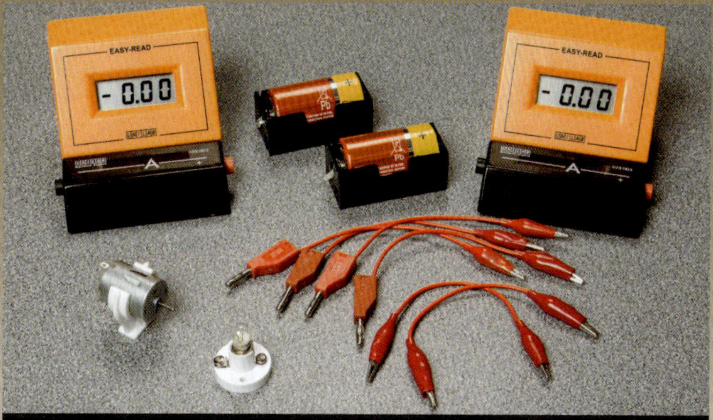

C | 萨姆和纳特可以使用这些元件。

类比也是一种模型，它将复杂的事情与日常容易理解的事情进行比较。这两个电流模型都是类比。当小孩子发现两个磁铁可以互相吸引时，他们可能会用磁体彼此“喜欢”做类比。要记住类比只是一种思考问题的方式，这非常重要。磁铁没有感情，所以它们不可能彼此喜欢。

物理模型和抽象模型

萨姆和纳特想做的电路模型是**物理模型**，因为人们可以搭建和触摸这类模型。图 D 展示了太阳系的一个物理模型。它帮助人们理解行星是如何围绕太阳运动的。

D | 太阳系的这种物理模型叫作太阳系仪。

人们触摸不到、只存在于人的大脑或计算机屏幕上的模型是**抽象模型**。图 E 展示的是一个太阳系的抽象模型。

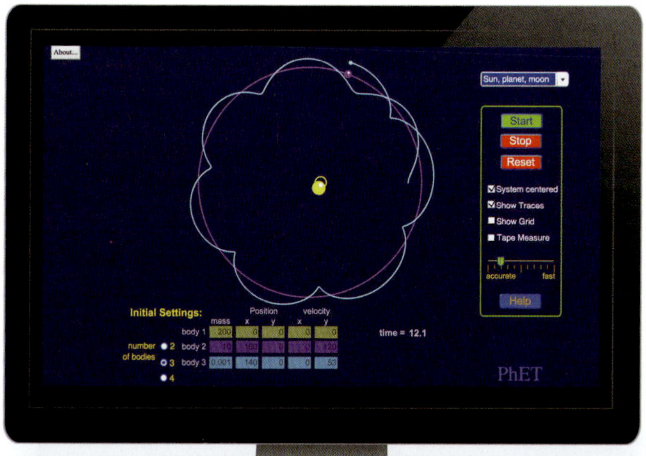

E | 这是太阳系的抽象模型。

7 丹用不同大小的球来模拟地球和月球，解释这是物理模型还是抽象模型。

我能……

- 区分使用的是物理模型还是抽象模型；
- 识别物理模型中每一部分代表什么；
- 设计实验帮助评估模型。

7Jb 电路模型

如何利用模型帮助我们思考电？

直到 100 多年前，科学家仍然认为电是一种在电线中流动的**液体**，尽管他们不知道这种液体究竟是什么。1897 年这个观点被推翻，因为英国物理学家约瑟夫·汤姆孙发现电是在金属中移动的微小**电荷**。

电流是指电荷的流动。电流携带能量从电池（或供电系统）到元件。

金属是**导体**，其中的电荷可以自由移动。电荷不能在**绝缘**材料中自由移动。

想象这些电荷是非常困难的，因为它们小到根本看不到，即使用高倍显微镜也看不到。不过，我们可以用模型帮助我们去想象。有一种我们可以使用的模型与科学家在发现电荷之前使用的模型非常相似（图 A）。

事实

1 A 的电流是指 1 s 内通过的电荷有 6 250 000 000 000 000 000 个。

1 什么是电流？

2 为什么金属可以导电？

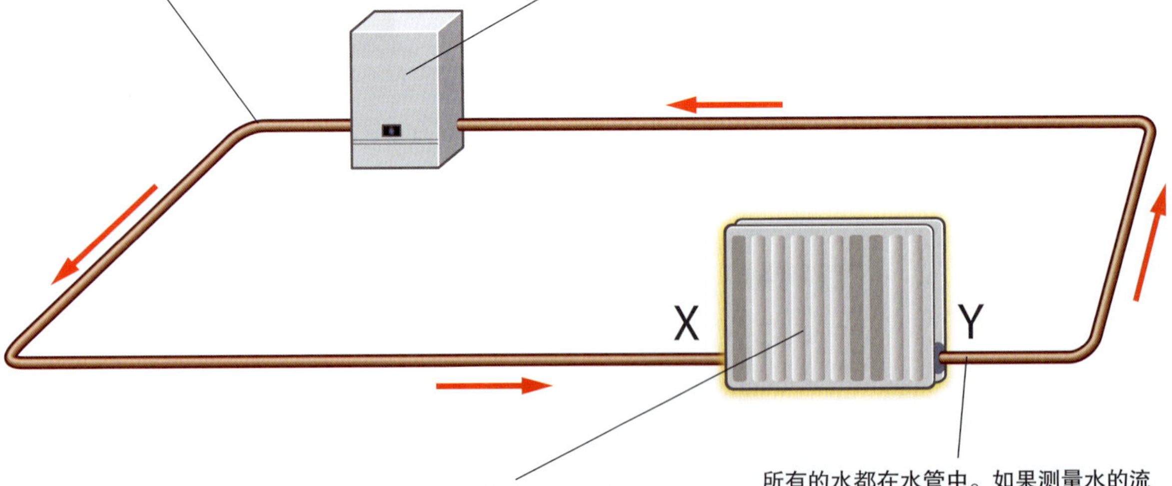

A | 中央供暖系统可以使家里保持温暖。这是图 B 电路的物理模型。

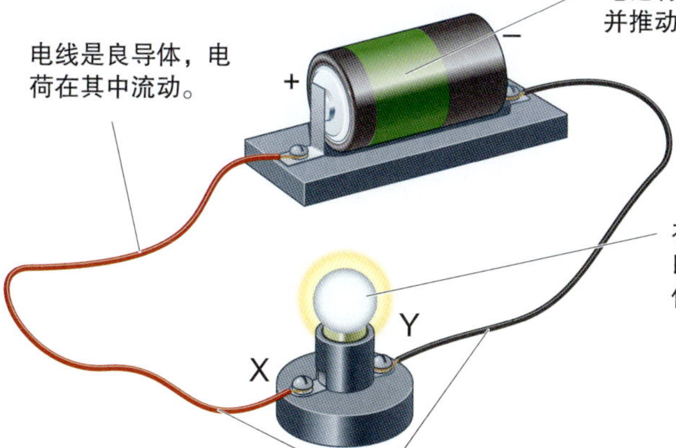

B | 这个电路将能量传递到周围环境中。

3 为什么我们需要模型来帮助我们思考电？

4 用中央供暖模型来帮助你解释以下问题。

a | 为什么中央供暖热水器（带水泵）像电池？

b | 为什么暖气片像灯泡？

5 中央供暖模型与电路有什么区别？

图C展示了一种不同的模型，可以帮助你来思考电。

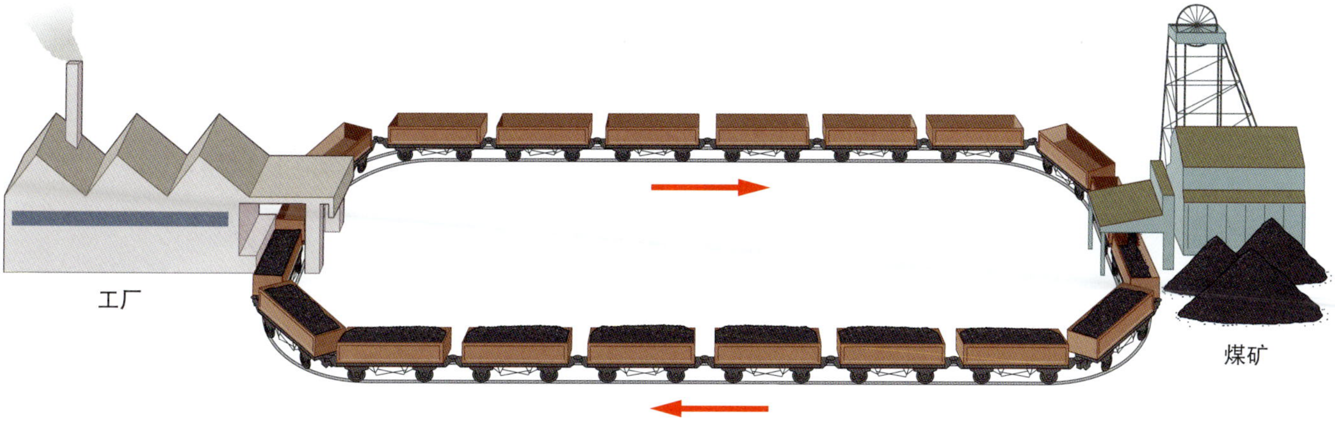

C | 这个模型用火车、煤、工厂来模拟电路。

6 观察图C。下列选项分别代表什么？

a | 煤矿　　b | 工厂

c | 火车　　d | 煤

7 这个模型和电路的区别？

8 本节中哪个模型最能帮助你思考电路中的电？为什么？

我能……

- 解释为什么要使用模型；
- 区分物理模型中每一部分代表什么；
- 用物理模型帮助解释电路；
- 评估一个物理模型；
- 说出电流的含义。

7Jc 串联电路和并联电路

串联电路和并联电路有什么不同?

像电路 A 这样，所有的灯泡都在一个环路上，这种电路被称为**串联电路**。

如果灯泡在电路的独立分支上，这是一个**并联电路**（电路 B）。

一个并联电路可以有许多支路，每个支路都可以接多个元件。

A | 串联电路

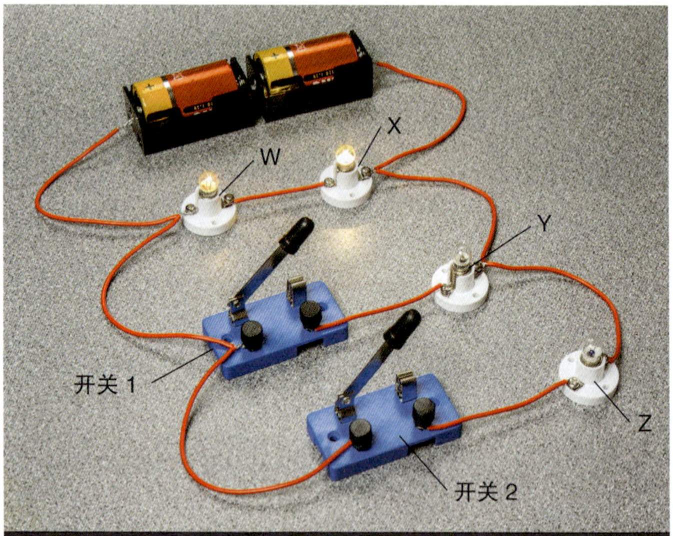

B | 并联电路

并联电路用途非常广泛，因为其连接的每个灯泡可以独立开关。

在电路 A 中，两个灯泡总是一直亮着。在电路 B 中，灯泡 W 和灯泡 X 一直亮着，而灯泡 Y 只有在开关 1 闭合时亮。如果你想点亮所有灯泡，那么要将两个开关都闭合。

两种电路以不同的方式运行。

- 在串联电路中，如果一个灯泡坏了，所有灯泡都会熄灭，因为坏了的灯泡使电路断开。
- 在并联电路中，如果一个灯泡坏了，其他支路的灯泡仍然会亮。

1 串联电路和并联电路有什么区别?

2 你家里的灯是串联电路还是并联电路？为什么?

3 写一个实验计划，研究在并联电路中加入更多的灯泡对灯泡亮度的影响。

- 在串联电路中，电流处处相等。但在并联电路中，电流从电池流出后分到各个支路中。并联电路中，干路的电流等于各支路电流之和（电路 C）。
- 如果在串联电路中加入更多的灯泡，电流会变小，灯泡会变暗。在并联电路中，如果增加更多的带灯泡的支路，灯泡亮度不变。随着支路变多，电流更容易流动了，因为电荷有了更多的路径可以选择。因此，并联电路中干路的电流增加。

C

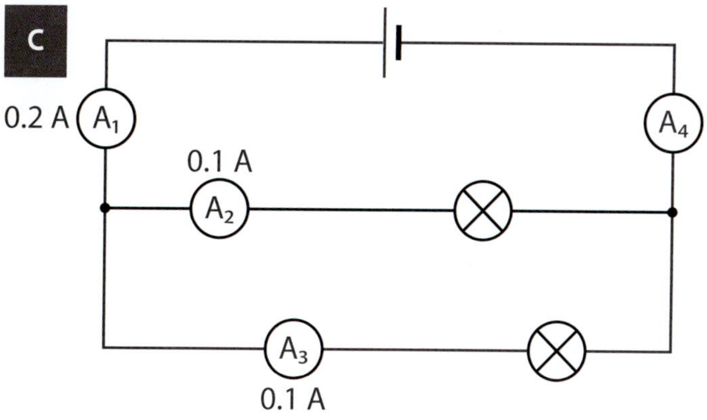

事实

英国最早的路灯是 1878 年沿着伦敦泰晤士河安装的。

D

4 观察电路 E。

E

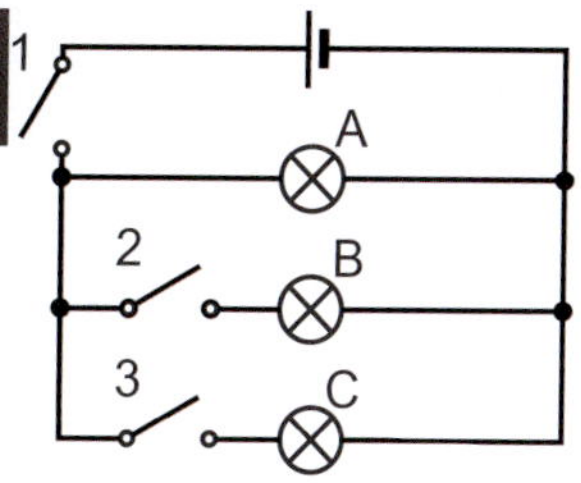

a | 如果想要灯泡 A 亮，需要闭合哪个开关？

b | 如果闭合开关 1 和开关 3，哪个灯泡会亮？

5 观察电路 C。

a | 电流表 A_4 的读数是多少？

b | 如果增加一个带灯泡的支路，灯泡亮度如何变化？

6 琼斯太太有一些圣诞树灯，其中一个灯被拿走后，其他的灯都不亮了。重装该灯之后，树灯又可以亮了。这些灯的连接是并联还是串联？为什么？

7 小镇里所有的路灯要同时开关。应该选哪种方式连接路灯？

我能……

- 说出什么是串联电路和并联电路；
- 解释开关如何控制不同类型的电路；
- 描述电路中元件的数量和类型如何影响电流；
- 描述串联电路和并联电路中电流运行方式的差异。

7Jc 使用表格

在科学交流中如何使用表格？

科学家经常有许多信息需要交流。通常将这些信息放入表格会更容易阅读和理解。

如果**数据**或信息主要是数字，那这些信息是**定量**的。

如果信息主要是文字，则是**定性**的。

A | 这个表格包含定性数据。

名称	图片	符号
灯泡		
电池		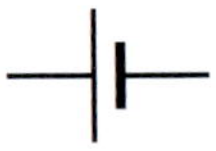
开关	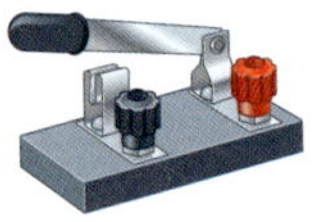	

每一列都有清晰的标题。

项目按照汉语拼音首字母顺序排列。

B | 这个表格包含定量数据。

灯泡数	电流（A）
1	0.40
2	0.20
3	0.13
4	0.10

展示实验结果时，通常把实验过程中一直在改变的变量放在左列，这是自变量。该列的数字通常以升序排列。

单位可以放在每一列的标题栏中。

表格也可以用来比较不同的事物。例如第 156 和第 157 页中电路的模型。这些模型被展示在了表 C 中。

C

中央供暖模型	电路中的电
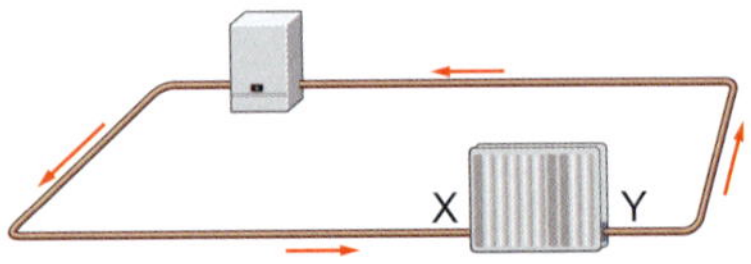	
热水器将能量转移到水中，水泵推动水在水管中流动。	电池将能量转移到电荷中，并推动它们在电线中流动。
中央供暖系统可以让家里保持温暖。	这个电路通过灯泡传递能量。

这一行展示了模型和电路的相似之处。

这一行展示了模型和电路的不同之处。

读写与交流

当你要在一个表格中表达信息时：

a | 每一列要有一个标题；

b | 决定如何对**数据**进行排序。左侧第一列常以升序（对于数字）或按拼音首字母顺序（对于名字或其他词语）排列，但这不一定总是最合适的排序方式。

如果你正在展示定量数据：

c | 将单位放在标题栏里；

d | 左侧第一列放你可以改变的**变量**（叫作**自变量**）；

e | 左侧第一列的数字通常按照升序排列。

对于定性数据：

f | 考虑每一列中信息的顺序。表格也可以用来帮助你识别数据模型，所以有的时候，你可能也想根据**因变量**或其他列的数据来排列顺序。

如果你要比较不同的事物：

g | 每一行展示两件事物中相似的内容（或者不同的内容）。

1 观察第 160 页表 C，它展示的是定性数据还是定量数据？

2 观察第 157 页图 C。做一份表格展示电路与煤—火车循环模式之间的相似和不同。提示：第 157 页第 6 题的答案应该对你有帮助。

3 第 158 和第 159 页的内容说明了串联电路和并联电路的一些不同。

a | 做一份表格来比较串联电路和并联电路。

b | 观察你做的表格，以及第 158、159 页表达这些信息的方式。说说用表格展示数据的优点。

4 某同学设计了一个实验去研究当电池组设置发生变化时，串联电路中电流的变化。她设计的电压的范围是 1—6 V，每次增加 1 V。请做一个表格来展示实验结果。

我能……

- 说出整理数据的优点；
- 用一种合适的方式把数据整理到一个表格中；
- 区分定性数据和定量数据。

7Jd 改变电流

如何改变电路中的电流？

电路中电流的大小取决于电池或电源组的**电压**和电路中的元件。

电池或电源组的电压推动电荷在电路中移动。电路中电池的电压越高，它能推动的电荷就越多。这意味着电池或电源组提供的电压升高时，电流会增大。

测量电压用**电压表**，电压的单位是**伏特**（**V**）。电压表与被测元件（如电池或灯泡）**并联**，如图 A 所示。

电流将能量转移给电路中的元件。测量元件两端的电压是测算电流正在传输能量的多少的一种方法。

A

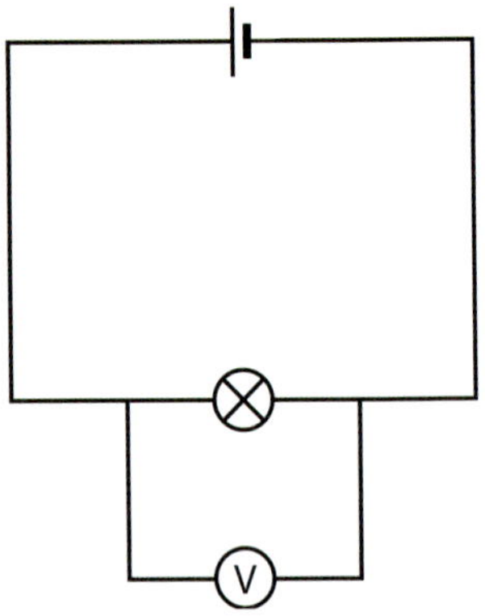

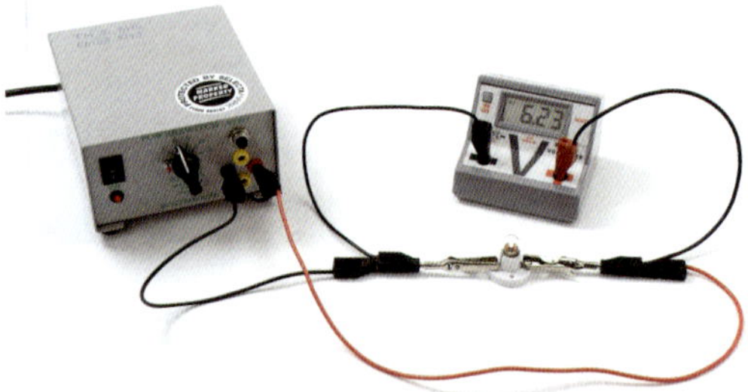

1 a | 电压表是用来测量什么的？
b | 说出电流表和电压表在电路中连接方式的不同。

2 观察电路 B。解释如果将电池电压改为 3 V，电路中的电流会如何变化。

如果在串联电路中增加灯泡，灯泡的亮度变暗。这是因为电流流过灯泡灯丝中的细导线是非常困难的。灯泡越多，电流流动的难度就越大，所以电流变小。

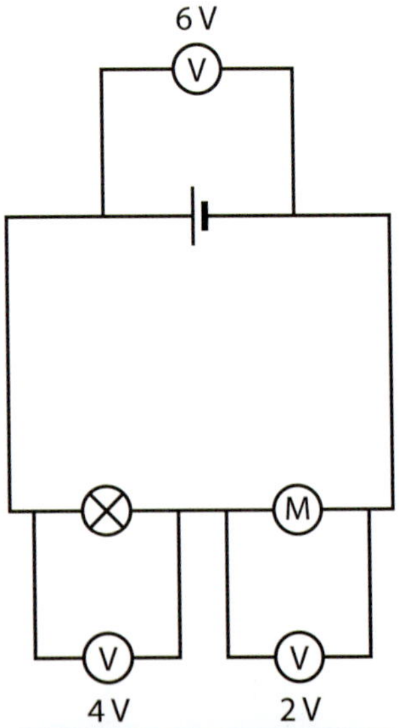

B | 电流传输到灯泡的能量比传输到发动机（M）的能量多。

事实

正常情况下，空气是绝缘体。但是当电压非常高的时候，电能击穿空气。在雷暴发生时，云和地面之间的电压可高达 100 000 000 V！

使电流在电路中流动困难的元件（包括灯泡）具有高**电阻**。不会使电流在电路中流动困难的元件具有低电阻。连接导线的电阻很低。

有时，我们只需要电路中有一个非常小的电流。我们可以通过在电路中使用**电阻器**使电流变小。电阻器的电阻较大，可使电流流动困难。

3 如果电路中元件的电阻增加，电路中的电流将如何变化？

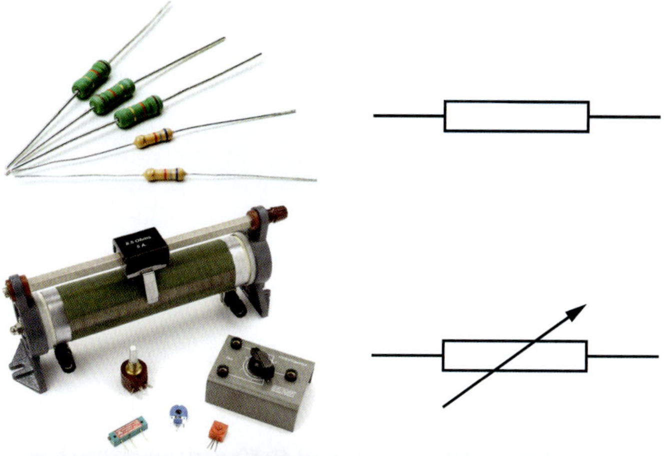

C | 这是电阻器和它的符号。**变阻器**（图片下端所示）的电阻可以通过移动滑片来调节。

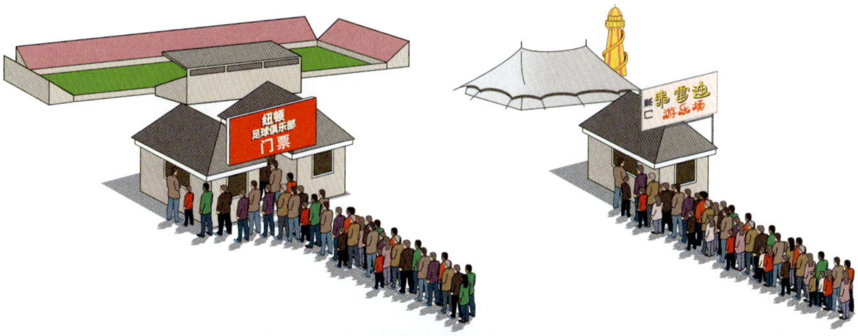

D | 等待进入露天游乐场和足球场的人。

增加并联灯泡时，其他支路灯泡的亮度不变。当增加更多的支路时，从电源流出的电流增加。当电路中有更多支路时，电流的流动会比较容易，因为有更多的支路让电流通过。这时电路的总电阻变小。图 D 中的模型可以帮助理解这种情况。

4 观察图 D。

a | 哪一队移动更快？为什么？

b | 在这个模型中，人代表什么？

c | 入口代表什么？

d | 这个模型如何帮你思考并联电路中的电阻？

5 观察电路 E 和电路 F。两个电路中所有灯泡的电阻都相同。

a | 哪个电路中的电流最大？

b | 如果在电路 E 中再串联一个灯泡，电路中的电流将如何变化？

c | 如果在电路 F 中再并联一个灯泡，电路中的电流将如何变化？

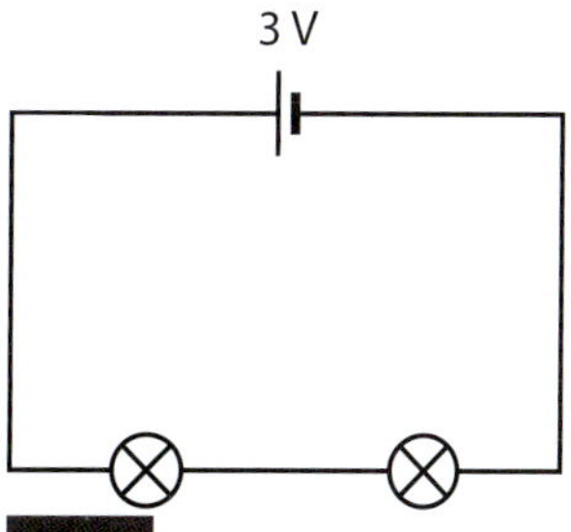

E

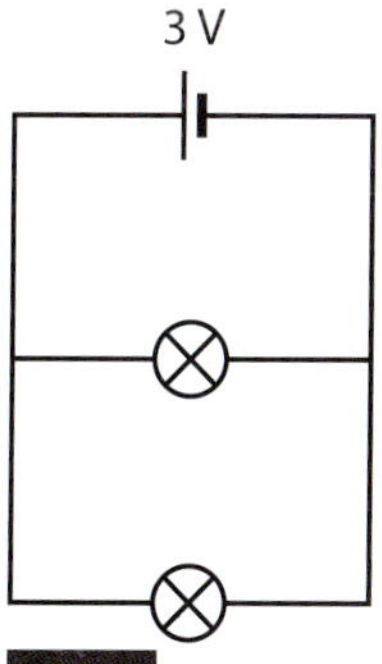

F

我能……

- 描述电路中元件数量和种类对电流的影响；
- 描述如何使用电压表；
- 解释为什么电流随着电压的增大而增大；
- 描述电阻和电流的关系。

7Je 电的使用

如何安全用电？

1882 年，世界上第一个公共发电厂在伦敦投入使用。从那以后，英国建设了越来越多的发电厂，几乎这个国家的每个家庭都与干线电源连接。尽管电非常有用，但它也很**危险**（电可能造成伤害）。干线电源的电压比电池高得多，因此它导致危险的**风险**也更大。

电流流过电线会导致电线发热。这在用电取暖或烘焙时非常有用。但如果其他的元件或电线变得太热就可能导致火灾。电流流经身体对身体伤害非常大，它会导致烧伤甚至使心脏停止工作。

A | 接线错误导致的电气火灾

降低风险

如果人们可以遵守一些简单的安全守则，那么受到伤害的风险将大大降低。

- 不要碰插头上裸露的金属部分。
- 不要将东西插入插座。
- 保持电远离水，不要用湿手碰开关。
- 不要在同一个插座上连接太多的插头。
- 不要再使用导线已损坏的电器。

1 说出三种用电不当造成危险的情况。

2 说说为什么不能随意将一些东西插入插座。

事实

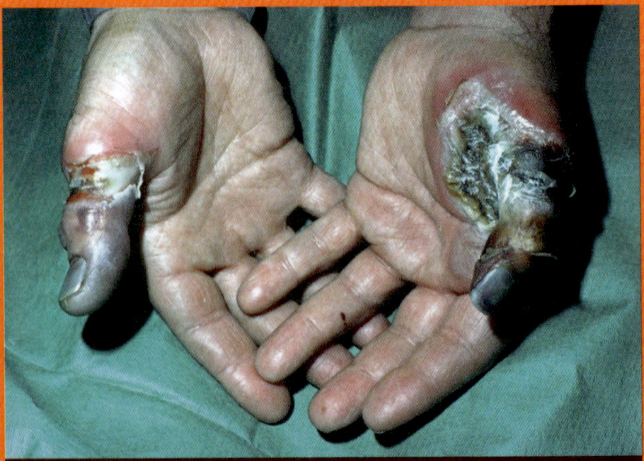
B | 电烧伤

在英国每年有超过 2 000 000 人遭受干线电击，其中重伤人数超过 300 000 人。

电气设备在设计的时候就考虑到了安全问题。设备上的插头都带有保险丝（**熔断器**）。如果电路电流超过了额定值，保险丝会熔断，断开电路。保险丝有不同的**额定值**，即电路在不熔化的前提下可以允许多少电流通过。

许多电器需要有内含三根电线的电缆。**火线**和**中性线**是电路的一部分，它们让电器运转，**地线**则起保护作用。

断路器是另一种安全保护装置，它在电流过大时会切断电流。断路器的工作方式与保险丝不同，它是用来保护房屋中插座的“环”（通常称**环路**）。

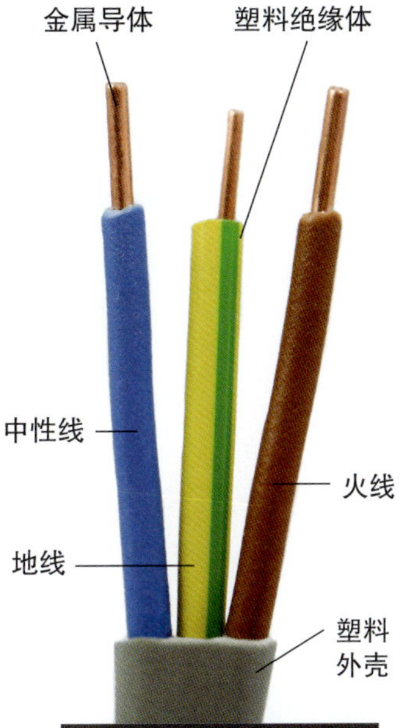

C | 三芯电缆

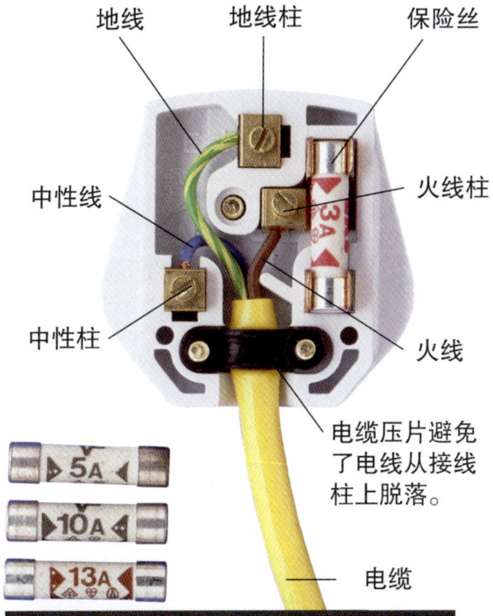

D | 英国常用的不同保险丝

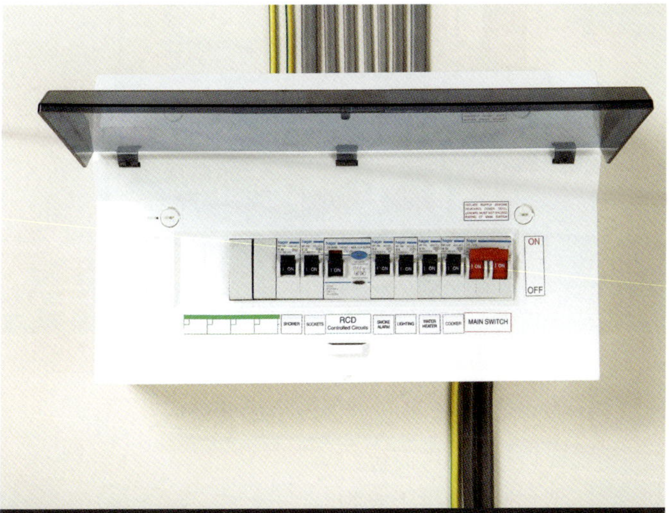
E | 房屋中的电力就是通过该盒子底部的电线进入房子的。房屋中的不同电路由断路器保护。

3 电缆中的三根线分别有不同颜色的外皮。

a | 做一个表来展示三根线的名称和颜色。

b | 为什么这几根线需要有标准色？

4 如果电器中通过的电流太大会怎么样？

5 图 D 展示了四种不同标准的保险丝。若电器的额定电流为 6 A，应该选用哪种保险丝？

6 如何在保险丝熔断前判断出它能通过多大的电流？写一个实验计划，其中要包括需要的元件和电路图。

7 有时，电器的电线可能会损坏。

a | 如果电器的电线损坏了，使用电器时可能会发生什么状况？

b | 如何设计电气设备来避免这种情况发生？

我能……

- 说出用电的时候应该遵守的一些安全预防措施；
- 说出保险丝和断路器的作用；
- 解释保险丝的工作过程；
- 记住插座中不同的线是如何连接的。

7Je 没有电的世界

电如何改变了我们的生活方式？

19 世纪末，第一座电厂建成。它生产的电最初只用于照明。后来，科学家和工程师发明了电动机和电子元件。现在，我们在日常生活中用电做很多事情。

我们今天做的很多事情在没电的时候也能做，但也有一些事情只能利用电气设备来做。

A | 发明电之前，客厅里的娱乐

B | 在 19 世纪天然气被接入家庭之前，蜡烛和油灯是唯一的光源。

C | 1890 年，“电椅”首次被用来惩罚罪犯，现在美国的一些州还在使用这一惩罚方式。

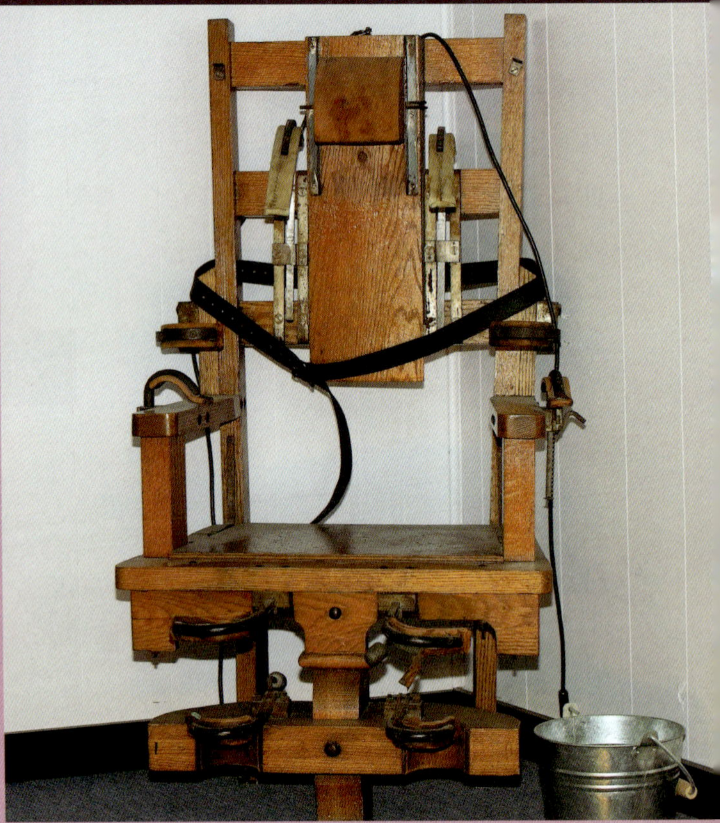

1 说说用电做下列事情的优点和缺点。

a | 泡茶和烤面包

b | 洗涤和烘干衣物

2 我们用电做许多不同的事情。如果所有电路都是串联电路，我们对电的使用会有什么不同？用本章的知识进行解答。

说出你的观点

自从发明了电，人们的生活是否更好了？

7Ka 力

在我们的生活中，**力**无处不在。我们看不到力，但是能看到它们对事物产生的影响。所有的运动都涉及力。当你踢足球、骑自行车或者跑步时，你都用力了。

当你参加某项运动时，你可能需要特殊的装备来保护自己以免受到某些力的伤害，或帮助自己使出更大的力。没有现代技术，许多运动都是没办法进行的。

有些运动非常危险，不过，做这些运动的人会戴上头盔或穿上特殊的服装。如果发生了意外，这些装备可以保护他们。运动中使用的所有装备都必须是经过设计的，以保证使用时不会坏掉。

设计运动装备的工程师必须了解运动所涉及的所有不同的力，这样才能保证他们设计的装备能够安全使用。

A | 登山者用冰镐和钉鞋来辅助自己在冰上攀爬。她戴头盔、系安全绳来降低受到伤害的风险。

1 a | 写下五种用简单的器材（比如球）就可以进行的运动。

b | 写下五种需要更专业的装备的运动。

2 a | 图 A 中，将登山者向下拉的是什么力？

b | 图 B 中的四轮自行车用刹车来减速。刹车产生的是什么力？

3 登山者正在攀着冰往上爬。这是一个接触力。

a | 再说出一个接触力。

b | 说出两个非接触力。

4 与 50 年前相比，今天的登山者可以攀登更陡峭的冰和岩石。说说这是为什么。

B | 这项运动被称为四轮自行车。

7Ka 不同的力

力能做什么？

力是指各种推力或拉力。力可以改变物体的形状、速度或运动方向。

对许多力来说，提供力的物体必须接触到目标物体才能对其产生作用，这被称为**接触力**。例如，当你扔球时，你需要接触到球才能施加一个力给它。当你骑自行车下一个陡坡时，刹车需要接触车轮来产生**摩擦力**从而降低速度。接触力包括摩擦力、**空气阻力**、**水阻力**和**浮力**（使物体漂浮的力）等。

有的力隔着一定距离就能影响到目标物体，这些被称为**非接触力**。**重力**是一种将物体向下拉的力（图 A）。**静电**能吸引物体（图 B）。图 C 中的人正在利用磁铁攀爬船舷。磁铁具有**磁性**，能够吸引由铁和其他一些金属制成的物体，也能够排斥其他磁体。

A

B

C

力可大可小。测量力的单位是**牛顿**（**N**）。力的作用方向非常重要，因此我们用箭头表示力。箭头的方向指示力的方向；箭头越长表示力越大。

1 写下力影响足球的三种方式。

2 写下三种属于以下力的力的名字。

a | 接触力　　b | 非接触力

3 测量力的单位是什么？

4 观察图 D。

a | 摩托车和自行车中，哪辆受到的力更大？
b | 你是如何从图片中判断出来的？
c | 因这两个力的作用，摩托车和自行车分别会怎样？

D

有时，会有很多力同时作用在同一物体上。图 E 中，有四个力作用在潜水员身上。

E

重量和质量

我们常说的**重量**是指将你向下拉的重力。重量是一种力，其单位是牛顿（N）。如果讨论某个物体是“10 kg”，那么你正在讨论的是**质量**。重量和质量是不同的。

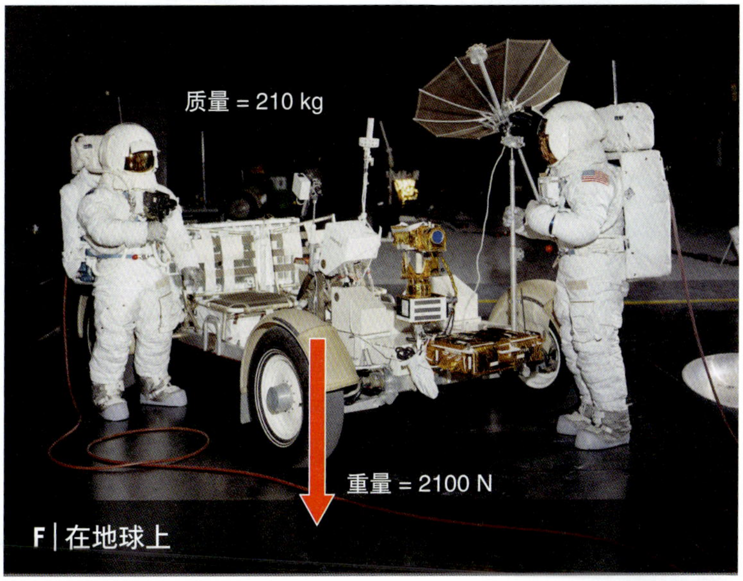

F | 在地球上

G | 在月球上

质量是构成物体的物质数量，常用单位是**克**（g）和**千克**（kg）。

地球上的重力比月球上的大。图 F 的月球车无论在哪里质量都相同，但是它在地球上的重量比在月球上大。地球上每千克物体受到的向下拉的重力是 10 N，所以质量为 2 kg 的物体的重量是 20 N。

5 a | 什么是重量？
b | 重量的单位是什么？
c | 什么是质量？
d | 质量的单位是什么？

6 为什么物体在月球上的重量比在地球上小？

7 为什么不同国家的科学家按同样的标准校准单位质量非常重要？

事实

国际千克原器被保存在巴黎附近的一个保险箱里。所有其他的质量都是对比它来测量的。

H

我能……

- 说出力对物体的作用；
- 说出几种力，并按照接触力和非接触力对其进行分类；
- 记住如何测量力和质量，并记住它们的测量单位。

7Kb 弹簧

弹簧如何帮助我们测量力？

材料和物体能被**拉伸**（变得更长）和**压缩**（变得更短）。材料的拉伸量和压缩量取决于材料的类型和其受到的力的大小。改变某些材料的大小需要非常大的力。

大部分**弹簧**由线圈构成。弹簧的**伸长量**指弹簧的拉伸长度与原始长度之差。在撤掉外力后，弹簧会恢复到原始长度，也就是说弹簧具有**弹性**。

1 弹性是什么意思？

2 观察图 B。哪个箭头表示弹簧的伸长量？为什么？

A | 在弹跳高跷这项运动中，运动员利用弹簧单高跷跳到 3 m 高空中表演特技。弹簧单高跷里有弹簧。

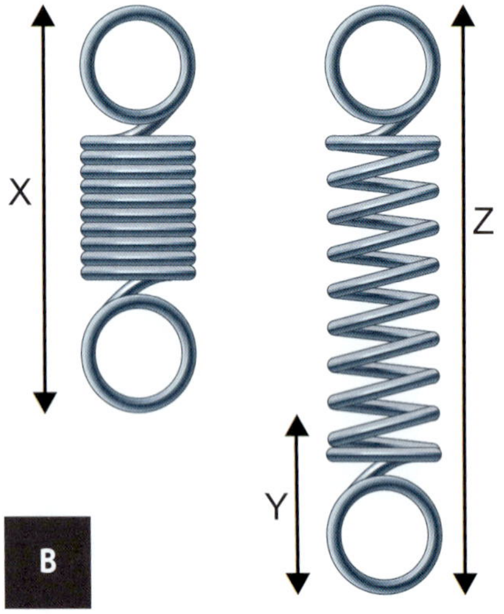

B

3 观察图 C。解释如何利用该装置找出弹簧伸长量多少与受力大小的关系。

图 C 的**装置**用来研究弹簧的伸长。图 D 表明弹簧的伸长量与受到的力**成比例**，直到力增长到某个特殊点，这个点被称为**比例极限**。这意味着力每增长 1 N，弹簧伸长相同的长度。弹簧的伸长量与受到的力成比例这一观点被称为**胡克定律**。胡克定律不适用于所有弹性材料。

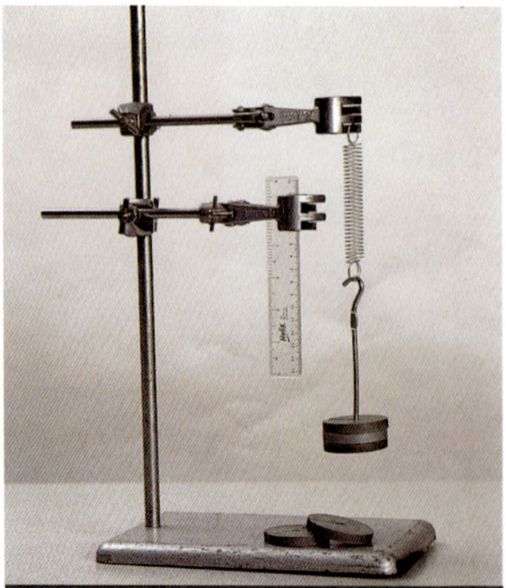

C | 研究弹簧伸长的装置

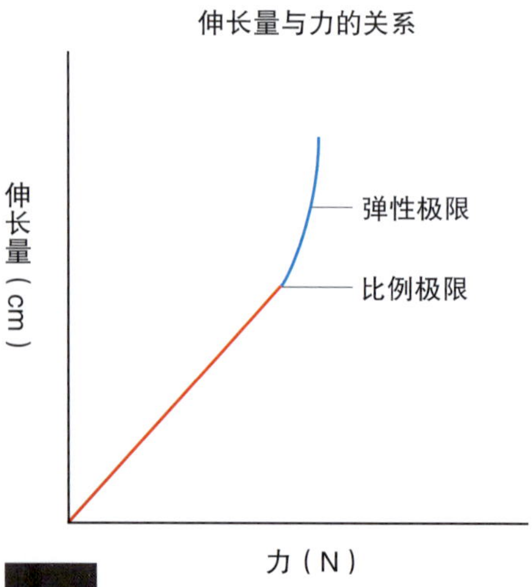

D

E | 有弹性的不只有弹簧。蹦极绳索也会伸长，然后将蹦极者向上拉。然而蹦极绳索并不遵循胡克定律。

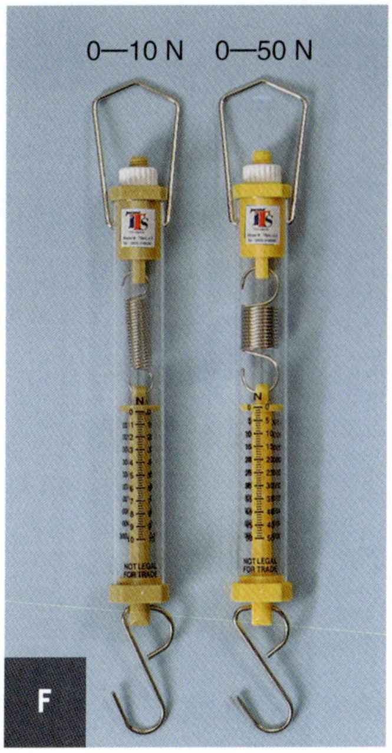

F

如果弹簧受到足够大的力，它将突破**弹性极限**，然后弹簧将不能再恢复到原始长度。外力撤掉后，不能恢复到原始形状的材料是**塑性**材料。

4 当弹簧上挂一个 10 N 重的物体时，弹簧伸长 2 cm。当弹簧上挂一个 20 N 重的物体时，弹簧伸长多长？

5 a | 弹性材料和塑性材料有什么区别？
b | 说出一种塑性材料。

弹簧被用于**测力计**中（图 F）。如果用测力计测一个比较小的力，里面的弹簧会只伸长一小段。如果测量一个比较大的力，弹簧会伸长得更多，指针也沿着刻度表移动更多。

6 图 G 显示了不同材料在悬挂物体时的伸长量。

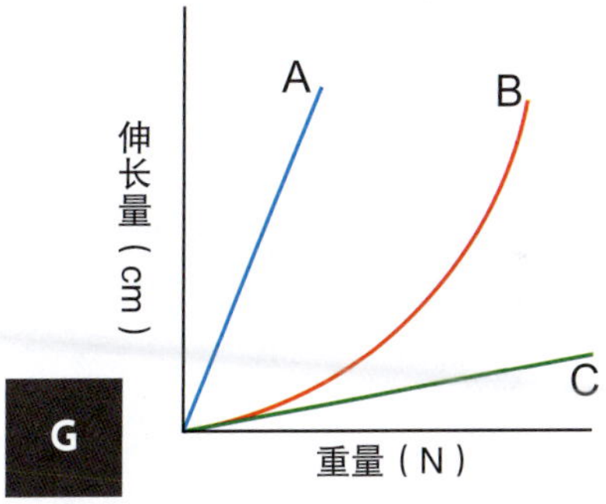

G

a | 悬挂物重量相同时，哪种材料伸长量最大？
b | 哪种（些）材料可以被用来制作测力计？为什么？
c | 哪种材料适合制作测重比较轻的测力计？

7 观察图 F 的测力计。为什么里面的弹簧不同？

事实

罗伯特·胡克（1635—1703）研究了金属受拉伸时的变化，胡克定律就是以他的名字命名的。他的研究对测力计的发明至关重要。然而，力的测量单位却是以他的对手艾萨克·牛顿的名字命名的。

我能……

- 描述弹簧的伸长量与所受的力的关系。

7Kb 做笔记

如何在看视频或听报告时做笔记？

蹦极——幻灯片 A

蹦极这项运动比许多人想象的要古老得多。几个世纪以来，太平洋上瓦努阿图的年轻人一直在进行陆地蹦极运动。这一习俗源于传说，它在一个塔上举行。塔由木头和藤蔓搭建而成，不使用一颗钉子。男性爬到塔上，然后在跳之前把藤系在脚踝上。非常关键的一点是藤的长度必须合适，太长，人会撞到地上；太短，可能荡进塔内。他们把这当作一种成人礼，表示男孩子已经准备好成为大人了。

蹦极——幻灯片 B

1979 年，危险运动俱乐部的成员看到一部关于陆地蹦极者的影片，他们也想尝试。他们去不了瓦努阿图，于是决定去克利夫顿悬索桥，这里可以给他们提供 70 多米的降落空间。他们用攀岩安全带将人与橡皮绳系在一起，认真算出需要的绳子的长度和强度。他们未获得从桥上往下跳的许可，但是这并没能阻止他们。1979 年 4 月 1 日，他们设法将所有设备运到桥上并安全跳下。然后他们被逮捕了。

蹦极——幻灯片 C

今天，对于寻求刺激的人来说，蹦极是项很普遍的运动。蹦极绳索捆绑住脚踝，蹦极者头朝下冲向地面，下面通常是河流或池塘。有的时候蹦极者会使用全身式安全带。人们可以从桥上或者吊车平台上跳下。

这些幻灯片来自一个关于蹦极的报告。当看视频或者听报告时，你就得做笔记。因为你正在观看和收听的内容不可回放，这意味着你必须能够快速做笔记。

高效做笔记的一些方法。

- 开始之前想好你要记什么。你不可能写下全部内容，所以要关注重点。
- 划分笔记本页面。例如，你可以做一个表格，一边记笔记一边整理内容，或者写下标题和副标题。
- 如果报告正在描述一个过程，你也可以把笔记做成流程图形式，用箭头表示事情发生的顺序。
- 缩写可以节省时间。缩写既可以是标准的缩写方式（例如千克写作 kg），也可以是你自己创造的方式。表 D 列出了一些常用的缩写。

如果你的笔记很凌乱，那么在报告结束后，趁你还能记得报告内容时，尽快整理一份整洁的笔记。

D

符号	意义
=	等于，和……相同
≠	不等于，和……不同
∴	所以，因此
∵	因为
+	和，更多，加
>	多于，大于
<	少于，小于
−	少，减
→	给，导致，至
↗	上升，增加
↘	下降，减少

迈克一开始先为他的笔记做了一个带标题的粗略的表格。

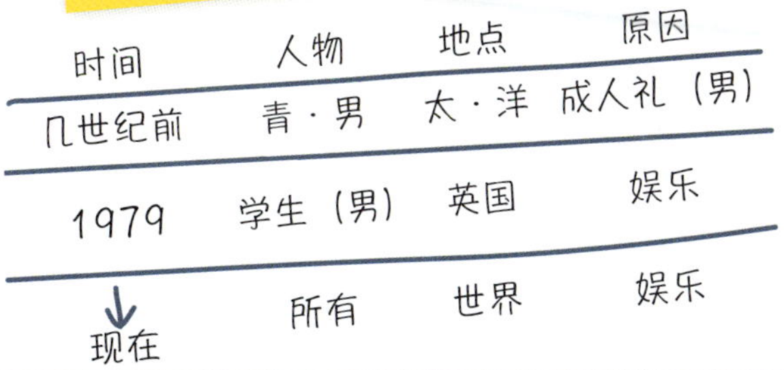

E | 迈克的笔记。迈克对蹦极的历史以及人们为什么要蹦极感兴趣。

苏尼塔有自己的缩写方式：“从哪”或“从”代表他们从哪里跳下；“绳索”或“绳”代表蹦极绳索；“绑”代表蹦极者捆绑绳索的方式。

苏尼塔的笔记采用了时间轴的形式。

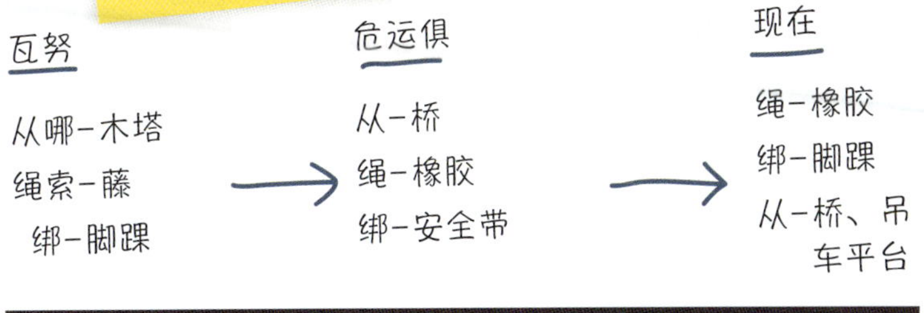

F | 苏尼塔的笔记。她感兴趣的是自蹦极问世以来，人们蹦极方式的变化。

1 a | 观察图表 E，你认为迈克的缩写“青·男”和“太·洋”分别代表什么？
b | 观察图表 F，你认为苏尼塔的缩写“瓦努”和“危运俱”分别代表什么？

2 苏尼塔也可以在表格中做笔记。请将苏尼塔的笔记重新写在一个表格中。

3 阅读第 170—171 页。做一份关于如何用弹簧测量力的笔记。在笔记中尽量使用表 D 中的缩写。

我能……

- 从报告或视频中概括信息；
- 用缩写帮助自己做笔记。

7Kc 摩擦力

如何控制摩擦力？

摩擦力是两个互相接触的物体之间的力。它能减缓物体的速度或使物体保持静止。衣服和椅子之间的摩擦力防止你从椅子上滑落。没有脚和地面之间的摩擦力，行走将变得非常困难——你会滑倒并四处滑动。

A | 攀岩鞋由特殊橡胶制成，它可以增大摩擦力以提供良好的抓地力。

B | 这个人正沿着绳子向下滑。她利用摩擦力来控制下降的速度。

我们可以通过使用特殊材料来增大摩擦力。例如，橡胶能产生更大的摩擦力。一级方程式赛车的橡胶轮胎可以阻止它在急速转弯时滑出赛道。

C | 滑降选手给他们的滑雪板底部上蜡使它们光滑。这会减小摩擦力，让他们滑行得更快。

摩擦力不总是有用的。有时我们希望物体更容易运动。例如，如果自行车车轴的摩擦力太大，人骑起来就会非常困难。我们可以采取一些措施来减小摩擦力，比如让表面更光滑或使用**润滑剂**（如润滑油或润滑脂）。添加润滑剂被称为**润滑**。

1. 举一个摩擦力使物体静止的例子。
2. 解释橡胶浴垫为什么有用。
3. a | 为什么需要给自行车的车轴上油？
   b | 为什么一定不能给自行车的刹车片上油？
   c | 为什么自行车的刹车在雨天不那么灵敏？
4. 自行车和汽车的轮胎胎面可以使轮胎和湿路面间的水排出。解释为什么这很重要。

摩擦力会磨损物体。自行车的刹车片会磨损，汽车轮胎也会磨损。衣服的某些部位也会因为摩擦力的磨损而变薄。摩擦力还会产生热和噪声。如果汽车发动机里没有润滑油，那么活动部件之间大量的摩擦力会使发动机过热，甚至停止工作。生锈的门铰链吱吱叫，并且使开门变得困难。

由**气体**和**液体**导致的摩擦力也会使物体减速。光滑的表面或流畅的外形都可以减小空气阻力和水阻力。

D | 自行车的一些零件的设计是为了增大摩擦力，一些零件的设计是为了减小摩擦力。

事实

赛车的轮胎在每场赛事中都会被磨损，然后不得不更换。一级方程式赛车的轮胎平均只能行驶 120 km，每个轮胎价值约 1000 英镑。车队会根据赛道条件选择不同类型的轮胎。

E

F | 这辆改装车外形流畅，因此它在比赛时很容易穿过空气。比赛结束时，降落伞张开以增加空气阻力，帮助赛车慢下来。

5 a | 为什么汽车的主人要定期更换轮胎？
b | 为什么赛车轮胎的寿命不像普通汽车轮胎的寿命那样长？

6 如何能让门铰链不吱吱叫？

7 写出运动物体间的摩擦力产生的三种影响。

8 举出摩擦力在日常生活中有用的例子，越多越好。

9 在一篇科幻小说中，一个小镇的地面渗出了有润滑作用的油雾。想出这对小镇日常生活的三种影响，然后写一段 150 字的故事。

我能……

- 说出摩擦力的作用；
- 说出一些可以改变摩擦力的方法；
- 找出摩擦力有用的和没用的情况。

7Kd 压强

压强在运动中如何应用？

压强是作用在单位面积上的压力。在很多运动中，压强是非常重要的。

A | 这个人穿着雪鞋来分散他的重量。雪鞋减小他脚下的压强，使他不会陷入松软的雪中。

B | 登山运动员正走在坚硬的雪和湿滑的冰上。靴子的底部有鞋钉，可以集中她的重量。鞋钉的尖头插进冰里，可以防止她滑倒。有鞋钉的靴底增加了她的脚对冰的压强。

如果一个人的脚或一辆车对地面的压强很高，就很可能陷入雪中、泥中或沙子中。压强的大小取决于力的大小和受力面积的大小。

如果保持力不变：

- 面积越大，压强越小；
- 面积越小，压强越大。

如果保持面积不变：

- 力越大，压强越大；
- 力越小，压强越小。

压强同样影响着日常事物。用锋利的刀比用钝的刀切东西更容易。锋利的刀的刀锋更窄，所以你切东西时作用在刀上的力会集中于更小的面积上。

1 观察图 C 的汽车。

a | 车轮下的压强大还是小？

b | 为什么这辆车的轮胎这么大？

C

2 图 A 中的人穿了一双巨大的雪鞋，解释他脚下的压强会发生什么变化。

3 a | 解释为什么尖头的图钉比较容易被按进墙壁。

b | 解释为什么图钉有一个供人们按压的大头。

我们用下面的公式来计算压强：

$$压强 = \frac{力}{面积}$$

力的单位是牛顿（N），面积的单位是平方米（m^2），因此压强的单位是牛顿每平方米（N/m^2）。这个单位也被称为**帕斯卡**（**Pa**）。$1\ Pa = 1\ N/m^2$。

如果面积比较小，面积单位就可以用平方厘米（cm^2），那么这时压强的单位就是牛顿每平方厘米（N/cm^2）。

亚历克丝靴底上鞋钉的总面积是 $0.2\ cm^2$。计算鞋钉下的压强：

$$压强 = \frac{力}{面积} = \frac{800\ N}{0.2\ cm^2} = 4000\ N/cm^2$$

E | 宽大的履带和滑雪板防止雪地摩托陷入雪中。履带上伸出的突起刺入雪或冰中提供抓地力。

事实

1991 年，人们在冰川中发现了一具保存完好的尸体。这个人生活在大约 5300 年前，被称作奥茨。他的鞋可能是最早的雪鞋实例。图 F 是他平常的鞋和雪鞋的重现。

4 当你站立时，如何测出你鞋下的压强？列出所需要的设备，并解释为什么需要它。

5 观察图 D。计算萨姆雪鞋下的压强。

6 观察图 E。解释履带和上面的突起是如何工作的，在答案中要使用压强的概念。

我能……

- 计算压强并记住它的单位；
- 说出简单情况中压强大小的影响。

7Kd 国际单位制

A

在科学领域使用的标准单位有哪些?

图 A 中的路标表示这条路的限速。如果你在英国开车，这个标志意味着你的车速不能超过 50 英里每小时（mph）。如果你在法国开车看到这个标志，意味着你的车速不能超过 50 千米每小时（km/h）——大约是 31 mph。

有时，使用单位的不统一可能会导致很严重的后果。图 B 是一位画家画的火星气候探测器。该航天器在到达火星时坠毁。它在火星大气中出现问题并解体，而导致这一结果的原因是两组工程师在设计它时使用了不同的单位。

世界各地的科学家经常一起工作，因此使用相同的单位是非常重要的。全世界的科学家都使用**国际单位制**（**SI**）。

B

表 C 显示了国际单位制中的一些标准单位。

量	单位名称	符号
长度	米	m
面积	平方米	m^2
体积	立方米	m^3
质量	千克	kg
时间	秒	s
力	牛顿	N
压强	帕斯卡	Pa（$1\ Pa=1\ N/m^2$）
能量	焦耳	J
速度	米每秒	m/s

C | SI 的一些单位

有时这些单位的大小会不合适。例如，青少年平均每天需要的能量是大约 10 000 000 **焦耳**（**J**），如果将它写成 10 000 **千焦**（**kJ**），可能更容易理解。1 kJ = 1000 J。“千”是一个**前缀**，前缀告诉我们这是一个比较大或比较小的单位。

前缀	符号	意义	例子
兆 –	M	1 000 000	1 兆焦（MJ）= 1 000 000 J
千 –	k	1000	1 千克（kg）= 1000 g
分 –	d	$\frac{1}{10}$	1 立方分米（dm^3）= $\frac{1}{1000}\ m^3$ $\left(\frac{1}{10}\ m \times \frac{1}{10}\ m \times \frac{1}{10}\ m\right)$
厘 –	c	$\frac{1}{100}$	100 厘米（cm）= 1 m
毫 –	m	$\frac{1}{1000}$	1000 毫克（mg）= 1 g
微 –	μ	$\frac{1}{1\ 000\ 000}$	1 000 000 微米（μm）= 1 m
纳 –	n	$\frac{1}{1\ 000\ 000\ 000}$	1 000 000 000 纳米（nm）= 1 m

D | SI 体系中使用的前缀。

其他单位

有些单位被广泛使用，但它们不是标准单位。

E

量	标准单位	仍在使用的其他单位
时间	s	分，小时，天，年
长度	m	英里
压强	Pa	牛顿每平方厘米（N/cm^2）
速度	m/s	千米每小时（km/h），英里每小时（mph）
体积	m^3	升（$1\ L = 1000\ cm^3 = 1\ dm^3$），毫升（$1\ mL = 1\ cm^3$）

F | 参赛蜗牛中的冠军的爬行速度可达 0.003 m/s 或者说 3 mm/s。毫米每秒不是测量速度的标准单位，但是它可以帮助我们更好地理解蜗牛的爬行速度。

1 在进行下列测量时，你将使用哪些单位？从表 C 中选择你的答案。

a | 操场的宽度

b | 一个足球场的占地面积

c | 你吃一块巧克力花费的时间

2 在进行下列测量时，你将使用哪些单位？请同时给出合适的单位前缀。

a | 一片树叶的厚度

b | 你的食物中储存的能量

c | 伦敦和伯明翰之间的距离

3 a | 为什么所有科学家使用相同的单位体系非常重要？

b | 在购买食物或其他商品时，不同的国家使用不同的质量和长度单位。为什么这不会引发问题？

我能……

- 解释为什么科学家要使用国际单位；
- 用合适的单位记录数据。

7Ke 平衡与不平衡

当力平衡时会怎样？

力可以叠加。一个人推抛锚的汽车很困难，但如果有另一个人帮忙，推车就容易多了，因为这些力是加在一起的。

如果作用在同一物体上的两个力方向相反，那么它们的作用效果也相反。如果这两个力大小相等，那么什么也不会改变。这两个力**平衡**。

如果其中一个力比另一个大，物体会开始移动。这两个力**不平衡**。如果不平衡的力作用在一个运动着的物体上，物体的速度将改变。

1 观察图 A。

a | 为什么牵狗的绳不动？

b | 如果狗拉得更用力，会发生什么状况？

A | 牵狗的绳不动。这是因为来自孩子的拉力和来自狗的拉力大小相等、方向相反；这对力平衡。

B | 所有狗的拉力加在了一起。当雪橇以恒定速度前进时，狗的拉力和减缓雪橇速度的摩擦力平衡。

1 | 向前的力比向后的力大，自行车加速。

2 | 两个力大小相等。因为自行车已经开始运动，所以它将保持匀速运动状态。

3 | 女孩不再蹬脚踏板，所以没有了向前的力。自行车会逐渐减速，直到停止。

所有**静止**的物体都有平衡力作用在其上。运动的物体也可能正接受着平衡力的作用。如果力是平衡的，物体将匀速运动。物体速度只在力不平衡时发生改变。

2 观察图 C。

a | 女孩如何增加自行车的摩擦力？

b | 增加这个力将如何影响速度？

3 观察图B。当狗累了，不能使出先前那么多力时会发生什么状况？

D

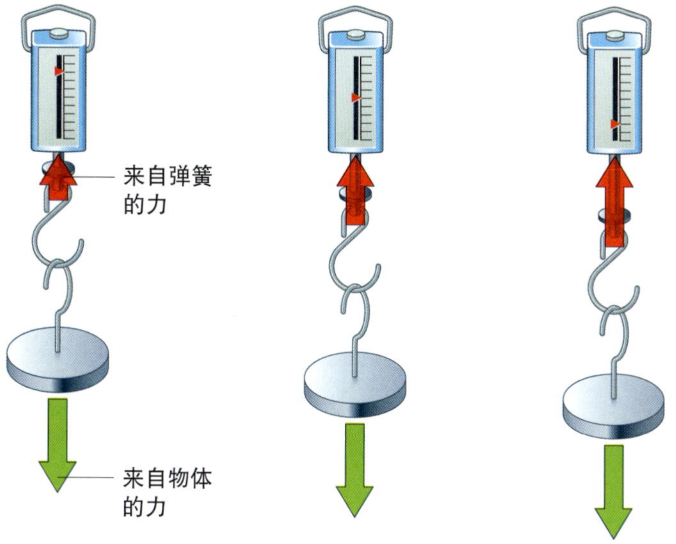

当你在测力计挂上物体时，力是不平衡的，所以弹簧开始伸长。

弹簧伸长过程中，产生一个更大的力。

最终，力达到平衡。测力计显示物体的重量。

你可以用平衡力来解释测力计的工作原理。当你拉伸一个弹簧时，会感觉到越来越难拉，因为弹簧在“向回拉”。

也可以用同样的原理来解释为什么人坐在椅子上不会摔下来。当力作用于物体时，物体会发生形变，但是大部分情况下形变非常小以至于根本看不到。当你坐在椅子上时，你在轻微地挤压它，就像压弹簧一样，而椅子也会推回来。

E | 当体操运动员站在平衡木上时，平衡木微微弯曲。于是平衡木会向回推，提供一个与体操运动员重量平衡的力。

4 观察图 D。如果将一个质量更大的物体挂在测力计上，会发生什么现象？

5 观察图 E。

a | 为什么这个体操运动员不动？

b | 如果一个比较轻的运动员使用该平衡木，力会有什么不同？

6 为了研究不同表面的摩擦力，你需要测量使物体匀速运动需要的力。为什么需要在物体匀速运动时研究摩擦力的大小？

我能……

- 区分平衡力和不平衡力；
- 说出平衡力和不平衡力的作用效果。

7Ke 安全标准

如何判断运动装备是否安全可用？

在许多运动中，人们依赖绳索或其他装备来保证安全。所有这些装备必须符合特定的标准。这些标准确保装备有足够的强度且能够安全使用。

在攀岩运动中，绳索的强度和弹性需要检测。绳索的弹性越大，在绳索阻止攀岩者下坠时，攀岩者受到的冲击力就越小。

对于绳索外部的摩擦力，没有设置统一的标准。大部分制造厂商在测试绳索的弹性之外也会测试摩擦力，以确保购买绳索的人们乐于使用并继续购买他们的绳索。

A | 绳索外部需要提供足够的摩擦力，使攀岩者能够抓牢，并使打住的绳结不易松动。但是它又需要足够光滑，保证在必要的时候攀岩者能够滑下。

B | 这个攀岩者的绳索的强度足够保证她不撞向地面。这个绳索也是有弹性的，这可以减小绳索在阻止她下落过程中对她的冲击力。

1 a | 有弹性的绳索会给正在下降的攀岩者带来哪些帮助？
b | 说出有弹性的绳索的缺点。

2 a | 滑雪者给滑雪板打蜡以减小其与地面的摩擦力。为什么滑雪者要减小摩擦力？请尽可能详细地进行解释。
b | 举三个摩擦力大对运动有利的例子。

3 说说为什么有些事物有国际安全标准，比如攀岩绳索，但是滑雪蜡却没有。

4 a | 滑雪板有不同的大小。为什么人们愿意买比较大的滑雪板？请在答案中使用压强的概念。
b | 描述一种压强大对运动有利的情况。

5 a | 描述图 A 中作用在攀岩者身上的力。
b | 观察图 B。说一说，当攀岩者下降，绳索承担着她的所有重量时，会发生什么情况，作用在她身上的力会发生什么样的变化。

说出你的观点

制造商不得不花费金钱按照安全标准来测试他们的产品，这使商品变得更加昂贵。你认为探险运动的装备需要有标准吗？

7La 动物的声音

声音环绕在我们周围，我们用声音交流、发出预警和欢呼。动物也用声音交流、发出危险预警、阻止别的动物进入领地、吸引配偶和狩猎。有些动物甚至在看不到时用声音来找路和寻找**猎物**。还有些动物的声音似乎没有什么目的。

A | 雄鹿正在用咆哮来吸引雌鹿的注意，同时警告其他雄鹿不要靠近。

B | 蝙蝠在晚上捕猎，它用声音来探路和定位猎物。

C | 蜂鸟发出“嗡嗡”声，因为它们悬停在空中时翅膀拍打得非常快。

声音通过物体**振动**（前后移动）产生。

1 分别写出两个人类用声音实现以下目的的例子。

a | 用于交流
b | 用于警告

2 蜂鸟发出的声音和蝙蝠、雄鹿发出的声音有什么不同？写出尽量多的不同。

3 写出你能用身体发出声音的两种不同方式。

4 吉他能够弹奏出不同的声音。

a | 如何使吉他发出声音？
b | 如何用吉他弹奏出高音和低音？
c | 如何用吉他弹奏出吵闹的和安静的声音？

5 你认为大象还是老鼠能够发出更低的音呢？为什么？

7La 发声

不同的声音是如何产生的?

有些声音很大，有些很小。这是声音的**强度**。声强高的声音通常被称为**音量**（**响度**）大。

声音也分高低。这是声音的**音调**。声音的音调和音量取决于物体发声时振动的方式。

通常来说，比较小的物体振动比较快，发出的声音音调比较高。每秒振动的次数被称为**频率**。频率的单位是**赫兹**（**Hz**）。一个铃每秒振动 400 次，那么它的频率就是 400 Hz。

声音的音量取决于振动的大小。振动的大小是指物体的**振幅**。振幅越大，音量越大。

A | 知更鸟用一串高音唱歌。

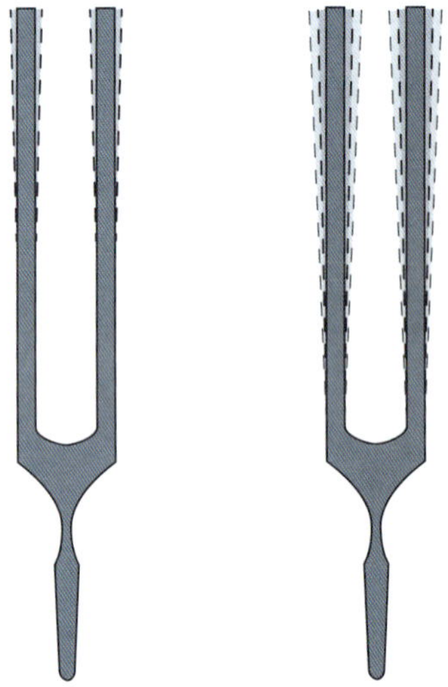

B | 右侧的音叉比左侧的音叉被敲得重，发出的声音更大。

C | 管钟在被敲击时振动。短钟比长钟振动得快，所以发出的音也更高。

1 列出四种发出很大的声音的动物。

2 什么是振动?

3 音叉每秒振动 500 次。

a | 它的频率是多少?

b | 和每秒振动 300 次的音叉相比，它听起来会有什么不同?

事实

鲸可以发出许多不同的声音，一些鲸的叫声比喷气式发动机的声音还大，在800 km 以外都能被听到。图中是一个悬在船下的水听器，它正在记录一只座头鲸的歌声。

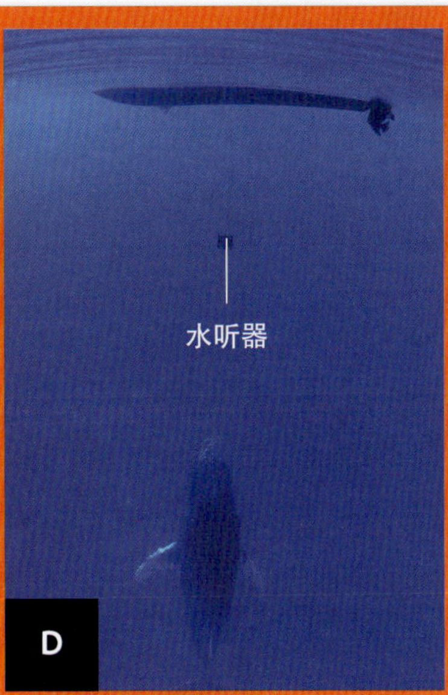

人用嗓子发声。人的**气管**内有两片膜（被称为**声带**）。当空气穿过声带时，它们就发生振动。大部分动物都以相似的方式发声，但也有一些动物以其他方式发声。

雄性蝗虫用腿摩擦翅膀发出鸣叫。它们后腿上有尖齿，尖齿刮擦翅膀就会发出声音（有点像用木棒快速刮擦篱笆）。

动物也能通过击打物体发出声音。雄性大猩猩通过捶打胸部或周围地面来向其他雄性示威。

4 巨蜂鸟每秒拍打翅膀约 12 次，吸蜜蜂鸟每秒拍打翅膀 80 多次。说说两种蜂鸟发出的声音听起来有什么不同。

5 两只雄猩猩正在拍打它们的胸部。

a | 一只发出的声音比另一只低。说说这能告诉我们两只猩猩的什么信息，并解释原因。

b | 说说一只猩猩如何发出比另一只大的声音。

6 汉娜说：“大型动物发出的声音通常比小型动物低。”如果她的说法正确，你能从中发现什么？

我能……

- 解释声音是怎样产生的以及如何发出更大的声音；
- 解释频率和音调的关系。

7Lb 声音的传播

声音如何传播?

图 A 中的宇航员不得不通过无线电系统来交流，因为声音不能在空的空间传播。声音只能通过**介质**（**固体**、**液体**或**气体**）传播，它不能穿过**真空**（完全空的空间）。

所有物质都由**粒子**构成。喇叭的振动使其周围的空气粒子前后移动，这些移动的粒子又使邻近的粒子移动，就这样，振动在空气中传播出去。振动的传播形成**声波**。有些地方，空气粒子被压缩在一起——这些地方**压强**大。有些地方的粒子被分散开——这些地方的压强小。这种波被称为**压力波**——压强大的区域和压强小的区域交替出现。

A | 这些宇航员正在国际空间站工作。

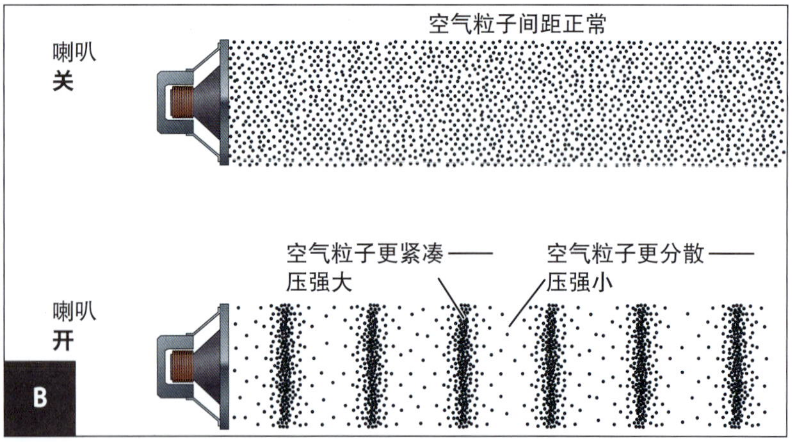

B

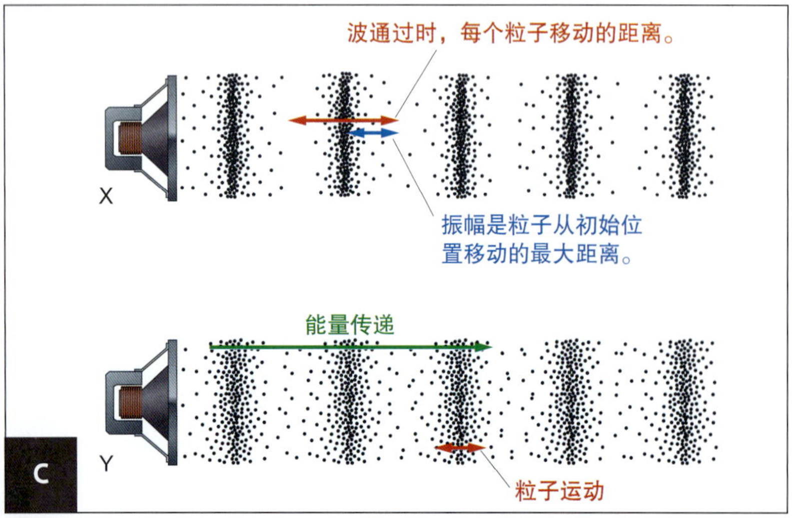

C

1 粒子在固体、液体和气体中是如何排列的?（可以参考第 110 页）

2 没有无线电系统时，图 A 中的宇航员可以将头盔靠在一起进行交流，解释为什么这样可行。

声波的频率是指每秒通过的声波数。

波的振幅是指当声波通过时空气粒子移动的距离。振幅越大，声音越大。

压力波（例如声波）从一个地方**传递能量**到另一个地方。它们不传递粒子。声音越大，传递的能量越多。

3 观察图 C 中的声波。哪个声音最响? 为什么?

声速

声音在不同的物质中传播速度不同。当物质中的粒子相距比较近时，振动传播起来更加容易，因此声音在固体中比在液体中传播得更快。同理，声音在液体中比在气体中传播得快。

D

材料	声速（m/s）
空气（20 ℃）	343
水（10 ℃）	1450
木材	3600
玻璃	3950
钢	6100

4 为什么声音在铁中比在空气中传播得快？用粒子理论回答。

5 观察表 D。保罗说："这个表格说明，声音在金属中比在其他固体中传播得快。"

a | 解释为什么从表格数据得出这个结论并不恰当。

b | 如果声音在金属中确实比在其他固体中传播得快，该如何验证？

声波从声**源**传出。你距离声源越远，声波损失的能量越多，耳朵探测到的能量也就越少。

E | 声波向各个方向传播。

事实

通过计算看到闪电和听到雷声之间相差的秒数，可以算出雷暴距离你有多远。将这个秒数除以 3，就是以千米为单位的距离数。这是因为光的传播速度是 300 000 km/s，所以你很快就能看到光；而声音的传播速度大概是 340 m/s，所以声音每走完 1000 m 约需要 3 s。

6 你可以用手做喇叭状置于嘴边再发声或朝一个纸筒喊，从而让声音传得更远。解释这其中的原理。

7 图 F 的玩具弹簧是代表声波的模型。

a | 这个模型如何代表声波？

b | 从哪方面说这不是一个好的声波模型？

F

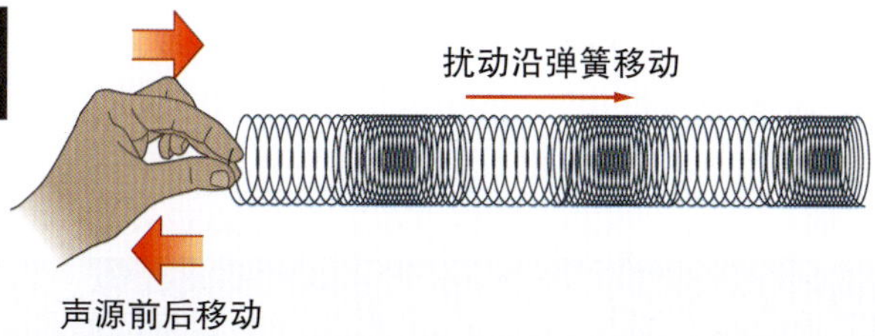

我能……

- 描述声音如何穿过物质；
- 解释为什么声音从声源开始变得越来越微弱。

7Lb 折线图和散点图

图表如何帮助我们得出结论？

声波是固体、液体或气体传递的振动。当声波传递时，介质中的粒子前后移动。组成物质的粒子非常小，所以用一个模型会有助于思考声波的传递。

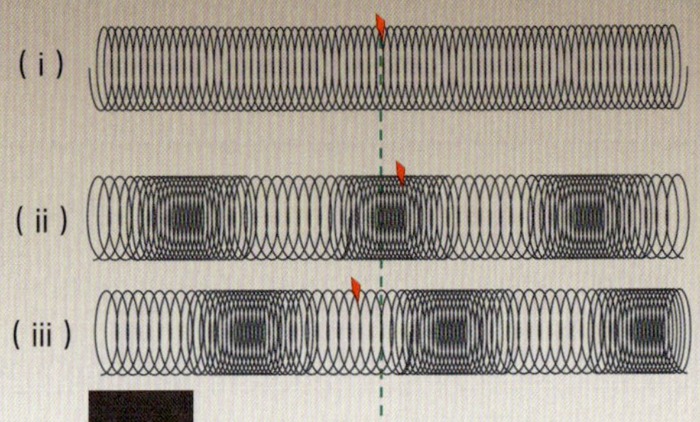

A

玩具弹簧是一个声波模型。我们可以用**折线图**表示声波通过时弹簧上标记点的运动。折线图用来表示一个变量如何随另一个**变量**（通常是时间）变化。

1 观察图 B。

a | 距离为零表示什么？

b | 弹簧中波的振幅是多少？

2 用同样的弹簧来模拟更安静的声音，说说线形图会有什么不同。

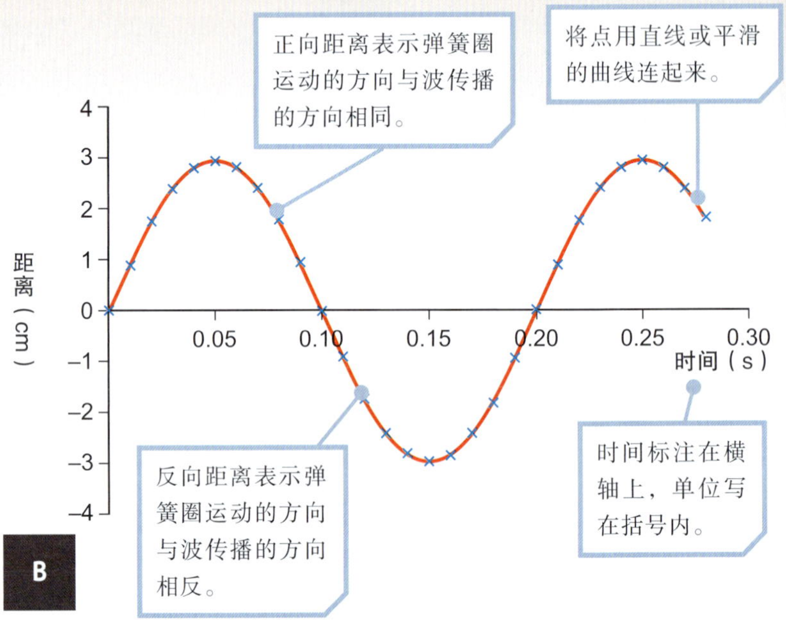

B

示波器可以与**传声器**（**麦克风**）相连以显示声波。示波器显示的**轨迹**像折线图。

折线图也可以用来探寻两个**定量**变量间的**关系**。图 D 是一幅**散点图**，表示空气中的声速随温度的变化。**最佳拟合线**是在最大程度上通过这些点而绘制出的直线。只有当图中显示的数据模型清晰明了时，才能画出最佳拟合直线（或曲线）。

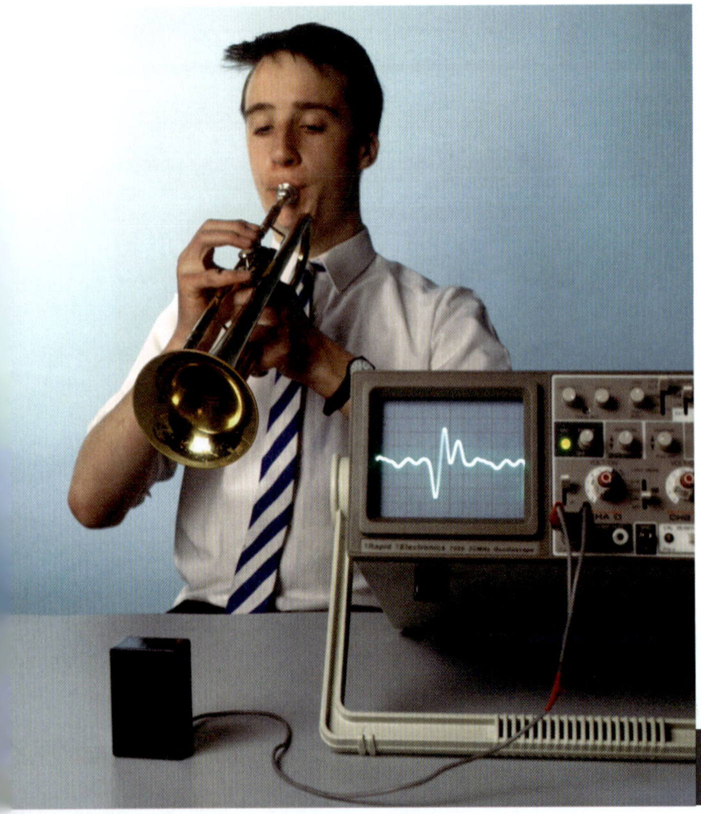

C | 示波器上的轨迹代表小号正在产生的声波。

科学地工作

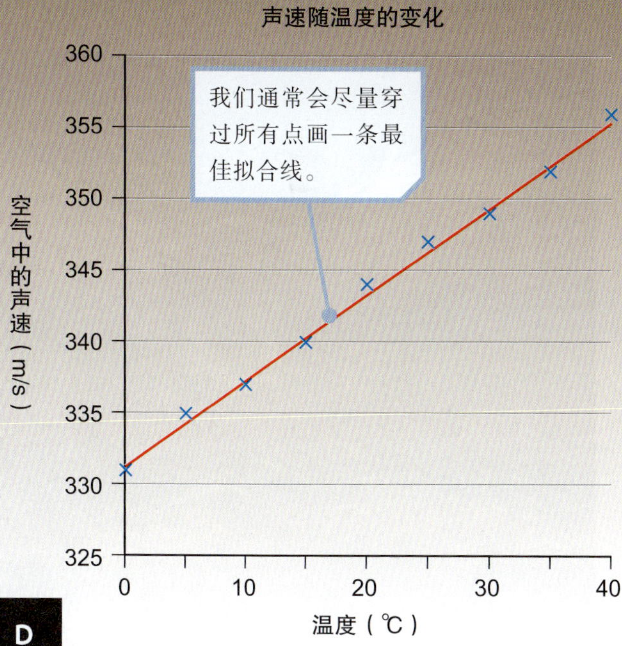

D

我们经常用文字来描述折线图上的线表达的信息。图 D，沿着横坐标从左到右，温度升高；当温度升高时，图中的直线向上，这告诉我们空气中的声速也在增加。图表中的直线通常被表达为：当（横轴的变量）增加时，（纵轴的变量）增加或减少。

图 D 展示了两个变量间的一种关系，这种关系被称为正**相关**。如果沿着横轴右移，散点图的最佳拟合线向下，则被称为负相关。

3 关于空气中的声速，图 D 告诉了我们什么？

4 画草图表示正相关和负相关。

5 固体物质具有不同的性质。**密度**是单位体积的物质质量。例如，铁的密度比木头大，因为同样大小的铁比木头质量大。物质的硬度也不相同。

图 E 展示了不同金属的密度和硬度。对于硬度，数字越大，物质越硬。卡丽认为，声音在密度大的物质中传播更快。戴夫认为，声音在硬度大的物质中传播更快。通过画散点图，你可以判断出谁的假设是成立的。

画一幅散点图，横轴为硬度，纵轴为声速；再画一幅图，横轴表示密度，纵轴表示声速。

a | 从你的两幅图中，你能得出什么结论？

b | 谁的假设成立？为什么？

c | 做散点图是如何帮助你判断谁的假设是成立的？

E | 一些金属的性质。（不需要记硬度的单位）

金属	硬度 (GPa)	密度 (g/cm^3)	声速 (m/s)
铝	76	2.7	5100
铜	140	8.9	3570
铁	170	7.9	4910
镁	45	1.7	4602
汞	25	13.5	1407
镍	180	8.9	4970
银	100	10.5	2600
钛	110	4.5	4140
锌	70	7.1	3700

我能……

- 以散点图的形式表达信息；
- 说出直线图和散点图表示什么；
- 通过散点图判断关系。

7Lc 听到声音

我们如何听到声音？

大部分动物用耳朵接收声波。人的外耳部分帮助传送声波进入内耳。“听”发生在头部。

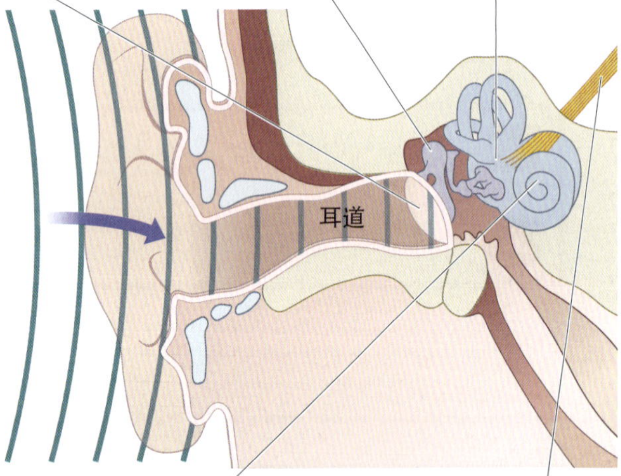

B | 人类的耳朵

A | 猫头鹰是夜行性动物。它能在晚上捕猎，因为它有非常敏锐的听力。人类听不到的声音它也能听到。

响的声音可能伤害我们的耳朵，包括来自 MP3 播放器或嘈杂俱乐部的声音。在嘈杂环境工作的人通常需要佩戴**护耳用具**。大的噪声非常令人讨厌。我们可以用特殊的材料**吸收**声波传递的部分能量。在家里，像地毯和窗帘等柔软的物品可以吸收声波。

事实

长耳猫头鹰头上的两簇耳羽根本不是耳朵。有科学家认为，这是猫头鹰躲避捕食者的伪装。猫头鹰的耳孔在更下面。

C

1 按照声波抵达后开始振动的顺序，对耳朵的这些部分排序：骨、耳蜗、耳膜。

2 a | 什么是神经冲动？
b | 耳朵的哪一部分把神经冲动传递给大脑？

麦克风

麦克风和耳朵的工作原理相似。声波使**膜片**（一个薄片）振动。麦克风里的电路检测到振动，然后将其转化成变化的电流。耳朵和麦克风都改变了能量传递的方式。

声强计使用麦克风来测量声音的响度，单位是**分贝**（**dB**）。人类能听到的最轻的声音是 0 dB，正常交流的声音大约是 60 dB，超过 130 dB 的声音会让人很痛苦。

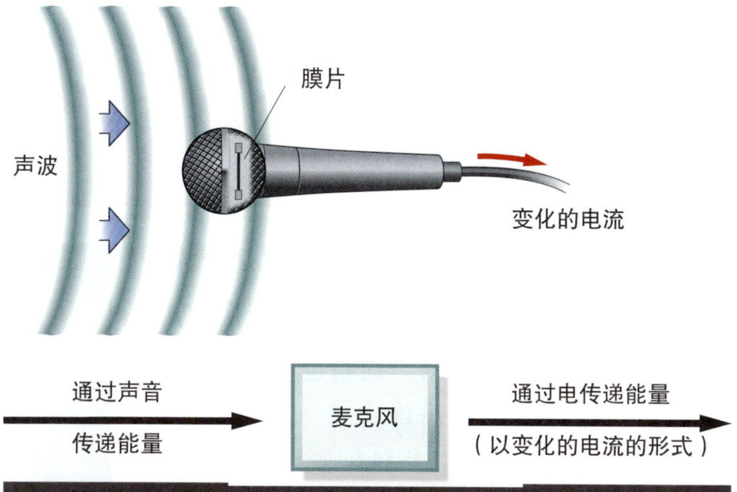

D | 麦克风中能量传递的变化

听觉范围

大部分人类能够听到的声音频率范围是 20 Hz 到 20 000 Hz。这被称为**听觉范围**。频率低于人类听觉下限的声音被称为**次声波**，频率高于人类听觉上限的声音被称为**超声波**。其他动物有不同的听觉范围。

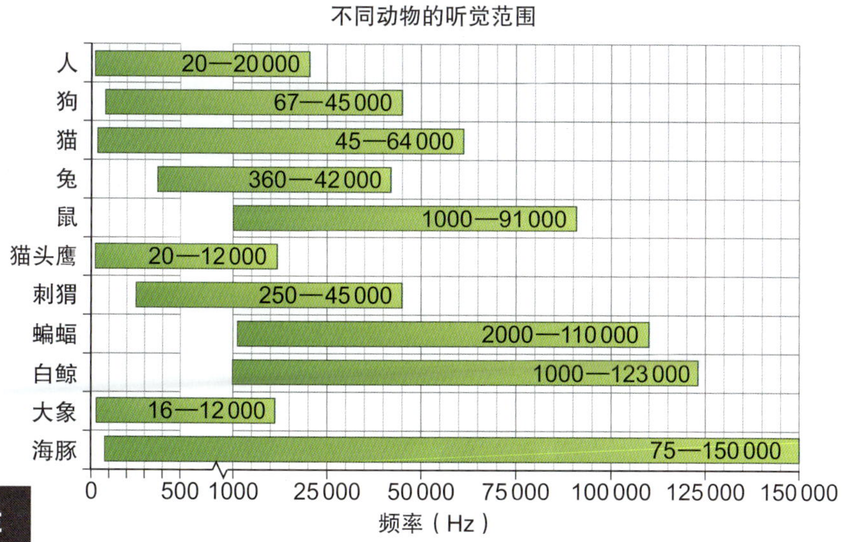

E

3 画一个与图 D 类似的流程图表示能量在耳朵中传递方式的变化。

4 如果噪声水平超过 85 dB，雇主必须提供护耳用具。为什么这很必要？

5 如何找出哪种物质是最好的隔音材料？写一个研究计划。

6 观察图 E。哪些动物有以下能力？

a | 听到次声波

b | 听到超声波

7 描述猫头鹰听力和人类听力的两种差异。

8 a | 狗耳和人耳有相似的结构。说说狗是如何听声音的。

b | 狗能听到狗哨发出的声音，但是人听不到。狗哨的发声频率可能是多少？

我能……

- 描述耳朵的组成和各部分的功能；
- 描述麦克风如何将声音转化成电信号；
- 记住不同的动物有不同的听觉范围。

7Ld 记忆

如何记住学过的东西?

世界脑力锦标赛每年都会举办。参赛者需要去记一些东西，例如一串数字或一列随机的单词。有的选手可以记住 1000 多位数的数字或者有 300 个单词的列表。

参加比赛的人有特殊的记忆方法。这些技巧对记忆一些考试内容也是有用的。

助记符是一些能够帮助你记住一系列事情（尤其是有特殊顺序的事情）的单字或词组。例如，你可以这样记忆生命过程：

运 繁 感 生 呼 排 摄

运动　繁殖　感知事物　生长　呼吸　排泄
摄取营养

你也可以写下词组，然后用下划线、彩笔标注或画流程图等去表示事情发展的顺序。

A | 这些人正在参加世界脑力锦标赛！本 · 普里德莫尔能够在 30 s 内记住一副打乱的纸牌的次序。

高音调意味着高频率。

声音大意味着振幅大。

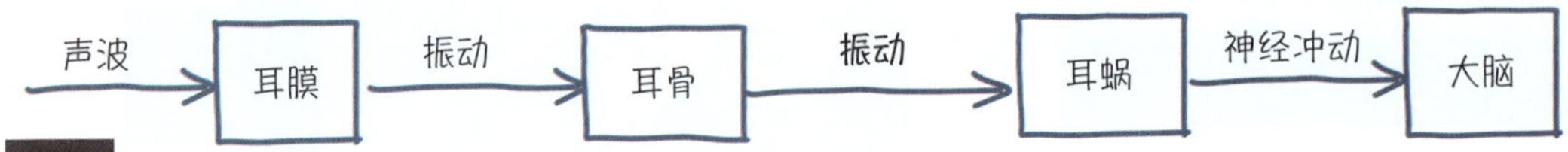

B

图表和概念图

很多科学事实是相互关联的，如果你理解它们之间的关系，记忆起来会更容易。概念图可以帮你做到这些。

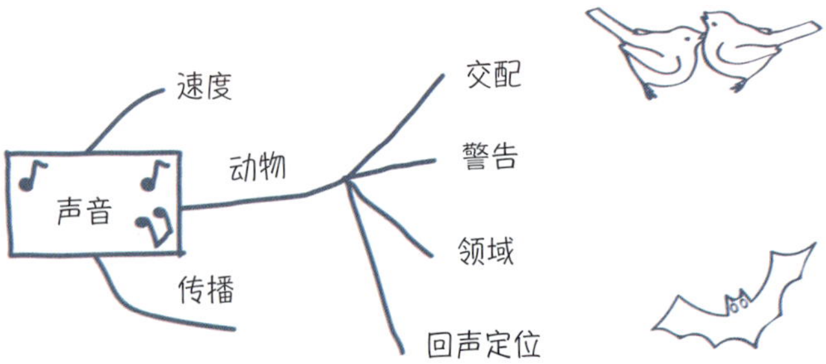

C | 声音概念图的开始

你如果正在做概念图帮助自己复习，那可以用图片加以点缀，这会有助于记忆；你也可以用不同颜色标记不同的部分。

读写与交流

做笔记和总结

坐下来通读课本不是一种非常好的记忆方式。自己做笔记和总结会更好。首先你要考虑哪一部分是最重要的，这可以帮助你记忆。更多关于做笔记和做总结的内容请见第 32—33、第 144—145 和第 172—173 页。

将事情联系在一起

有些人会将需要记忆的内容列表跟他们熟悉的地方（如家里的房间）联系起来，他们可能会编一个可以复述的故事来按顺序记住一系列事情。

你也可以将新的**事实**与已经熟悉的内容联系起来。例如，你大概已经知道如果扔一个物体，其速度会越来越快直到撞向地面。想象某一物体穿过空气，然后以更快的下落速度穿过大海，最后甚至以更快的速度冲进地里，这能帮助你记住声速在不同的物质中如何变化。

D

1 观察图 B（第 194 页）。

a | 为什么第二个“振动”被加粗？（可以参考第 190 页）

b | 为什么概括耳骨的作用是个好的记忆方法？

2 a | 观察图 B。编一个助记符帮助记忆振动在耳朵各部分的传递顺序。

b | 助记符和流程图是帮助记忆的好方法吗？为什么？

3 模仿图 C（第 194 页）中的概念图，然后添加其他分支。你可以按照自己的想法标注这些分支，也可以参考下述内容，如“音调”“响度”“听力”“用途”。

4 画一幅流程图表示海豚如何用超声波来探测鲨鱼。（可以参考第 193 页）

5 写或者画一种记忆辅助工具帮助你记忆如何使用不同种类的图表，其中包括的信息可参考第 58—59、第 97、第 120—121、第 188—189 页。

我能……

- 用不同的方法帮助自己记东西。

7Le 波的比较

声波和水波有什么相似?

图 A 池塘中的波纹是水表面的小波。它们正以鸭子为圆心向水面四周扩散出去，并将能量从游动的鸭子开始向外传递。

当波通过时，水粒子上下移动，但是水作为一个整体并没有移动。池塘中其他的鸭子也不会被波推向四周。

声波是一种**纵波**，因为粒子振动的方向与波的传播方向相同。

水表面的波是**横波**。水中粒子的运动方向与波的传播方向垂直。横波的振幅是粒子从原始位置向上或向下移动的最大距离。

A

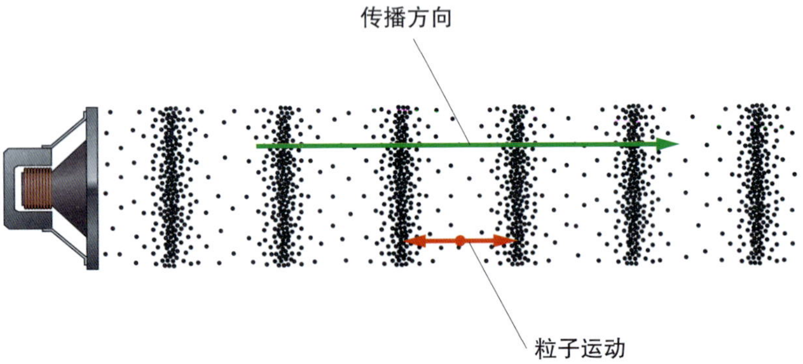

B | 声波是纵波。

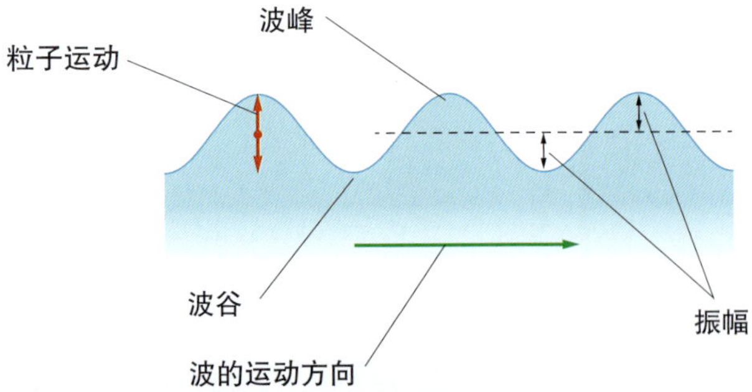

C | 水表面的波是横波。

事实

海浪是由吹过海面的风或海床的地震引起的。1958 年出现在阿拉斯加的海浪是有记录以来最高的海浪，其高度超过 500 m。

1 横波和纵波有什么区别?

2 当波通过时，池塘中的鸭子如何移动?

3 你扔一块石头到池塘。

a | 储存在下降石头中的部分能量会发生什么变化?

b | 如何在池塘中制造一个振幅比较大的波?

随着波离波源越来越远，水波的振幅会越来越小，因为波传递的能量越来越分散。

水面上的波可以被反射。当波遇到坚固的障碍物（如航道的岸或防波堤）时，就会发生这种情况。

不同方向的波能彼此穿过。当波彼此重叠时，其影响会相加或相抵，这种现象叫作**叠加**，因为一个波“叠在另一个上面”。

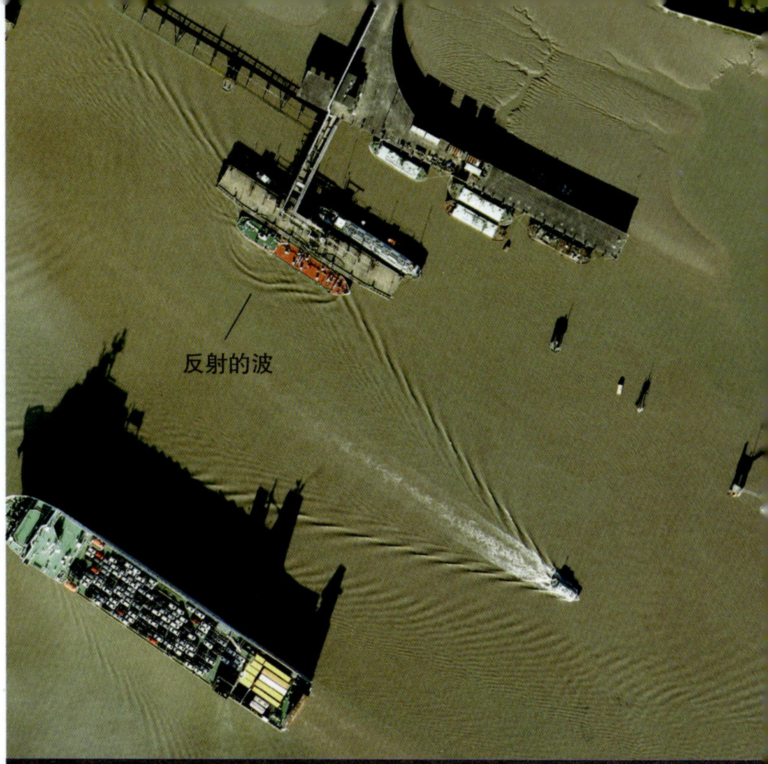

D | 小船产生的波被码头上的大船反射。

E | 波相遇时互相影响。

两个波峰或两个波谷相遇时，会加在一起产生更大的波。

一个波峰与一个波谷相遇时，会互相抵消。

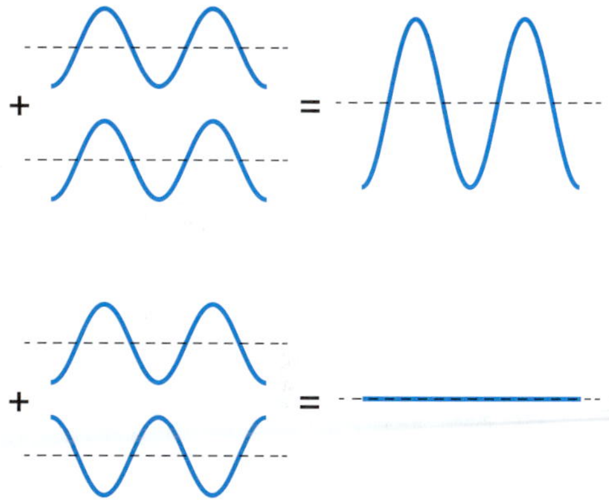

F | 波的叠加使得它们产生的影响相加或相抵。

4 观察图 A（第 196 页）。当波通过时，哪只鸭子上下移动的量最小？为什么？

5 你可以将水面的波看作声波的模型。水波或玩具弹簧的波（第 187 页图 F）适合帮助你理解声波的模型吗？为什么？

6 如果小船在崖壁附近航行，船上的人就要小心了，因为这里的波比开阔海面的波要大，而且它们来自多个方向。解释这是为什么。

7 观察本页的图 E 和第 187 页的图 E。声波和水波从源头传播开之后，哪个会更快变小？解释你的答案。

我能……

- 比较纵波和横波；
- 记住所有的波都能被反射；
- 解释叠加的含义。

7Le 动物和噪声

人类的噪声如何影响动物?

声音环绕在我们周围，我们已经习惯了它们。如果声音太大，我们可以在房子或汽车中安装隔音材料，或者立法限制工厂或机场产生噪声的大小。

动物不能控制它们周围的噪声。在篝火晚会或者其他嘈杂环境中，我们可以将宠物关在家里，但是保护野生动物或动物园里的动物就有点困难了。

在一些地方，为了在交通噪声变大之前吸引到异性，鸣禽会在早上叫得更早。在噪声大的地方，一些鸟改变了叫声的频率或者叫得更大声。但不是所有需要利用声音的动物都能这样适应环境。

A | 有时，鲸或者海豚会搁浅在沙滩或岩质海岸上。这可能是由人类制造的水底噪声造成的，比如爆炸或声呐的脉冲信号。

B | 去非洲的游客通常会乘坐直升机旅行。低空飞行的直升机的噪声会吓到动物。

1 人类制造的噪声如何影响一年中小鸟的出生数量?

2 有些种类的蝙蝠很难在嘈杂的地方捕食。

a | 噪声如何影响蝙蝠的捕食?

b | 这将如何影响蝙蝠的生存?

3 军舰用声呐搜寻敌军的潜艇。

a | 解释军舰声呐发出的声音如何传达到海底的海豚或潜水员耳中。

b | 为什么海豚能听到声呐的声音但是潜水员听不到?

c | 解释声呐的噪声如何影响海豚或鲸。

说出你的观点

一些人认为环境噪杂一些没关系，因为声音不会直接伤害动物。

词汇表

pH 值	pH scale	表示物质酸碱度的数值，从 1 到 14，酸的 pH 值小于 7，中性物质 pH 值等于 7，碱性物质 pH 值大于 7。
安培（A）	ampere	电流的单位。
白细胞	white blood cell	抵御微生物的血细胞。
包皮	foreskin	保护阴茎头的皮肤。
包皮环切术	circumcision	切除包皮。
胞衣	afterbirth	胎儿出生后，从阴道排出的胎盘被叫作胞衣。
饱和的	saturated	溶液中溶解了足够多的溶质，不能再溶解更多溶质了。
爆炸性	explosive	易爆物质非常迅速地发生反应，释放出大量能量，产生大量气体和噪声。加热可能会导致爆炸。
比	ratio	比较两种不同数据的一种方法。两个数用比号（：）分开。
比例极限	limit of proportionality	弹簧的伸长量与受到的力成正比，直到受力达到一个称为比例极限的特定的点。之后如果继续增加力，弹簧的伸长量和受到的力不再成正比。
变量	variable	可以变化也可以被测量的某项特征。
变阻器	variable resistor	电阻可以改变的电阻器。
标准	criteria	判断事情的一系列要求。
表格	table	以行列的形式组织数据。
表面积	surface area	物体表面的面积。
濒危	endangered	某类生物体存在灭绝的危险。
饼状图	pie chart	一种图表形式，表现为一个圆被分成几份，每份分别代表各自占总量的比例。
并联（物理）	across	一个元件与另一个平行连接。
并联电路	parallel circuit	有分支的电路，电路分开、又汇合在一起。
勃起	erection	阴茎变硬。
捕食者	predator	捕捉其他动物作为食物的动物。
不动关节	fixed joint	两个或多个骨交汇的地方，但是不能移动。
不可再生	non-renewable	可以耗尽的能源，因为它们不能再生来供应使用。
不平衡力	unbalanced force	两个力作用在同一物体上，方向相反，大小不等。不平衡力改变物体的运动。
不溶	insoluble	一种物质在一种液体中不能溶解的性质。
不透明	opaque	物质不透明意味着其不能被看透。
布朗运动	Brownian motion	物质微粒的无规则运动，由液体或气体粒子的撞击引起。
测力计	force meter	一种含有弹簧的装置，被用来测量力。
差异	variation	事物间的不同。
常绿	evergreen	植物在冬天不落叶。
超声波	ultrasound	频率高于人类听力的上限——20 000 Hz 的声波。
超声扫描	ultrasound scan	超声扫描仪利用声音拍出人体内结构的照片。
成比例	proportional	表示两个变量间的关系，当一个变量翻倍时，另一个也翻倍。在图表中表示为一条通过原点的直线。
持久性	persistent	指化学物质在自然界中降解得非常慢，可以存在很长时间。
抽象模型	abstract model	只存在于人的想法或计算机程序中的模型。
处方	presciption	医生开具的关于药剂的书面凭证。
传递	transfer	能量从一个存储物体转移到另一个存储物体，或从一个地方转移到另一个地方。
传声器（麦克风）	microphone	将声波转换成电流或电压变化的设备。
串联电路	series circuit	只有一个回路的电路。
纯净的	pure	单一的，不包含其他东西的物质是纯净的。
磁性	magnetism	吸引铁或其他磁性物质制造的物体的力。
磁性物质	magnetic substance	能够被磁铁吸引的物质（例如铁）。
次声波	infrasound	频率低于人类听力的下限——20 Hz 的声波。
刺激性	irritant	有刺激性的物质导致皮肤或眼睛疼或刺痛。
粗准焦螺旋	coarse focusing wheel	显微镜上的螺旋，可以大幅度调节显微镜的某些部位，使成像聚焦。
脆性	brittle	不容易弯，没有韧性，受力直接破碎。
存储器官	storage organ	植物储存物质的器官。
痤疮	acne	皮肤上的痘痘。
大肠	large intestine	吸收食物残渣中水分的器官。
大麻	cannabis	一种毒品，长期滥用会导致记忆力衰退。
代孕母亲	surrogate mother	人类或者动物在子宫里孕育着一个胚胎，但这个胚胎不是由自身的卵细胞生成的。
单质	element	由一种原子构成的物质。
导体	conductor	允许某些事物（如热、电）通过的物质。
道德问题	ethical question	关于人们认为什么是公平或什么是正确与错误的问题。
灯丝	filament	灯泡里的细丝，在灯泡通电时发光。
地壳	Earth's crust	地球表面的固体岩石圈层。
地热能	geothermal power	用来自地下岩石的热量发电。
地线	earth wite	电缆或插头中黄绿双色的线。它是安全性线。
电	electricity	通过电线传输能量的一种方式。
电池（物理）	cell	低“能量”（低电压）的电源。电池推动电荷在电路中运动。
电荷	charges	电路中流动的微小粒子。
电流	current	电路中电的流动。
电流表	ammeter	测量电路中电流大小的仪器。
电压	voltage	一种衡量电传递了多少能量的方式。
电压表	voltmeter	测量电流传输能量大小的仪表。
电源组	power pack	低电压电源，使用安全。
电阻	resistance	表示电流流过物体困难程度的一种说法。
电阻器	resistor	使电荷流动困难的元件，常用于减小电路中的电流。
叠加	superposition	两个波相遇，它们的作用相加或相抵。
定量的	quantitative	用数字表达的数据。
定性的	qualitative	用文字表达的数据。

冬眠	hibernation	冬天动物把自己藏起来，变得非常不活跃。
动关节	flexible joint	两个或多个骨交汇的地方，可以（通过肌肉）活动。
动脉	artery	从心脏向外输运血液的血管。
动能	kinetic energy	储存在运动物体中的能量。
毒品	drug	影响身体正常工作的物质。
断路器	circuit breaker	一种安全装置，能在电流过大时切断电源。
额定值（保险丝）	rating(fuse)	保险丝不熔断条件下允许通过的最大电流。
耳道	ear canal	头部通向耳膜的管道。
耳膜	eardrum	耳内的薄膜，当声音到达时，可以产生振动。
耳蜗	cochlea	耳朵的一部分，将振动转换成电脉冲。
二氧化碳	carbon dioxide	呼吸产生的废气。
发育期	puberty	这一时期身体发生巨大的物理变化。
繁殖	reproduce	生物体的繁殖指它们会生出很多和它们很相似的后代。
反射	reflect	物质从物体表面反弹回来，而不是穿过或被吸收。
反应时	reaction time	对周围发生的事情做出反应需要花费的时间。
反应物	reactant	参与化学反应的物质。在文字表达式中，反应物写在左边、箭头前面。
方法（实验）	method	以简单、有条理的步骤写出实验如何进行。
放大	amplify	使其变得更大。
放大倍数	magnification	比原始尺寸大了多少。
非接触力	non-contact force	隔着一段距离就能影响到物体的力（如重力）。
非金属	non-metal	没有光泽、导热导电性能差的物质。
非连续	discontinuous	数值只能取到一系列数中的一个，这种情况数值是非连续的（例如鞋的尺码）。
非连续变量	discontinuous variation	变量的值以非连续的方式变化，叫作非连续变量。
肺	lung	用来分离空气中的氧气使其进入血液的器官。肺也将二氧化碳等废弃物排入空气。
沸点	boiling point	液体沸腾时的温度。
沸腾	boiling	各处均有液体开始变成气体，在液体中产生气泡。
分贝（dB）	decibel	计量声音大小的单位。
分娩	labour	分娩开始于宫缩，结束于胞衣排出。
分散（化学）	disperse	散开且没有沉淀，例如胶体中的颗粒。
分子	molecule	两个或更多的原子结合在一起。
风力机	wind turbine	利用风能发电的机器。
风险	risk	危险导致伤害的机会。
伏特（V）	volt	电压的计量单位。
浮力	upthrust	物体在液体或气体中时受到的向上的推力。
符号（化学）	symbol	代表一种元素的一个或几个字母。
腐蚀性	corrosive	腐蚀金属、石制品和皮肤的物质有腐蚀性。
父母	parent	繁殖了后代的生物。
复杂句	complex sentence	包含一个主句和一个或多个从句的句子。
副作用	side-effect	药物导致的有害或不舒服的影响。
盖玻片	coverslip	盖在载玻片样品上方的薄玻璃片。保持样品平整，并防止样品干燥。
肝脏	liver	人体内用来制造和破坏物质的器官，也会储存一些物质。
感觉	sense	探知周围的事物。所有生物都能感觉到周围环境的变化。
睾丸	testis	男性生殖器官。产生精细胞。
膈（生物）	diaphragm	包含很多肌肉组织的器官，它通过收缩和向下移动来增大吸气时肺的体积。
根	root	从土壤中吸收水分的植物器官。
根毛组织	root hair tissue	帮助根从周围土壤中迅速获得水分的组织。该组织由根毛细胞构成。
更年期	menopause	女性的卵巢停止排卵。
肱二头肌	biceps	上臂肌肉，用来拉高下臂。
肱三头肌	triceps	上臂肌肉，帮助向下推下臂。
宫颈	cervix	女性子宫底部的肌肉环。
宫缩	contraction	子宫肌肉收缩。
骨骼	skeleton	支撑生物体并赋予其形状的结构。成年人体骨骼共包括 206 块骨。
骨髓	bone marrow	骨内生成血细胞的组织。
骨折	fracture	骨断裂。
固体	solid	物质的一种状态。有固定的形状和体积。
关系	relationship	两个变量间的联系，当一个变化时，另一个也变化。可以通过散点图表示。也被称为相关性。
观察	observation	你看着某些事情的发生。
观点	opinion	没有被证实的想法或判断。
惯例	convention	做事情或表达事情的标准方式，以方便每个人理解。
光合作用	photosynthesis	植物为自己制造食物的过程。这个过程需要光。
轨迹	trace	示波器屏幕上表示声波的线。
国际单位制（SI）	SI unit	科学上使用的国际标准单位。
过滤器	filter	任何可以去除流经的液体中的悬浮颗粒物的东西，如布料、纸或一层沙子。
海洛因	heroin	一种强力镇静剂，副作用非常危险。
海水淡化	desalination	通过将盐水中的盐和水分离制造饮用水的过程。
害虫	pest	破坏对人类有用的物质的生物体。
核能	nuclear energy	储存在物质内部的能量。
核燃料	nuclear fuel	放射性金属例如铀。核电站利用核燃料发电。
赫兹（Hz）	hertz	计量频率的单位。
横波	transverse wave	振动方向和波的传播方向垂直的波。
红细胞	red blood cell	携带氧气的血细胞。
后代	offspring	生物繁殖产生的新个体。
呼气	exhale	排出气体。
呼吸	breathing	使肺扩张或收缩的肌肉运动。
呼吸频率	breathing rate	每分钟呼吸的次数。
呼吸系统	breathing system	允许气体在血液和肺之间交换的器官系统。也被认为是气体交换系统。
呼吸作用	respiration	在呼吸作用过程中，能量从物质中释放，释放的能量能被生物体利用。所有的生物都呼吸。
胡克定律	Hooke's Law	弹簧的伸长量与力的大小成正比。
互相依存	interdependent	彼此互相依靠的生物被称为互相依存。
护耳用具	ear protection	避免耳朵被很响的声音伤害的耳塞或耳罩。
化合物	compound	由两种或更多种原子构成的物质，可以被分解成更简单的物质。
化石燃料	fossil fuel	由数百万年前生物体的残骸形成的燃料（如煤、石油或天然气）。

化学反应	chemical reaction	一种有新物质生成的反应。
化学能	chemical energy	储存在化学物质中的能量。食物、燃料和电池中都储存有化学能。
怀孕	pregnant	雌性动物体内有胚胎在发育。
环境	environment	物理环境因素造就的栖息地的条件。
环境变异	environmental variation	环境因素导致的生物体间的差异。
环路	ring main	用在家庭布线中的一种并联电路。
回声	echo	当声音被反射时，我们再一次听到它。被反射的声音就叫作回声。
回声定位	echolocation	发出声音然后听回声，以此确认猎物和障碍物的位置。
回收利用	recycling	再次使用某种物质；通常是把物体熔化，然后再制成新物体。
混合物	mixture	两种或更多的物质混杂在一起，但是没有发生反应。混合物中的各种物质可以再分开。
火线	live wire	电缆或插座中棕色的线。
肌腱	tendon	将肌肉和骨连在一起的索状组织。
肌肉组织	muscle tissue	能够改变形状和移动东西的组织。心脏里也有肌肉组织。
脊髓	spinal cord	脊椎内的大束神经。
脊柱	backbone	由一系列小骨头（椎骨）组成的链，支撑一些动物的躯干。
季节变化	seasonal change	一年中环境的物理因素随时间的变化（如冬天变冷）。
假设	hypothesis	关于某物 / 事如何运作 / 进行的想法，可以通过实验验证。
碱	alkali	pH 值大于 7 的物质，可以使石蕊变蓝。
碱性物质	base	任何（可溶或不可溶）可与酸反应生成盐和水的物质。
键	bond	一种将原子紧紧束缚在一起的力。
交流	communication	信息的交换。
胶体	colloid	固体、液体或气体组成的混合物，在静置时不沉淀。
焦耳（J）	joule	能量的计量单位。
接触力	contact force	互相接触的物体之间才能产生的力（如摩擦力）。
拮抗肌	antagonistic pair	作用于同一关节的两块肌肉，它们向相反方向拉动骨头。
结果	result	实验得到的测试数据和观察到的现象。
结论	conclusion	基于一定的证据，对于如何和为什么会发生某些事情的解释。依靠证据得出结论。
介质	medium	允许声音等在其中传播的任何物质。
金属	metal	这类物质打磨后有光泽，是热和电的良导体，延展性、韧性好，通常熔点较高。
金属矿石	metal ore	含有较多金属化合物的岩石，可被用作提炼金属的资源。
茎	stem	植物运送水分和支撑叶子的器官。
精液	semen	男性射精时释放出的精子和特殊液体的混合物。
精子	sperm cell	雄性性细胞（配子）。
精子数	sperm count	一定体积精液中包含的精子数量。
警示	caution	提醒“小心”。有些物质需要小心使用（如，它们可能导致皮肤刺痛）。
竞争	competition	需要相同事物的生物体之间存在竞争。我们说它们为了这个事物竞争。
静电	static electricity	一种能够吸引或排斥物体的力，通常由某些物质摩擦引起。
静脉	vein	将血液输送回心脏的血管。
静止	stationary	不动的。
绝缘	insulating	不允许某些事物通过的物质的性质。
绝缘体	insulator	不允许某些事物（如热、电）通过的物质。
咖啡因	caffeine	一种能够提高神经冲动传导速度的兴奋剂。存在于咖啡、茶和可乐饮料中。
抗酸药	antacid	一种治疗消化不良的药，含有碱，可以中和胃中多余的酸。
抗体	antibody	白细胞产生的一种物质，可以对抗致病微生物。
科技论文	scientific paper	科学家撰写并发表在专业期刊的文章。
科学方法	scientific method	包括收集信息在内，用来验证想法是否成立的任何实验方法。通常的步骤是先做一个假设，然后做出预测，再用实验来验证预测。
可卡因	cocaine	一种有害的强效兴奋剂，长期滥用会导致动脉阻塞和精神问题。
可溶	soluble	一种物质能够溶解在一种液体中的性质。
可塑性	malleable	能够被压扁或折成需要的形状。
可再生	renewable	不会被用尽的能源（如太阳能）。
克（g）	gram	计量质量的单位。
空气阻力	air resistance	空气作用在运动的物体上的力。
扩散	diffusion	不需要外力作用的情况下，粒子传播并彼此混合。
拉伸	stretch	拉物体使它变长。
类比	analogy	将复杂的事物与更容易理解的事物相比较的模型。
离散	discrete	数据只有有限个值。
理论	theory	解释一些事情为什么或如何发生的假设。按照这种假设做出的预测必须是经多次验证无误的。
力	force	推、拉或扭。
立方厘米（cm^3）	cubic centimetre	一个用来计量体积的单位。
粒子	particles	物质的微小颗粒，所有物质由粒子构成。
粒子理论	particle theory	用来解释固体、液体、气体不同性质和现象的理论。
粒子模型	particle model	粒子理论的另一个说法。
连续	continuous	在一定范围内能逐渐变化并能取到任意值的数据是连续的（如，人的身高）。
连续变异	continuous variation	当变量的值可以连续变化时，它就是“连续变异”。
猎物	prey	被其他动物捕食的动物。
鳞茎（生物）	bulb	一种长在地下的植物器官。一些植物只在一年的某段时间有叶子，其他时间保有鳞茎。
流动	flow	可以很顺滑地移动和变形。
卵巢	ovary	女性生殖器官，产生卵细胞。
卵细胞	egg cell	雌性性细胞（配子）。
落叶	deciduous	冬天叶子脱落的植物是落叶的。
氯化钠	sodium chloride	食盐的化学名。
脉搏	pulse	心脏跳动的感觉，可以从动脉上感觉到。
脉率	pulse rate	每分钟感受到的脉搏次数。
毛细血管	capillary	一种薄壁血管，可以将血液由动脉输送到静脉。

煤	**coal**	一种由植物残骸形成的化石燃料。
泌尿系统	**urinary system**	净化血液并通过尿液排出废弃物的系统。
密度	**density**	单位体积物质的质量，单位是克每立方厘米（g/cm^3）。
灭绝	**extinct**	一些生物不再存在了。
模型	**model**	展示或代表一些东西的方式，有助于思考或找出结果。
膜片（物理）	**diaphragm**	弹性材料薄片。
摩擦力	**friction**	两个接触物体间的力。通常减慢或阻止物体运动。
木质部组织	**xylem tissue**	植物中输送水分的组织。存在于植物的茎或根中，由木质细胞组成。
目的	**aim**	你努力去寻找和尽力去做的。
目镜	**eyepiece lens**	显微镜中，人向下看的部分。
脑	**brain**	控制身体的器官。是神经系统的一部分。
能量	**energy**	事情发生或改变所需要的东西。
能量守恒定律	**law of conservation of energy**	能量不会被创造也不会被消灭，它只会从一个物体传递给另一个物体。
尼古丁	**nicotine**	烟草烟雾中的一种成瘾性药物。
尿道	**urethra**	从睾丸输送精细胞和从膀胱输送尿液的管道。
凝结	**condense**	物质由气态变成液态。
牛顿（N）	**newton**	计量力的单位。
浓缩	**concentrated**	包含大量溶质和少量溶剂的溶液是浓缩的。
帕斯卡（Pa）	**Pascal**	计量压强的单位。$1\ Pa=1\ N/m^2$。
排卵	**ovulation**	从卵巢释放卵细胞。
排泄	**excrete**	排掉废弃物。所有的生物都需要排泄。
膀胱	**bladder**	储存尿的器官。
胚胎	**embryo**	一个微小的新生命，由受精卵分裂生长而来。
配子	**gamete**	用于有性生殖的细胞。
皮肤	**skin**	覆盖身体的器官。用来保护和感知周围环境（如温度）的变化。
频率	**frequency**	每分钟振动（或波动）数。
频数分布图	**frequency diagram**	表示频数的图表，频数通常显示在 y 轴。
平衡力	**balanced forces**	作用在同一物体上的两个力，大小相等、方向相反。
评估	**evaluation**	考虑如何改进实验。
栖息地	**habitat**	生物生活的地方（如森林）。
脐	**navel**	脐带留下的疤。
脐带	**umbilical cord**	在胎盘和生长的胚胎或胎儿间输送食物、氧气和废弃物的组织。
气管	**windpipe, trachea**	将空气输入输出肺的管状器官。
气体	**gas**	物质的一种状态。没有固定的形状和体积，很容易被压缩。
气体交换	**gas exchange**	一种气体换成另一种。在肺里，氧气离开空气进入血液，同时二氧化碳离开血液进入肺内的空气中。
气体交换系统	**gas exchange system**	允许气体在肺中交换的系统。也叫呼吸系统。
气压	**air pressure**	空气分子撞击导致单位面积受到的压力。
器官	**organ**	动物或植物身体中起着重要作用的部分。不同的组织协同运作形成器官。
器官移植	**organ transplant**	将一个人的器官取下来，装在另一个人身上。
千焦（kJ）	**kilojoule**	计量能量的单位。1 kJ = 1000 J。
千克（kg）	**kilogram**	计量质量的单位。1000 g=1 kg。
迁徙	**migration**	随着季节变化，动物转移到不同的地方。

前缀	**prefix**	加在单词前，改变单词意思的词。如，“千米”中，“千”就是前缀。
腔室	**chamber**	当心脏搏动时，血液在心脏内可以穿过的空间。
强度（声强）	**intensity**	声音的响度（或音量）。
青春期	**adolescence**	青少年们身体和情感都发生变化的一个时期。
氢	**hydrogen**	一种元素；其单质是一种可燃气体。
群落	**community**	生活在同一栖息地的所有生物体。
燃料	**fuel**	储存着很容易被释放出来的化学能或核能的物质。
染色剂	**stain**	一种染料，用来给细胞上色使其更容易被看清。
热分解	**thermal decomposition**	通过加热，将化合物分解成更简单的物质。
热能	**thermal energy**	储存在热的物体中的能量。物体越热，能量越多。
韧带	**ligament**	将骨头连在一起的带状组织。
韧性	**flexible**	能够弯曲而不断裂。
妊娠期	**gestation period**	从受精到出生的一段时间。
日变化	**daily changes**	一天内物理环境因素的变化（如晚上变黑）。
溶剂	**solvent**	用来溶解物质制成溶液的液体。
溶解	**dissolve**	一种物质在液体中分散成不可见的小颗粒，形成了溶液。
溶解度	**solubility**	在特定的温度下，为制成饱和溶液需要向溶液中加入的溶质的量。
溶液	**solution**	物质溶解在液体中形成。溶液是透明的。
溶质	**solute**	溶解在液体中制成溶液的物质。
熔断器（物理）	**fuse**	电流过大时会熔化的一种电器。
融合（生物）	**fuse**	两个事物连在一起，合成一个。
乳腺	**mammary gland**	分泌乳汁的腺体。乳腺在乳房内，女性生育后分泌乳汁。
软骨	**cartilage**	某些骨头末端的光滑物质；或某些身体部位（如耳朵、鼻子）的组成物质。
润滑剂	**lubricant**	用来减小摩擦的物质（通常是液体）。
润滑	**lubrication**	向某一事物加润滑剂。
散点图	**scatter graph**	在图表中，变量以点的形式分布。这有助于你发现两个变量间是否存在联系。最佳拟合线（或曲线）可以通过很多点。
色谱法	**chromatoghrphy**	用液体或气体溶剂分离混合物中溶解的物质的方法。
色谱图	**chromatogram**	当溶解的固体被分离时，色谱分析的结果（例如进行纸色谱分析法后的试纸）。
杀虫剂	**pesticide**	能杀死害虫的化学物质。
膳食	**diet**	你吃的食物。
上瘾	**addictive**	对某种物质病态的依赖，感觉自己需要更多该物质。
射精	**ejaculation**	阴茎射出精液。
伸长量	**extension**	弹簧或其他可伸展材料伸展的量。它等于伸长后的长度减去原始长度。
神经	**nerve**	由神经细胞构成的器官，传导神经冲动。
神经冲动	**impulse**	在神经系统里传输的电信号。
神经系统	**nervous system**	包括大脑、脊髓和所有神经的系统，负责在全身传输信号。
肾脏	**kidney**	用来清洁血液和制造尿液的器官。

生成物	product	化学反应中生成的新的物质。在文字表达式中，生成物写在表达式右边、箭头的后面。
生命过程	life process	生物体为了活着而必须具备的过程。所有生物体都需要的生命过程有运动、繁殖、感知事物、生长、呼吸、排泄和摄取营养。
生命周期	life cycle	生物体一生中经历的一系列变化。
生态系统	ecosystem	栖息地所有的物理环境因素和所有的生物体。
生物	organism	有生命的物体。
生物力学	biomechanics	研究肌肉和骨骼如何协同运作的学科。
生物燃料	biofuel	由动物粪便或植物制成的燃料。
生长	grow	尺寸增加。所有生物都会生长。
生殖器官	reproductive organ	用于有性生殖的器官。
生殖系统	reproductive system	所有的生殖器官组成的系统。
声波	sound wave	传递能量的波。声波是固体、液体或气体粒子的振动，它被耳朵检测到，我们就听到了声音。
声带	vocal folds	喉咙里的薄膜，说话的时候通过振动发出声音。
声呐	sonar	通过发出声波，然后探听回声来探测海水深度或寻找鱼群的机器。
声强计	sound intensity meter	测量声音大小的仪器。
石油	oil	一种化石燃料，由生活在海洋中的微小动植物的残骸生成。
食管	foodpipe, gullet, oesophagus	管状的器官，将食物从嘴送到胃。也被称为食道。
食物链	food chain	展示栖息地内什么吃什么的关系。
食物网	food web	许多食物链联系在一起。
示波器	oscilloscope	在屏幕上显示声波图像的装置。
事实	fact	被反复证实是正确的事情通常被称为“事实”。
试管婴儿	test-tube baby	通过试管受精出生的婴儿。
适应	adapted	如果生物体对在某特定环境下的生存有适应性，那么我们说它适应该环境。
适应性	adaptation	生物体在特殊的环境下能够活动或生存的特性。
收缩	contract	变小。肌肉收缩时，使用能量让肌肉变短变粗。
受精	fertilisation	雄配子与雌配子融合。
受精卵细胞	fertilised egg cell	两个配子融合后形成的细胞。
舒张	relax	肌肉舒张时，会停止发力，变细变长。
输精管	sperm duct	将精子从睾丸输送到尿道的管道。
输卵管	oviduct, fallopian tube	女性将卵细胞由卵巢输送到子宫的管道。受精就发生在这里。
数据	data	在实验中收集到的实验现象或测试结果。
数量金字塔	pyramid of numbers	表示食物链中生物体数量的一种方式。
水力发电	hydroelectric power	流动的水（通常是从蓄水池流下的水）推动涡轮机和发电机发电。
水蒸气	steam, water vapour	气态的水。
水阻力	water resistance	水作用在运动物体上的力。
塑性	plastic	塑性材料受力时改变形状，力撤掉后不能恢复原状。
酸	acid	pH 值小于 7 的物质，可以使石蕊变红。
酸雨	acid rain	由空气污染造成的酸性比普通降水强的雨水。
胎儿	foetus	当胚胎器官发育完全时就是胎儿。
胎盘	placenta	连接在子宫壁上。将母体血液中的氧气和营养输送给胎儿，将胎儿的废弃物输送回母体的血液。
太阳能	solar power	用来自太阳的能量发电。
太阳能电池	solar cell	将光传递的能量转化成电的平板。
太阳能发电站	solar power station	利用太阳能将水加热成水蒸气，再用水蒸气发电的发电站。其利用水蒸气发电的方式与利用化学燃料或核电站发电的方式类似。
太阳能电池板	solar panel	用太阳能将水加热的平板。
弹簧	spring	能够被拉伸和压缩的线圈。
弹性	elastic	有弹性的物质在受力时改变形状，力撤掉时恢复原状。
弹性极限	elastic limit	如果将弹簧拉过它的弹性极限，弹簧将产生永久变形。它将不再具有弹性。
弹性势能	elastic potential	储存在被拉伸或压缩且能够恢复原始形状的物体里的能量。也叫应变能。
碳酸盐	carbonate	一种化合物，通常是一种元素与碳、氧相结合而得。
特化	specialized	某物具有某项功能可以完成某项特别的工作。
体积（物质）	volume	物体所占空间的大小。通常用立方厘米（cm^3）来表示。
体内受精	internal fertilisation	受精发生在父母体内。
体外受精	external fertilisation	受精发生在父母的身体之外。
体外受精	IVF	从女性体内取出卵细胞，然后在体外的器皿中受精，再将胚胎移植回女性体内。
天然气	natural gas	一种化石燃料，由生活在海洋中的微小动植物的遗骸生成。
听觉范围	anditory range	某种动物能听到的频率范围。
听觉神经	anditory nerve	将神经冲动由耳朵传到大脑的神经。
通气	ventilation	气体在肺里进出的活动。
头骨	skull	保护大脑的一些骨头。
透明	transparent	清澈，能被看透（透明物质可以是有色的，也可以是无色的）。
透射	transmit	穿过物质。
图像	image	镜子或屏幕上形成的图，或者通过镜头形成的图。看显微镜时，也可以看到图像。
危险	hazard	可能造成伤害的事情。
胃	stomach	消化食物的器官。
文字表达式	word equation	一种用箭头连接的表达式，箭头左边是反应物，右边是生成物。
物镜	objective lens	显微镜中靠近样品的镜头。
物理变化	physical change	不会生成新物质的变化（例如物质状态的改变）。
物理环境因素	physical environment factors	环境的物理（非生物）特性（如雨量、光量等）。
物理模型	physical model	你能触碰到，或者能自己搭建起来的模型。
物态	state of matter	物质有三种状态：固态、液态和气态。这是物质的三态。
物质滥用	substance misuse	以某种会导致身体伤害的方式使用物质。
物种	species	一群生物体，它们彼此之间可以繁殖出可育的后代。
吸气	inhale	吸入气体。
吸收	absorb	摄取或接受 / 让……进入。
稀释	diluted	加入水，使浓度降低。
系统	organ system	一些器官协同工作，发挥着重要作用。

细胞（生物）	cell	生命的基本单位。生物体由细胞构成。
细胞壁	cell wall	植物细胞外的厚壁，帮助支撑细胞。
细胞核	nucleus	细胞的控制中心。
细胞膜	cell surface membrane	控制物质进出细胞的膜。
细胞质	cytoplasm	细胞内的胶状物，细胞的活动都发生在细胞质中。
细准焦螺旋	fine focusing wheel	显微镜上的螺旋，可以小幅度调节显微镜的某些部位，使成像聚焦。
纤毛	cilia	某些细胞表面的微小毛发。
纤维素	cellulose	构成植物细胞壁的坚硬物质。
线粒体	mitochondria	细胞质中的微小结构，呼吸作用发生在这里。
腺体	gland	制造和释放物质的组织。男性生殖系统中的腺体向精子中添加液体形成精液。
相关性	correlation	两个变量间的关系。一个变量增长时，另一个变量也增长，这是正相关；一个变量增长时，另一个减少，这是负相关。
消化系统	digestive system	分解食物的系统。
消遣性药物	recreational drug	影响精神的一种物质，但不能用于治病。
小肠	small intestine	负责分解食物，使养料进入血液的器官。
小句	clause	句子的一部分，含有主语和动词。
效率	efficiency	表达某物浪费能量的多少。
心脏	heart	泵送血液的器官。
兴奋剂	stimulant	能够加快神经信息传导速度的药物（如咖啡碱）。
性激素	sex hormones	人体分泌的天然化学物质，它控制着月经周期和发育期。
性交	sexual intercourse	也称“做爱”。在此期间，精液射入阴道末端。
性细胞	sex cell	配子的另一种叫法。
性质	property	关于物质外观和性能的描述。
悬浊液	suspension	一种固体和液体的混合物，如果将其静置，固体颗粒会沉淀分离出来。
血管	blood vessel	血液在体内流动的管道。
血红蛋白	haemoglobin	红细胞中携带氧气的物质。
血浆	plasma	血液中的液体部分。
循环系统	circulatory system	将养料和氧气运送到全身的系统。
压力波	pressure wave	像声波一样的波，靠粒子的振动传递能量。
压强	pressure	单位面积受到的压力。
压缩	compress	挤压成更小的体积。
盐	salt	酸和碱反应生成的水以外的物质。
羊膜	amnion	包裹羊水的袋子。
羊水	amniotic fluid	胚胎周围的液体，能保护胚胎。
养分（营养）	nutrient	饮食中需要具备的物质。
氧气	oxygen	占空气 21% 的气体。
样品（标本）	specimen	用显微镜观察的对象。
摇头丸	ecstasy	一种兴奋剂，长期滥用会导致抑郁、精神疾病甚至死亡。
药品（药物）	medicine	帮助身体减轻疾病症状或治疗疾病的物质。
叶	leaf	通过光合作用制造食物的植物器官。
叶绿素	chlorophyll	在叶绿体中发现的绿色物质。
叶绿体	chloroplast	植物细胞中含有叶绿素的绿色圆盘。植物在这里通过光合作用制造养料。
夜行性	nocturnal	生物在夜间活动的习性。
液泡	vacuole	细胞中的存储结构。
液体	liquid	物质的一种状态。有固定的体积但是没有固定的形状。
（仪器）装置	apparetus	设备，尤用于科学技术等方面。
遗传	inherited	生物继承自父母的特征是遗传的。
遗传变异	inherited variation	父母传递给下一代的差异性特征。
易燃	flammable	易燃物很容易燃烧。
因变量	dependent variable	实验中需要测量的变量。因变量的值取决于自变量。
阴道	vagina	女性体内连接宫颈和外部的管道。性交时阴茎放置的部位。
阴囊	scrotum	男性包裹着睾丸的囊状物。
音量（声音）	volume	声音的大小。
音调	pitch	声音的高低。
引力，重力	gravity	两个物体间的相互吸引力。地球非常大，所以引力非常强，能够将物体拉向地面。
营养	nutrition	帮助生物呼吸和生长的物质。所有生物都需要营养。
应变能	strain energy	物体被拉长或被压缩过程中，储存在其中的能量，去掉外力后物体可以恢复到原始的形状。也叫弹性势能。
铀	uranium	一种放射性金属，可以用作核燃料。
有毒	toxic	有毒的物质可能会引起人或动物发生组织破坏，生理机能障碍或死亡等现象。
有性生殖	sexual reproduction	需要两个个体一起才能制造出相同种类的新个体的生殖方式。
预测	prediction	你认为在实验中会发生的事情。
预防措施	precaution	采取一定的行动来降低危险导致伤害的风险（比如，在处理酸时要戴上护目镜以防止酸液溅入眼睛）。
元件	component	电路中的物品，例如灯泡、开关或发动机。
元素	element	同一种原子的统称。
元素周期表	periodic table	已知元素按顺序排列的表格。
原子	atom	原子是组成物质的微小粒子。
原子能	atomic energy	即核能，用来描述储存在物质中的能量。
源	source	声音或其他波开始的地方。
月经	menstruation	子宫内膜和血排出阴道，是月经周期的组成部分。
月经周期	menstrual cycle	女性生殖系统中发生的周期约一个月的一系列事件，这个周期会引起排卵和更换子宫内膜。
运动	move	从一个地方到另一个地方。所有的生物体自身至少有一部分能够移动。
运动系统	locomotor system	包括所有肌肉和骨骼的系统，使你可以活动。
杂交种	hybrid	两个不同物种繁殖的后代。
载玻片	slide	放置样品的玻璃薄片。
载物台	stage	显微镜的一部分。载玻片放在上面。
早产	premature	婴儿出生的时间比预期的早很多。
摘要	abstract	论文开头的概述。
折线图	line graph	用来表示一个变量随另一个变量（通常是时间）变化的图。点与点之间用线段连接。
真空	vacuum	完全空荡荡的空间，其中不含任何粒子。
诊断	diagnosis	医生对病人的症状做出的结论。
振动	vibrate	前后运动。
振幅	amplitude	振动的大小或波通过时粒子振动的距离。

镇静剂	**depressant**	降低神经冲动传导速度的药物。
蒸发	**evaporation**	液体变成气体。
蒸馏	**distillation**	将液体通过蒸发的方式从混合物中分离出来，然后将其凝结的过程。
正态分布	**normal distribution**	中间数据多，两端数据少。在图上显示为钟形数据分布。
证据	**evidence**	用来支持或否定一个想法的数据。
症状	**symptom**	身体的运行方式发生的变化，这些变化可以帮助医生诊断患者身体出了什么问题。
脂肪组织	**fat tissue**	储存脂肪的组织，由脂肪细胞构成。
直肠	**rectum**	储存粪便的器官。
植入	**implantation**	胚胎植入子宫内壁。
纸色谱法	**paper chromatography**	溶液携带着溶解的固体在纸上移动的色谱分析方法。
指示剂	**indicator**	在不同的酸碱溶液中颜色会发生改变的物质。
质量	**mass**	物体含有的物质数量。单位是克（g）或千克（kg）。
质量守恒定律	**conservation of mass**	在化学反应中，反应物的总质量与生成物的总质量相同。质量守恒，也就是质量不变。
中和反应	**neutralisation**	酸和碱相互作用生成盐和水的过程。
中性	**neutral**	既不是酸也不是碱的物质。pH 值为 7。
中性线	**neutral wire**	电缆或插头中的蓝色线。
种群	**population**	特定生物在特定区域的数量。
种子	**seed**	植物通过有性生殖生成的结构，可以长成新的植株。
重力势能	**gravitational potential energy**	描述位于高处并会降落的物体中储存的能量。
重量	**weight**	引力向下拉物体的分量，单位是牛顿（N）。如果你去另一个星球，你的重量将改变。
主题句	**topic sentence**	段落中的主旨句子，包含段落的主要观点。
主语	**subject**	执行句子行为或动作的主体，比如人、地点、事情或想法。
助记符	**mnemonic**	以字母或词语的形式帮助你记忆一些事情。
柱状图	**bar chart**	柱的高度或长度代表变量值的图表。
专家意见	**expert opinion**	某一领域的专家给出的观点。
专业期刊	**journal**	科学家发表科技论文的科学杂志。
椎骨	**vertebra**	构成脊椎的小骨头。
资源	**resource**	生物体需要的物质。例如植物需要光作为资源，动物需要食物作为资源。
子宫	**uterus**	女性体内孕育婴儿的器官。
自变量	**independent variable**	在实验中，由你来设定初始值的变量。
纵波	**longitudinal wave**	粒子振动方向和波的方向相同的波。
组织	**tissue**	器官的组成部分，每种组织都有自己的功能。每个组织都由许多具有相同功能的细胞组成。
最佳拟合线	**line of best fit**	穿过散点图中间的一条线，约一半的点在线的上方，一半的点在线的下方。
作用	**fuction**	某物具有的功能。

元素周期表

- 金属
- 半金属
- 非金属

1 H 氢																	2 He 氦
3 Li 锂	4 Be 铍											5 B 硼	6 C 碳	7 N 氮	8 O 氧	9 F 氟	10 Ne 氖
11 Na 钠	12 Mg 镁											13 Al 铝	14 Si 硅	15 P 磷	16 S 硫	17 Cl 氯	18 Ar 氩
19 K 钾	20 Ca 钙	21 Sc 钪	22 Ti 钛	23 V 钒	24 Cr 铬	25 Mn 锰	26 Fe 铁	27 Co 钴	28 Ni 镍	29 Cu 铜	30 Zn 锌	31 Ga 镓	32 Ge 锗	33 As 砷	34 Se 硒	35 Br 溴	36 Kr 氪
37 Rb 铷	38 Sr 锶	39 Y 钇	40 Zr 锆	41 Nb 铌	42 Mo 钼	43 Tc 锝	44 Ru 钌	45 Rh 铑	46 Pd 钯	47 Ag 银	48 Cd 镉	49 In 铟	50 Sn 锡	51 Sb 锑	52 Te 碲	53 I 碘	54 Xe 氙
55 Cs 铯	56 Ba 钡	57 La 镧	72 Hf 铪	73 Ta 钽	74 W 钨	75 Re 铼	76 Os 锇	77 Ir 铱	78 Pt 铂	79 Au 金	80 Hg 汞	81 Tl 铊	82 Pb 铅	83 Bi 铋	84 Po 钋	85 At 砹	86 Rn 氡
87 Fr 钫	88 Ra 镭	89 Ac 锕	104 Rf 𬬻	105 Db 𬭊	106 Sg 𬭳	107 Bh 𬭛	108 Hs 𬭶	109 Mt 鿏	110 Ds 𫟼	111 Rg 𬬭	112 Cn 鿔	113 Nh 鿭	114 Fl 𫓧	115 Mc 镆	116 Lv 𫟷	117 Ts 鿬	118 Og 鿫

58 Ce 铈	59 Pr 镨	60 Nd 钕	61 Pm 钷	62 Sm 钐	63 Eu 铕	64 Gd 钆	65 Tb 铽	66 Dy 镝	67 Ho 钬	68 Er 铒	69 Tm 铥	70 Yb 镱	71 Lu 镥
90 Th 钍	91 Pa 镤	92 U 铀	93 Np 镎	94 Pu 钚	95 Am 镅	96 Cm 锔	97 Bk 锫	98 Cf 锎	99 Es 锿	100 Fm 镄	101 Md 钔	102 No 锘	103 Lr 铹

索引

图书在版编目（CIP）数据

探索科学：青少年实用科学书．初级 /（英）马克
·莱维斯利等著；郑芳宇译．-- 北京：北京联合出版
公司，2021.11

ISBN 978-7-5596-5455-7

Ⅰ．①探… Ⅱ．①马… ②郑… Ⅲ．①科学知识—青
少年读物 Ⅳ．① Z228.2

中国版本图书馆 CIP 数据核字 (2021) 第 146223 号

探索科学：青少年实用科学书．初级

作　　者：［英］马克·莱维斯利等
译　　者：郑芳宇
出 品 人：赵红仕
选题策划：后浪出版公司
出版统筹：吴兴元
责任编辑：夏应鹏
特约编辑：李　丽
营销推广：ONEBOOK
装帧制造：墨白空间·巫粲

北京联合出版公司出版
（北京市西城区德外大街 83 号楼 9 层　100088）
天津市豪迈印务有限公司印刷　新华书店经销
字数 130 千字　889 毫米 × 1194 毫米　1/16　13.25 印张
2021 年 11 月第 1 版　2021 年 11 月第 1 次印刷
ISBN 978-7-5596-5455-7
定价：76.00 元

后浪出版咨询(北京)有限责任公司常年法律顾问：北京大成律师事务所　周天晖 copyright@hinabook.com